조용한 붕괴

일러두기

이 책에 사용한 이름은 가명입니다. 에피소드 일부는 저자가 서울시교육청 상담마음건강팀 장학관으로 일할 때 접했던 사례 및 학교 현장의 상담 사례를 담고 있으며, 사례는 가상의 설정을 포함하고 있습니다.

조용한 붕괴

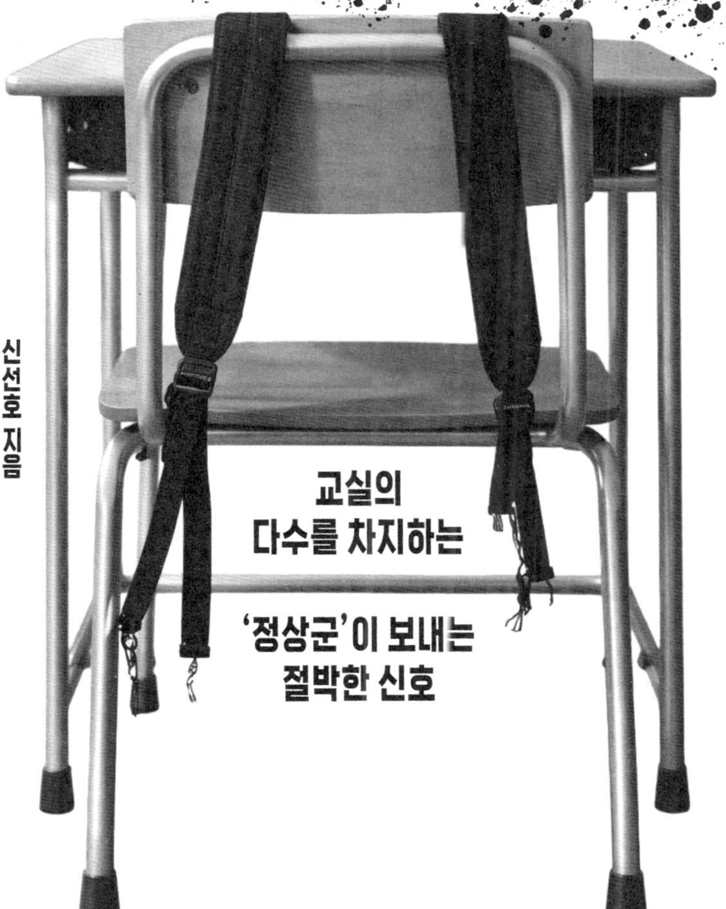

교실의
다수를 차지하는
'정상군'이 보내는
절박한 신호

신선호 지음

추천사

무너진 교실을 다시 세우기 위한 연대의 목소리

상처 입은 교사들에게 보내는 뜨거운 위로

요즘 우리 교실에는 잘 들리지 않는 신호가 떠다니고 있습니다. 울음도, 외침도 아닌 어떤 미세한 떨림입니다. 학생 자살이라는 비극적인 소식이 더는 한 학교의 사건이 아니라 사회 전체의 양심을 두드리는 경고가 되었고 불안과 우울, 무기력은 학생들의 일상이 되어 가고 있습니다. 코로나19라는 긴 터널을 지나며 아이들은 서로의 얼굴을 읽는 법, 감정을 조율하는 법, 관계 속에서 자신을 확인하는 시간을 충분히 누리지 못했습니다. 사회성의 후퇴와 정서적 고립은 말없이 그러나 분명하게 교실에 스며들었습니다.

지난 10년, 서울 교육의 책임자로서 매일 아침 수많은 보고서를 읽었습니다. 수치와 그래프, 성과와 지표로 정리된 문서들이었습니다. 고백하건대, 그 어떤 정책 보고서도 이 책만큼 제 마음 깊숙한 곳을 흔들어 놓지는 못했습니다. 이 책에는 통계로 환원되지 않는 아이들의 표정이 있고, 보고서 문장 사이로는 결코 포착할 수 없는 침묵의 무게가 배어 있기 때문입니다.

우리는 오랫동안 '위기 학생'이라는 이름으로 눈에 띄는 문제를 관리해 왔습니다. 사건이 발생하면 개입하고, 드러난 행동을 진단하며, 사후적으로 수습하는 데 익숙해져 왔습니다. 저자는 이 책에서 방향을 바꿔 묻습니다."시스템의 레이더에 포착되지 않은 채 조용히 무너져 가는 아이들은 누가 바라보고 있는가?" 문제 행동이 없는 아이들, 그래서 '정상'이라는 이름으로 분류된 아이들 내면에서 진행되는 붕괴를 우리는 과연 진지하게 들여다봤는가에 관한 질문입니다.

《조용한 붕괴》라는 제목은 이 책의 가장 정확한 진술입니다. 평온해 보이는 교실 수면 아래에서 학생들은 고립되고, 마음은 점점 침잠합니다. 그리고 그 곁에서 교사들은 학생들을 붙잡기 위해 감정과 시간을 소진합니다. 교육의 사법화로 학교가 배움의 공간이 아니라 끊임없이 자신을 증명해야 하는 방어의 공간이 되어 가는 현실, 부처와 제도의 칸막이 속에서 학생들이 지원의 사각지대로 떨어져 나가는 장면들을 읽으며 저는 한 행정가로서 오래 묵은 책임의 통증을 다시 느꼈습니다.

그러나 독자를 끝내 절망에 머물게 하지 않는 이유는, 저자가 비판 너머의 언어를 알고 있기 때문입니다. 이 책은 지시나 처방의 언어가 아니라 아이들의 눈물과 교사들의 한숨, 상담실과 복도의 공기로 쓰인 기록입니다. "한 아이도 포기하지 않겠다"라는 말이 얼마나 자주 선언으로 소비되어 왔는지를 알기에, 저자는 그 문장을 다시 시스템의 언어로, 구조의 언어로 번역해 보여 줍니다. 이 책은 고발서인 동시에 희망의 설계도입니다.

저자는 개인의 선의와 헌신에만 기대어 온 교육의 오랜 관성을 멈추자고 제안합니다. 학교와 가정, 지역사회와 전문 기관이 고립되지 않고 서로 연결되는 '통합적 치유의 생태계'. 위기가 터져야만 달려가는 '소방의 교육'이 아니라, 아이들의 마음이 자라날 토양을 미리 가꾸는

‘예방의 교육’, ‘마음 성장의 교육’으로 나아가자는 제언은 지금 이 시대의 교육이 간절히 찾고 있던 방향표입니다.

“한 아이도 포기하지 않겠다”라는 문장이 다시 교실에서 신뢰를 얻으려면 이처럼 정직한 성찰과 구체적인 상상이 필요합니다. 이 책은 정책을 고민하는 이들에게는 길을 밝히는 등불이 되고, 현장에서 홀로 버티고 있는 교사들에게는 “당신은 혼자가 아닙니다”라고 말해 줍니다. 《조용한 붕괴》는 무너져 가는 교육 공동체를 다시 세우기 위해 우리가 함께 직시해야 할, 가장 선명하고도 단단한 요청입니다.

교육 행정가이기 이전에 한 명의 어른으로서 간곡히 제안합니다. 우리, ‘#조용한 붕괴를 막겠습니다’라는 약속을 함께 실천합시다. 성적표보다 마음의 표정을 먼저 묻겠다는 부모님들의 다짐, 선생님을 교육 동반자로 신뢰하겠다는 사회적 약속……. 작은 맹세들이 모일 때 학교는 다시 숨 쉴 수 있을 것입니다. 저 또한 이 거대한 연대의 물결에 앞장서겠습니다.

조희연 前 서울시교육감

학계

치료를 넘어 예방으로, 개인을 넘어 시스템으로

상담심리학자로서 오랫동안 학교 현장을 지켜보며 늘 마음이 무거웠습니다. 우리는 학교폭력이나 자해처럼 눈에 띄는 위기를 겪는 학생들에게 집중해 왔지만, 말없이 힘들어하는 많은 아이는 놓치고 있었기 때문입니다. 저자는 그런 '조용히 무너지는 아이들'의 현실을 차분하면서도 분명하게 보여 줍니다. 그리고 문제가 터진 뒤에 개입하는 방식만으로는 아이들을 지킬 수 없다는 점을 강조합니다.

이 책은 단순한 위로나 진단에 그치지 않고 교육과 상담의 역할을 다시 생각해 보자고 제안합니다. 상처가 난 아이만 고치는 것이 아니라, 아이들 모두가 스스로 버티는 힘을 기르도록 돕는 방향으로 나아가야 한다는 것입니다. 개인 상담을 넘어 학교 전체를 살피는 예방 중심의 접근, 상담실을 넘어 학교 일상으로 스며드는 상담의 확장은 지금 우리 교육에 꼭 필요한 변화입니다. 이 책은 학교와 아이들의 미래를 진지하게 고민하는 모든 교육자와 상담자에게 그리고 교육의 역할을 고민하는 독자에게 방향을 제시할 소중한 안내서입니다.

이상민 (사)한국상담심리학회 회장

고려대학교 교육학과 교수

마음의 어려움으로 진료실을 찾은 아이를 만나면 상처가 이미 곪아 터진 후일 때가 많습니다. '조금만 더 일찍 알아차렸더라면…….' 하는 안타까움을 느끼곤 하던 제게 이 책은 명쾌한 해답을 줬습니다. 가정과 학교, 병원 사이의 높은 벽을 허물고 '원 팀(One-Team)'이 되어 마음이 텅 빈 교실을 웃음이 가득한 교실로 만들어 갈 현실적이고 구체적인 처방전을 제시합니다.

서완석 한국학교정신건강의학회 회장
영남대학교 의과대학 교수

초롱초롱한 눈망울의 예비 교사들을 교실로 파송하며, 저는 이들이 교육 현장에서 상처받지 않고 행복하게 성장하기를 늘 기도합니다. 《조용한 붕괴》는 이러한 바람에 정면으로 응답하는 책입니다. 이 책은 교사에게 사명감이나 헌신을 요구하기에 앞서 교권과 학습권, 교실의 심리적 기반과 교육 제도가 총체적으로 흔들리는 시스템의 실패를 정확하게 짚어 냅니다. 또한 '교사가 살아야 교실이 산다'는 당연한 진실을 회복하자고 말합니다. 나아가 교사와 학생 모두가 안전하게 성장하는 생태계적 돌봄 시스템이라는 시급한 변화의 방향성을 제시합니다. 건강한 대한민국의 교육을 위해, 모든 예비 교사와 현장 교사에게 이 책의 일독을 권합니다.

이동희 경인교육대학교 음악교육과 교수

디지털 팬데믹은 아이들의 사고방식을 근본적으로 뒤흔들고 있습니다. 하지만 우리는 기술 교육에만 매몰되어 소중한 가치를 잊고 있는지도 모릅니다. 이 책은 아이들의 뇌와 마음이 어떻게 잠식되고 있는지에 대한 냉철한 분석이자, 무너진 심리적 면역 체계를 회복하기 위한 절실한 제언입니다. 빠른 변화의 시대에 우리가 무엇을 먼저 가르쳐야 하는가에 대한 해답이 여기 있습니다. 교육의 이정표를 찾는 모든 이가 반드시 읽어야 할 필독서입니다.

서순식 **춘천교육대학교 컴퓨터교육과 교수**

저자가 그간 교육 현장에서 흘린 땀과 사랑의 마음으로 적어 낸 이야기에 가슴이 먹먹했습니다. 단순한 열정을 넘어 지난하게 모은 현장 정보를 통합하는 관점을 갖춘 교육 경영인의 인사이트가 돋보이는 책입니다. 우리 아이들의 현재와 미래가 궁금한 모든 분께 일독을 권합니다.

이희석 KAIST **경영대학 명예교수**

유관 기관

학교의 담장을 넘어 온 마을이 함께

매년 늘어 가는 학생 자살 통계는 단순한 숫자가 아닙니다. 아이들이 고통스러운 마음과 '살고 싶은' 마음 사이에서 얼마나 고군분투하는지를 보여 주는 현상입니다. 저자는 드러난 숫자의 절망과 드러나지 않은 희망을 헤아리기 위해 '정상군'이라는 이름표 뒤의 침묵을 가장 먼저 듣고 기록했습니다. 죽음의 문턱에 선 아이들을 구하기 위해 우리 사회가 당장 무엇을 해야 하는지, 이 책은 뼈 아프지만 반드시 들어야 할 경고를 보내고 있습니다.

주지영 **서울시자살예방센터 상임팀장**

제가 센터장으로 근무했던 청소년모바일센터는 365일 24시간, 청소년들의 내밀한 이야기에 귀를 기울입니다. 학교와 가정에서는 차마 말하지 못한 자살·자해 충동이 익명성을 보장하는 모바일 창구인 '다들어줄개'로 쏟아져 들어옵니다. 교실에서, 복도에서, 스마트폰 화면 속에서 아이들은 이미 구조 신호를 보내고 있었습니다. 이 책은 상처 입은 교육 현장에서 누군가를 비난하는 대신 함께 책임지는 길을 보여 줍니다. 교사가 혼자가 아니고, 학생이 홀로 견디지 않아도 되는 학교. 회복은 거창한 기적이 아니라 연결과 협력에서 시작된다는 사실을 따뜻하게 일깨웁니다. 학교 정신건강을 고민하는 모든 분께 권합니다.

이소희 前 청소년모바일상담센터장

국립중앙의료원 정신건강의학과 전문의

저자는 학생들의 마음 건강 문제로 어려움을 겪는 학교 현실을 따뜻한 시선으로 직시하며 학교와 지역사회를 연결하는 시스템을 제안합니다. 또한 학생의 마음 건강을 위해 교사와 학부모가 실천할 수 있는 구체적인 방법을 제시합니다. 지역사회에서 청소년의 마음 건강을 위해 고군분투하는 청소년 안전망의 모든 실무자에게 적극 추천합니다.

유혜진 前 서울시청소년상담복지센터장

위(Wee) 프로젝트가 출범한 지 십수 년, 학생들의 따뜻한 울타리가 되고자 노력했으나 헌신만으로 채울 수 없는 빈틈이 존재했습니다. 각자의 자리에서 홀로 분투하던 노력을 모아 '학생맞춤통합지원'이라는 더 넓고 든든한 울타리를 만들어야 할 때입니다. 현장의 생생한 경험과 지혜를 담은 이 책이, 모든 아이의 마음을 다정하게 살피는 정책의 귀한 마중물이 되기를 바랍니다.

구민정 **서울시교육청 통합위(Wee)센터 실장**

뇌과학과 심리학의 접점에서 아이들의 고통을 마주하며 교육 시스템의 한계를 느껴 온 전문가로서, 이 책에서 우리 교육의 소중한 가능성을 발견했습니다. 저자는 교육부와 국내외 현장의 최전선에서 길어 올린 통찰로, 드러난 소음 너머 수면 아래에 고요히 가라앉아 있는 '95%의 침묵하는 아이들'이 보내는 신호에 주목합니다.

뇌과학적 이해와 다층적 지원 시스템(MTSS)을 결합한 '사람의 회복 경로'는 교육의 희망적인 이정표입니다. 교육 현장을 향한 저자의 깊은 애정이 담긴 문장들은 단숨에 읽힐 만큼 압도적인 몰입감을 선사합니다. 교육의 근간이 흔들리는 대전환의 시기, 아이들의 곁을 지키는 모든 분께 이 필독서를 권합니다.

박정희 **한국뉴로카운슬링협회 대표**

교육계

교실의 회복을 꿈꾸다

교육장으로 재직하며 수많은 학교를 방문하며 구조적인 문제 앞에서 무력감을 느끼는 선생님들의 눈빛을 볼 때 가장 마음이 아팠습니다. 이 책은 '개인의 헌신'에 기대어 온 우리 교육의 낡은 관행을 멈추고, '시스템의 지원'으로 나아가야 한다는 준엄한 메시지를 던집니다. 학교 현장의 고통을 제도적 대안으로 승화시킨 이 책은, 우리 교육 행정이 나아가야 할 길을 가리키는 나침반입니다.

정영철 前 서울성동광진교육지원청 교육장

병설유치원 원장과 초등학교 교장을 겸임하며, 저는 한 인간이 삶에 뿌리를 내리는 '첫 10년'을 매일 마주합니다. 우리는 아이가 다칠까봐 노심초사하며 모든 걸림돌을 치워 주려 애쓰지만, 저자는 '상처 없는 무균실'이 아이를 더 약하게 만든다고 진단합니다. 이 책은 사랑이라는 이름으로 아이가 겪어야 할 건강한 성장통마저 제거해 버린 우리 교육의 현실을 날카롭게 파고듭니다. 작은 갈등과 좌절을 스스로 이겨 낼 기회를 뺏긴 아이들은, 훗날 세상의 작은 바람에도 쉽게 부러질 수 있습니다. 내 아이에게 '실패 없는 삶'이 아니라 '다시 일어설 마음의 근육'을 선물하고 싶은 모든 유·초등 학부모와 선생님께 강력히 추천합니다.

윤순단 신명초등학교 교장·신명초등학교 병설유치원 원장
前 성북강북교육지원청 교육장

책을 읽는 내내 울었습니다. 교실 구석에서 웅크린 아이의 마음을 몰라 답답했던 날들, 학부모의 날 선 말에 잠 못 이루던 밤들이 떠올랐습니다. 이 책은 저에게 "선생님 잘못이 아니에요"라고 말해 주었습니다. 저자는 고군분투하는 현장의 모든 선생님께 따뜻한 위로를 전합니다. 저처럼 힘겹게 교실에서 하루하루를 버텨 내는 동료들에게 꼭 권하

고 싶은 책입니다.

정해영 광주 성덕초등학교 교사

학생부터 선생님, 학부모까지 '학교 주체들의 삶이 왜 이렇게 힘들어졌는지' 하는 안갯속을 헤매던 요즘, 이 책을 접하고 정신이 번쩍 들었습니다. 상처받은 아이들, 혼돈의 배움터, 실패를 반복하는 시스템을 향한 합리적인 시선으로 난제를 명쾌하게 풀어내는 책입니다. 선생님을 보호하고 아이들을 살릴 현실 인식과 구체적인 희망을 찾는 분들께 이 선명한 매뉴얼을 간절히 추천합니다.

이병일 서울중등교장회 회장
석관중학교 교장

현장에서 학교 현실을 객관화해 바라보는 안목은 흔하게 만날 수 없습니다. 저자는 애정을 바탕으로 학교의 변화를 위한 방향성을 탐색하며 학생맞춤통합지원의 협력적 시스템이라는 방안을 제시합니다. 고민과 물음표를 안고 있는 수많은 교사의 안내자가 되는 책이라고 확신합니다.

김영삼 서울시교육청 교육복지정책자문위원
성수중학교 교장

중학교 교실은 매일 전쟁터입니다. 하지만 이 책을 읽고 깨달았습니다. 학생들의 반항은 '나 좀 봐달라'는 구조 신호였음을요. '문제 행동'

을 끄는 소방관이 아니라, '마음 근력'을 키우는 정원사가 되어야 한다는 저자의 말에 다시 아이들 앞에 설 힘을 얻습니다. 이 책에서 받은 위로와 시스템 변화에 대한 희망으로 오늘도 교실 문을 힘차게 열고 들어갈 수 있을 것 같습니다.

장은영 인천 영종중학교 교사

학교는 지금 껍데기만 남은 채 신음하고 있습니다. 일상의 외주화와 교육의 사법화로 무너진 교실을 다시 세우기 위해, 저자는 '질서'와 '연대'라는 두 개의 기둥을 제시합니다. 교장으로서, 교육 연구자로서 이 책이 제안하는 회복탄력적 학교 모델에 깊이 동의하며 지지를 보냅니다.

손동빈 한국교육연구네트워크 대표
금옥여자고등학교 교장

수많은 정책과 제도가 수립되고 실행되지만, 현장에 닿지 못하고 겉도는 경우가 허다합니다. 그래서 이 책은 더욱 소중합니다. 저자는 풍부한 교육 경험과 통찰력을 바탕으로 교실 한복판에서 살아 숨 쉬는 교육의 길을 제시합니다. 학생과 교사 개개인의 존재 의미를 소중히 여기고 경청하되, 그 안의 문제는 시스템으로 해결하도록 정책 수립에 이바지해 온 노하우가 고스란히 담겨 있습니다.

임혜정 경기도 능곡고등학교 교사
고려대학교 겸임교수

학부모

내 아이를 맡길 수 있는 학교의 미래

어쩌면 우리는 믿고 싶었는지 모릅니다. 내 아이는 괜찮을 거라고. 이 책은 교육 현장의 수많은 학생의 비극 속에 '괜찮은 척했던, 하지만 결코 괜찮지 않았던' 95%의 '정상군' 학생에게 주목해야 한다고 말합니다. 그들의 침묵은 평온함이 아니라 구조 요청마저 포기한 '조용한 비명'일 수 있다는 대목에서 가슴이 먹먹했습니다. 교육은 학생의 삶을 위한 것, 학교는 그 공동체 구성원들을 살리는 곳이어야 합니다. 학생들이 마음의 근육을 키울 수 있도록 학교를 경쟁의 장이 아닌 관계의 장으로 돌려놓아야 합니다. 손잡고 함께 그 길을 걸어갈 모든 부모님께 이 책을 권합니다.

이윤경 前 참교육을위한전국학부모회 회장

학원 숙제를 다 했는지, 단원 평가 점수는 몇 점을 받았는지만 확인하던 제 모습이 부끄러워 책을 읽는 내내 얼굴이 화끈거렸습니다. 정작 아이의 마음속에서 '조용한 붕괴'가 일어나고 있는 줄도 모르고 말이죠. 부모인 저조차 불안에 쫓겨 아이를 다그치기만 했습니다. 이 책은 그런 저에게 잠시 멈춰도 괜찮다고, 성적표 너머 아이의 진짜 표정을 보라고 따뜻하게 일러 줍니다. 불안한 경쟁 속에서 중심을 잡고 싶은 모든 학부모의 필독서입니다.

이지연 초등학교 4학년 학생의 학부모

우리는 아이들의 침묵을 사춘기나 개인 성향으로 해석하곤 했습니다. 성적이나 생활에 큰 문제 없어 보이면 그 아이는 괜찮을 거라고 판단해 왔습니다. 그러나 이 책은 그 판단이 얼마나 위험한 착각인지 분명하게 말합니다. 말 없는 아이들, 문제를 일으키지 않는 아이들 속에서 이미 위기는 시작되고 있다는 사실을 숨기지 않습니다. 저자는 아이들의 성취를 확인하기 전에 반드시 살펴보아야 할 것이 무엇인지를 직설적으로 묻습니다. 보이지 않는 신호를 외면해 온 교육을 정면으로 마주하고 싶은 어른들에게 권합니다.

곽경애 중학교 3학년 학생의 학부모
강릉사천중학교 학교운영위원장

아이를 키우는 매 순간이 게임의 단계별 미션 같다고 생각했습니다. 성장은 연속의 과정인 줄 알면서도 부모의 불안은 시기마다 리셋되어 새로운 불안 요소로 재충전됩니다. 이 책은 아이들에게 언제든 넘어지고 다시 일어설 수 있는 안전한 베이스캠프가 필요하다는 것을 깨닫게 합니다. 불안에 쫓겨 아이가 바라보는 곳을 향해 함께 시선을 맞추지 못한 저와 같은 부모들에게 하루빨리 읽기를 권하고 싶습니다. 불안의 외나무다리에서 벗어나 자녀에게 신뢰받는 지지자가 되시길 간절히 응원합니다.

송지현 고등학교 2학년 학생의 학부모

독자에게 쓰는 편지

두 가지 사건

크리스마스이브에 걸려 온 전화

2022년 크리스마스이브, 가족과 저녁을 먹던 식탁 위로 전화 한 통이 울렸다.

"○○고 ○○○ 학생, 실종 신고가 들어왔습니다."

이태원 참사 생존자, 우리가 특별 관리하던 그 학생의 이름이었다. 눈앞이 캄캄해졌다. 더는 밥을 넘길 수 없었다.

그해 여름, 서이초등학교

2023년 여름, 서이초 교정은 하얀 국화에 둘러싸여 있었다. 교장 선생님께 며칠을 권했다. 심리 전문가의 도움을 받으시라고. 돌아오는 대답은 언제나 완곡한 거절이었다.

"선생님이 돌아가셨는데, 제가 무슨 염치로……."

그 마음의 무게 앞에서 더는 침묵할 수 없었다.

저는 2년간 서울시교육청에서 매일 아침 학생들의 죽음과 상처에 관한 보고서를 읽는 것으로 하루를 시작했습니다. 종이 위 글자 너머에는 한 학생의 우주가 무너지는 비명과 한 선생님의 삶이 송두리째 흔들리는 절망이 있었습니다. 수많은 비극 앞에서 마음이 조금씩 무뎌져 가던 어느 날, 두 사건이 제 멱살을 잡고 흔들었습니다.

두 가지 질문

실종되었던 학생은 다음 날 새벽 무사히 돌아왔습니다. 서이초의 선생님들은 정신건강의학회 전문가들의 도움으로 겨우 마음을 추스를 수 있었습니다. 하지만 저는 매일 또 다른 의미의 이태원 학생들과 서이초 선생님들을 보고서 속에서 만나야 했습니다. 그들은 제게 묻고 있었습니다.

"왜 아무도 우리의 손을 잡아 주지 않았습니까?"

"진짜 문제는 어디에 있습니까?"

이 책은 그 질문들 앞에서 더는 침묵할 수 없었던 한 교육자의 고백이자 절망의 현장에서 길어 올린 희망의 기록입니다. 무너진 학생을 탓하거나 지친 선생님을 비난하는 비겁함 대신, 이 모든 걸 방치한 '실패한 시스템'의 심장을 겨눕니다. 왜 우리의 선한 의지와 노력이 번번이 길을 잃어야 했는지, 그 구조적인 이유를 함께 찾아가려 합니다.

물론 이 여정은 때로 고통스러울 것입니다. 외면하고 싶었던 상처를 직시해야 하기 때문입니다. 하지만 저는 약속합니다. 이 책은 절망의 기록으로 끝나지 않을 것입니다. 깊은 어둠 속에서 가장 밝은 빛을 발견하듯, 무너진 시스템의 잔해 속에서 우리는 단단한 희망의 씨앗을 찾아낼 것입니다. 그 희망을 향한 구체적이고 실천적인 나침반이 되어 드릴 것입니다.

다시는 이런 비극이 없는 세상을 꿈꾸며 무겁고 두려운 마음으로 이 글을 세상에 내놓습니다. 이 책이 단 한 명의 아이 곁에서 "네 잘못이 아니야"라고 말해 줄 수 있다면, 단 한 분의 선생님 어깨를 감싸안으며 "혼자가 아닙니다"라고 위로할 수 있다면, 저의 빚을 조금이나마 갚는 것이라 믿습니다.

한 생명을 구하는 것은
온 우주를 구하는 것과 같은 무게이기에.

신선호

이 책은 학생 마음 건강이라는 무거운 현실을 다루지만, 절망이 아닌 희망을 향한 지도를 담고 있습니다. 독자 여러분 각자의 자리에서 먼저 펼쳐 보기를 권하는 페이지를 안내합니다.

내 자녀의 마음이 궁금한 학부모라면

먼저 1부를 펼쳐 아이들의 낯선 세상과 마음의 지도를 이해하고, 곧바로 부록으로 넘어가 오늘 저녁부터 시도해 볼 수 있는 대화의 기술을 얻으십시오. 더는 아이를 오해하지 않고 사려 깊은 지지자가 되어 주는 길을 발견하게 될 것입니다.

홀로 교실을 지키다 소진된 교사라면

1부와 2부에서 끝없는 무력감의 원인이 교사의 탓이 아닌 '시스템의 실패'였음을 확인하며 위로를 얻으십시오. 그리고 3부에서 내일의 교실을 바꿀 구체적인 희망과 동료들의 지지를 만나게 될 것입니다. 이 책은 당신을 위한 든든한 변호인이자 따뜻한 동료가 되어 드리겠습니다.

교실의 눈물을 닦아 줄 정책을 만드는 분이라면

2부에서 우리의 선한 정책이 왜 번번이 실패했는지에 대한 냉철한 분석을, 3부에서는 지속 가능한 시스템의 성공 조건을 발견할 수 있습니다. 책상 위 보고서가 아닌, 학생의 삶을 바꾸는 현실적인 정책 설계를 돕는 정직한 청사진이 될 것입니다.

이 모든 이야기의 진짜 주인공인 학생이라면

이 두꺼운 책을 다 읽을 필요는 없습니다. 다만 마지막 결론만은 꼭 펼쳐 봐 주시길 바랍니다. 지금의 힘듦은 여러분의 잘못이 아니며, 여러분은 혼자가 아니라는 것. 바로 여러분을 돕기 위해 많은 사람이 애쓰고 있으며 이 노력은 계속될 것입니다.

물론 가장 좋은 방법은, 이 여정의 처음부터 끝까지 온전히 함께하며 우리 교육의 새로운 미래를 그리는 것입니다.

차례

2부 실패한 시스템

서론

위험한 학생,
불안한 교사,
위기의 학교

소리 없는 아우성, '정상군(正常群)'의 역설

늦은 봄날, 복도를 지나다 1학년 교실에 붙은 '칭찬 트리' 앞에서 걸음을 멈췄다. 학생들이 서로의 장점을 적어 붙인 색색의 나뭇잎들 사이로, 유독 한 학생의 이름이 많이 보였다.

"희수야, 사회 과제를 잘 도와줘서 고마워."

"희수는 언제나 우리 이야기를 잘 들어 줘."

"희수가 화내는 걸 본 적이 없어."

희수는 그런 학생이었다. 성적은 상위권에 얼굴엔 늘 부드러운 미소를 띠고 있었고, 누구에게나 친절했다. 교사들은 희수를 '믿음 직한 학생'이라 불렀고, 학생들은 그를 '완벽한 친구'라 여겼다. 학교가 바라는 이상적인 모범생의 표본. 내가 가장 아끼는 학생이었다. 그 누구도 희수가 교장실 문을 스스로 두드릴 것이라고는 상상하지 못했다.

"선생님, 제가 이상한 걸까요?"

나와 마주 앉은 희수는 떨리는 목소리로 울먹였다.

"학교는 그냥 …… 와야 하니까 오는 곳이에요. 친구들이랑 웃고 떠들다가도 집에 혼자 있으면 모든 게 거짓말 같아요. 아무도 진짜 내 모습엔 관심이 없는 것 같고, 그냥 있어도 없는 사람, 투명인간이 된 것 같아요. SNS를 보면 다들 행복해 보이는데, 저만 섬에 갇힌 기분이에요. 이제 친구들을 만나는 것도 학교에 나오는 것도 두려워요. 이게 …… 정상은 아니잖아요."

저는 희수의 눈에서 우리 시대 교실의 깊은 슬픔을 보았습니다. 그것은 눈에 보이는 문제 행동이나 통계에 잡히는 '위기군(危機群)'의 이야기가 아니었습니다. 학교라는 공간을 성실하게 채우고 있는 대다수의 학생, 바로 '정상군(正常群)'이라 불리는 학생들의 소리 없는 아우성이었습니다. 겉으로는 평온해 보이지만, 내면은 누구에게도 말하지 못할 고립감과 불안, 무기력으로 서서히 침식되어 가는 학생들. 이것이 바로 포스트코로나 시대가 우리 교육 현장에 남긴 아프고도 기만적인 상처, '정상군의 역설'입니다.

> 코로나19 바이러스가 아이들 몸을
> 어른들 몸만큼 파괴하지 않을 수 있다.
> 하지만 아이들 미래를 파괴할 수는 있다.
>
> – 제이슨 드팔(Jason DePal)[1]

코로나19 팬데믹이라는 전 지구적 재난은 우리 사회의 많은 것을 바꾸어 놓았습니다. 어른들은 잃어버린 일상과 경제적 타격을 이야기했지만, 그 거대한 폭풍의 한가운데를 온몸으로 통과해야 했던 아이들의 마음속에 어떤 풍경이 남았는지에 대해서는 깊이 들여다보지 못했습니다. 아이들은 괜찮을 것이라고, 금세 적응할 것이라고, 어쩌면 너무 쉽게 믿어 버렸는지 모릅니다.

하지만 교실은 알고 있었습니다. 학생들은 괜찮지 않았습니다. 팬데믹은 단지 몇 년간의 비대면 수업을 의미하는 것이 아니었습니다. 성장의 결정적 시기에 관계의 단절과 사회성의 지연을 경험하게 했고, '디지털 세상으로의 강제 이주'를 명령했습니다. 아이들은 친구의 얼굴을 마주하며 갈등을 조율하고 감정을 나누는 법을 배우는 대신 네모난 화면 속에서 분절된 이미지를 소비하며 소통하는 법을 익혔습니다. 놀이터의 흙먼지 대신 스마트폰의 차가운 액정을 만지며 성장했습니다.

그 결과, 우리 앞에 나타난 것은 역사상 가장 새로운 세대이자 고립된 세대입니다. 디지털 기기를 자유자재로 다루지만, 정작 자신의 감정을 다루는 데는 서툽니다. 수많은 온라인 친구와 연결되어 있지만, 마음을 나눌 단 한 명의 현실 친구가 없어 외로워합니다. 자극적인 콘텐츠에는 즉각적으로 반응하지만, 현실의 지루함과 어려움은 견디지 못합니다.

전쟁터가 된 교실, 상처 입은 교사

이러한 변화는 교실을 이전과는 전혀 다른 전쟁터로 만들었습니다. 교사들은 '조용한 폭탄'이 되어 버린 학생들 앞에서 속수무책으로 소진되고 있습니다. 사소한 자극에도 쉽게 분노를 터뜨리는 학생, 어떤 말에도 반응 없이 무기력하게 앉아 있는 학생, 교실이라는 공간 자체를 두려워하며 등교를 거부하는 학생들이 눈에 띄게 늘었습니다.

교사 단체 '좋은교사운동'이 2022년 발표한 전국 유·초·중·고 교사 681명을 대상으로 한 설문 조사 결과에 따르면, 정서 행동 위기가 관찰되는 학생이 '매일 발생' 80%, '학급에 상당한 영향을 끼침' 86.3% 수치로 보고되었습니다.[2] 이런 학생을 지도하는 과정에서 불가피한 교육적 시도마저도 학부모로부터 '아동 학대'로 고발되는 사태까지 빈번하게 일어나고 있습니다.

> "예전의 고민이 '어떻게 가르칠까'였다면, 지금은 '어떻게 살아남을까'의 생존 투쟁입니다. 학생들의 마음이 아픈 게 보이는데, 정작 제가 해 줄 수 있는 게 없다는 무력감에 밤잠을 설칩니다."

경력 10년 차 한 중학교 교사의 이야기입니다. 이것은 일부 학교, 일부 교사의 문제가 아닙니다. 대한민국 교육 현장 전체가 겪고 있는 구조적인 위기입니다. 학생의 마음이 무너지자, 교실이 흔들리기 시작했습니다. 교실이 흔들리자, 교사의 마음도 병들어 갔습니다. 교사들은 위기 학생 지도에 극심한 스트레스를 느끼며 안전의 위협까지 호소하고 있습니다. 이러한 상황은 학교 교육의 본질적 기능을 위협하는 수준에 이르렀다는 것을 의미합니다. '학생인권'과 '교권'이라는 단어가 서로를 존중하는 언어가 아닌, 서로를 공격하는 무기가 되어 버린 지금의 현실은 이 모든 위기가 응축되어 터져 나온 결과물입니다.

위험한 학생, 불안한 교사 그리고 그들을 품어야 할 학교마저 위태로운 총체적 난국. 우리는 지금 그 한복판에 서 있습니다. 학생들의 마음 건강을 돌보는 것은 단순히 학생만을 위한 것이 아니라, 교사들의 교육 활동을 정상화하고 학교 공동체 전체의 건강성을 회복하는 데 필수적인 선행 조건입니다.

개인의 실패가 아닌 시스템의 실패

질문해야 합니다. 왜 이렇게 되었을까요? 우리는 너무 쉽게 답을 찾으려 합니다. 요즘 아이들이 유독 유약해서, 혹은 일부 학부모의 이기적인 민원 때문에, 또는 교사들의 열정이 식었기 때문이라고 말합니다. 물론 틀린 말은 아닐 수 있습니다. 하지만 더 본질적인 원인은 다른 곳에 있습니다. 바로 시스템의 부재입니다.

지난 수십 년간 우리 교육 시스템은 성적이라는 단 하나의 목표를 향해 달려왔습니다. 학생의 마음을 들여다보는 일은 늘 부차적인 것, 가정의 몫으로 여겼습니다. 문제가 터지면 그제야 상담사를 찾고, 병원에 보내고, 때로는 법의 잣대를 들이대는 '사후약방문' 식의 대응이 전부였습니다. 마음의 문제 역시 국영수처럼 체계적으로 가르치고 훈련해야 하는 '교육'의 영역이라는 생각은 누구도 하지 못했습니다.

정부 부처들은 각자의 논리대로 정책을 쏟아 냈습니다. 교육부는 학력 증진을, 성평등가족부는 위기 청소년 지원을, 보건복지부는 정신 건강 치료를 외쳤습니다. 하지만 어린이와 청소년은 교육부, 성평등가족부, 보건복지부의 학생으로 나뉘어 있지 않습니다. 학교라는 하나의 공간에서 이 모든 문제를 복합적으로 겪고 있을 뿐입니다. 정책의 파편화는 학교 현장에 혼란만 가중했고, 정작 학생들에게는 통합적인 지원이 닿지 못하는 거대한 칸막이로 작용했습니다.

학교는 학생들을 지키는 마지막 보루가 되어 주지 못했습니다. 오히려 문제의 진원지가 되거나, 문제를 방관하는 공간이 되어 버렸습니다. 이 책은 바로 이 지점에서 시작합니다. 개인의 탓을 넘어 우리가 외면해 온 시스템의 실패를 직시하는 것에서부터.

절망의 지도 위에 희망의 길을 그리다

그렇다면 희망은 없는 걸까요? 이대로 주저앉아야만 하는 걸까요?

그렇지 않습니다. 저는 이 책을 절망의 기록으로 끝내고 싶지 않습니다. 오히려 깊은 절망 속에서 구체적인 희망의 근거를 찾아내고 싶었습니다. 위기 현장을 발로 뛰고 국내외의 수많은 자료와 씨름하며, 어둠 속에서 빛을 발하는 씨앗들을 발견할 수 있었습니다.

변화는 이미 시작되었습니다. 최근 국회를 통과한 '교권보호 4법'이나 '학생맞춤통합지원법' 제정 움직임은 비록 작지만 의미 있는 전환점입니다. 학생의 마음 문제가 더 이상 개인의 문제가 아닌 국가가 책임져야 할 과제이며, 이를 해결하려면 학교가 중심이 되는 통합적 지원 시스템이 필요하다는 사회적 합의가 이루어지고 있다는 신호입니다.

이제 우리의 과제는 이 법과 제도의 취지를 교실 현장에서 살아 숨 쉬게 만드는 것입니다. 위기 개입이라는 소극적 패러다임을 넘어 모든 어린이, 청소년의 '마음 성장'이라는 적극적 패러다임으로 나아가야 합니다. 문제가 터지기 전에 예방하고, 모든 학생이 스스로 마음의 근력을 키울 수 있도록 돕는 시스템을 구축해야 합니다. 이 책은 그 길을 안내하는 구체적인 지도로, 총 3부로 구성되어 있습니다.

1부 '보이지 않는 상처'에서는 우리가 마주한 위기의 현주소를 냉철하게 진단합니다. 통계와 데이터를 통해 정상군의 역설이 얼마나 심각한지, 디지털 팬데믹이 성장하는 세대의 뇌와 마음에 어떤 상처를 남겼는지를 생생하게 보여 줍니다. 막연한 불안감의 실체를 객관적으로 직시하는 과정은 문제 해결의 첫걸음이 될 것입니다.

2부 '실패한 시스템'에서는 문제의 근본 원인을 파헤칩니다. 학교 시스템의 붕괴, 정부 정책의 파편화 등 구조적인 문제를 분석하며 왜 우리의 선한 의지와 노력이 번번이 실패할 수밖에 없었는지를 되짚어 봅니다. 이는 개인에 대한 비난을 멈추고, 시스템 재구축이라는 공동의 과제를 설정하기 위한 과정이 될 것입니다.

3부 '함께 만드는 새로운 길'에서는 구체적이고 실현 가능한 대안을 제시합니다. 미국, 영국, 핀란드 등 해외 선진 사례를 면밀히 분석해 우리 현실에 맞는 모델을 제안합니다. 학교가 컨트롤 타워가 되는 학생맞춤통합지원팀의 구축, 모든 학생의 마음 성장을 위한 사회정서학습(Social and Emotional Learning, SEL) 전면 도입 그리고 지친 교사들을 지원하기 위한 생태계적 돌봄 시스템까지, 교실을 다시 희망의 공간으로 만들기 위한 청사진을 그릴 것입니다.

이 책을 쓰는 내내 제가 상담했던 희수를 떠올렸습니다. 희수와 같은 학생들이 더는 혼자라고 느끼지 않게 만들고 싶었습니다. 아이의 위태로운 신호를 알아차리고 따뜻하게 손 내미는 어른들이 교실과 가정에 더 많아지기를 소망했습니다. 이를 위해 가능한 한 쉬운 언어로, 구체적인 사례를 들어 가며 설명하고자 노력했습니다. 이 책이 단지 전문가들의 책장에 꽂히는 보고서가 아니라, 어린이와 청소년의 마음을 걱정하는 모든 교사, 학부모 그리고 정책가의 손에 들려 읽히는 실용적인 안내서가 되기를 바랐기 때문입니다.

특히 부록으로 실린 '가정과 학교에서 바로 쓰는 마음 대화법'은 당장 오늘부터 아이 또는 학생과의 관계를 개선하고 싶은 분들을 위한 작은 선물입니다. 공감과 존중을 바탕으로 한 대화의 기술이, 굳게 닫힌 마음을 여는 열쇠가 될 것이라 믿습니다.

새로운 변화를 위한 첫걸음

우리가 오늘날 마주한 교실의 위기는 어느 날 갑자기 하늘에서 떨어진 것이 아닙니다. 그것은 지난 반세기 동안 대한민국을 이끌어

온 '위대한' 성공 신화, 압축 성장이 남긴 길고 짙은 그림자입니다.

해방과 전쟁의 폐허 위에서 교육은 가난을 대물림하지 않을 유일한 희망이자 확실한 신분 상승의 사다리였습니다. 국가는 한강의 기적을 이끌 표준화된 인재를 대량으로 길러 내기 위해 교육을 효율적인 '공장'으로 설계했습니다. 학교는 정해진 시간 안에, 정해진 지식을, 가장 많은 학생에게 주입해야 했습니다. 이 시스템 안에서 성공의 척도는 단 하나, '좋은 대학'에 가서 '좋은 직업'을 갖는 것이었습니다.

압축 성장 모델은 놀라울 정도로 성공적이었습니다. 우리는 세계에서 가장 빠른 속도로 산업화와 민주화를 동시에 이뤘고, 교육 시스템은 그 엔진 역할을 충실히 수행했습니다. 하지만 문제는, 과거와 같이 성장할 여지가 없는 시대가 되었는데도 낡은 엔진이 멈추지 않고 과열된 채 폭주하고 있다는 점입니다. 사다리는 이미 걷어차였고, 정상에 오를 수 있는 자리는 극소수뿐인데, 시스템은 여전히 모든 학생에게 똑같은 속도로 정상을 향해 달리라고 채찍질하고 있습니다.

성장의 시대에 '엔진'이었던 교육은 이제 학생들의 영혼을 갉아먹는 '괴물'이 되어 버렸습니다. 과도한 경쟁은 학생들을 학습된 불안의 상태로 내몰고(4장), 단 하나의 성공 공식은 정체성 탐색의 시간을 빼앗아 버렸으며(2장), 효율성만을 중시하는 문화는 교사와 학부모의 신뢰를 파괴하고 교실을 '법정'으로 만들었습니다(5장).

결국 이 책 전체를 통해 마주할 '조용한 붕괴'의 모든 현상은, 성공 신화의 관성에 갇혀 변화를 거부한 낡은 시스템이 보내는 마지막 비명인 셈입니다. 이제 우리는 이 낡은 엔진을 멈추고, 새로운 시대에 맞는 새로운 심장을 이식해야만 합니다.

물론 책 한 권이 세상을 바꿀 수는 없습니다. 거대한 시스템이 변하려면 더 많은 사람의 참여와 노력이 필요합니다. 하지만 변화는 언제나 작은 관심에서 시작됩니다. 내 아이의 표정을 한 번 더 살피고, 교실의 지친 학생에게 따뜻한 말 한마디를 건네고, 우리 학교의 시스템에 대해 질문을 던지는 것. 그 작은 행동들이 모일 때 비로소 거대한 변화의 물결이 시작될 수 있습니다.

이 책이 그 첫걸음을 내딛는 데 필요한 용기와 지혜를 드릴 수 있기를, 그리하여 교실이 다시 학생들의 웃음소리로 가득한 안전하고 행복한 공간이 되는 데 미약하나마 기여할 수 있기를 진심으로 바랍니다. 이 여정의 끝에서, 희수와 같은 학생들이 혼자 울지 않는 학교, 교사들이 자부심과 안정감 속에서 학생들 곁에 설 수 있는 교실을 만날 수 있기를 바랍니다.

학생이 살아야, 교사가 살고, 학교가 삽니다.

학교가 살아야, 우리의 미래가 있습니다.

오늘 당장 시작할 수 있는 실천 한 가지

조용한 붕괴를 막는 첫걸음은 우리가 무심코 지나쳤던 아이들의 '진짜 얼굴'을, 현실을 제대로 마주 보는 것에서 시작됩니다.

교사라면

오늘, 학생들의 '행동' 너머에 있는 '상태'를 관찰해 보세요. 수업 시간에 조용히 앉아 있는 학생의 표정이 평소보다 어둡지는 않은지, 급식실에서 혼자 밥을 먹는 학생의 어깨가 처져 있지는 않은지 잠시 시선을 고정하는 것입니다. 문제의 첫 신호는 요란한 사건이 아니라 작은 표정과 몸짓에 있다는 것을 기억하는 하루를 보내시기를 권합니다.

학부모라면

오늘 저녁, 늦게까지 책상 앞에 앉아 있는 아이에게 다가가 "해야 할 게 너무 많아서 힘들겠다"라고 조용히 말을 건네 주세요. '열심히 해라'는 응원이나 '조금만 참아라'라는 격려가 아닌, 아이가 겪고 있는 압박감을 그저 알아주고 공감해 주는 것입니다. 아이에게 가장 필요한 것은 조언이 아니라, 자신의 힘듦을 알아주는 단 한 사람의 존재일 수 있습니다.

정책 결정자라면

내일 아침, 공식적인 보고를 받는 대신 관내 중학교 정문 앞에 10분만 조용히 서서 등교하는 학생들의 얼굴을 바라보시기를 권합니다. 발걸음은 가벼운지, 표정은 밝은지, 친구와 웃으며 이야기하는지 보고서 속의 '학업 스트레스 지수'나 '우울감'이라는 단어가 학생들의 얼굴에 어떻게 새겨져 있는지 직접 확인하는 것입니다. 모든 위대한 정책은 현장의 얼굴을 마주하는 것에서 시작됩니다.

1부

보이지 않는 상처

1장

정상군의 역설

아무도 몰랐던 95%의 비명

빙산은 수면 아래에 있다

그는 학교의 거의 모든 희망을 상징했다. 전교 학생회장, 최상위권 성적, 특목고 준비. 스승의 날에는 선생님들을 위해 기타 연주를 영상으로 보내 오던 다정함. 친구들 사이에서는 언제나 중심에 있던 완벽한 '인싸'.

"어젯밤 우리 학교 학생이 아파트에서 투신했어."

2022년 봄, 친구인 중학교 교장의 다급한 전화를 받기 전까지 그는 우리 모두에게 '가장 잘 크고 있는 아이'의 다른 이름이었다. 수화기 너머로 무너지는 동료의 목소리를 듣고, 더는 멈춰 있을 수 없었다.

시스템의 모든 기준에서 '완벽한 정상'이었던 학생. 학교폭력 가해자도 피해자도 아니었고, 정서행동특성검사에서 단 한 번도 '관심군'으로 분류된 적 없던 학생. 시스템의 레이더에 한 번도 포착되지 않았던 그는 왜, 극단적인 방식으로 고통을 증명해야 했을까요? 어쩌면 그는 시스템이 그어 놓은 정상이라는 경계선 위에서 위태로운 줄타기를 하고 있었는지도 모릅니다.

이렇듯 평온해 보이는 교실. 그러나 그것이 폭풍 전의 고요라면? 교실의 가장 깊은 눈물이, 가장 조용한 학생들의 마음속에서 흐르고 있다면?

자살 학생 중 정상군 학생의 비율(서울시교육청, 2023)

자살 학생 중 정서행동특성검사 결과 정상군 학생의 비율				
연도	2019년	2020년	2021년	2022년
비율	39.1%	63.6%	71.4%	83.3%

팬데믹 이전과 비교했을 때 전국 학생 자살자 수가 두 배 이상으로 급증하고 있습니다. 교육부의 전국 학생 통계에 따르면 2015년 93명에서 2023년 221명으로 증가했습니다. 더욱 충격적인 사실은, 극단적 선택을 한 학생 중 정상군의 비율이 폭증하고 있다는 점입니다. 서울시교육청의 서울 학생 통계는 자살자 중 정상군 비율이 2019년 39.1%에서 2022년 83.3%로 급등했음을 보고하고 있습니다.

이 장의 제목을 '정상군의 역설'이라 붙인 이유는 바로 여기에 있습니다. 포스트코로나 시대 학생 마음 건강 위기는 요란하게 소리치는 소수의 '문제 학생'에게만 있는 것이 아니라, 침묵 속에서 조용히 무너져 내리고 있는 대다수의 '정상 학생'에게도 존재한다는 것. 이것이 바로 이 책 전체를 관통하는 중요한 진단입니다. 우리는 관심군 5%에 집중하는 동안, 침묵 속에서 황폐해지고 있는 나머지 95%의 비명을 놓치고 있었습니다.

우리 사회는 흔히 위기를 가시적인 현상으로만 판단하려는 경향이 있습니다. 학교폭력 사건이 터지거나, 자해나 자살 시도 같은 극단적인 일이 벌어져야만 비로소 문제의 심각성을 인지하고 대책을 논의합니다. 물론 위기군 학생들에 대한 즉각적이고 전문적인 개입은 무엇보다 중요합니다. 하지만 이는 물 위에 드러난 빙산의 일각일 뿐입니다. 정작 배를 침몰시키는 건 수면 아래 거대한 본체입니다.

그 거대한 본체가 바로 정상군입니다. 이들은 힘든 일이 있어도 내색하지 않습니다. 어른들을 실망시키고 싶지 않아서, 친구들 사이에서 이상한 아이로 보이고 싶지 않아서, 혹은 자신의 감정을 어떻게 표현해야 할지 몰라서 그저 괜찮은 척 오늘 하루를 연기하며 버텨 냅니다. 이들의 침묵은 '괜찮음'의 신호가 아니라, 누구에게도 도움을 요청하지 못하는 '고립'과 소리칠 힘조차 남지 않은 '탈진'의 신호에 가깝습니다.

괜찮다는 거짓말, 정상이라는 착시

정상군의 위기를 이야기하기 위해 먼저 살펴봐야 할 데이터는 역설적으로 위기군을 선별하는 데이터입니다. 교육부는 매년 전국의 초·중·고 학생들을 대상으로 '학생 정서·행동특성검사'를 실시합니다. 이 검사는 도움이 필요한 학생들을 조기에 발견하기 위한 선별 도구로, 학생들은 정상군과 관심군으로 나뉩니다.

2024년 발표된 자료에 따르면, 관심군의 비율은 전체 학생의 약

5% 내외입니다. 그동안 언론과 정책의 관심은 언제나 이 5%에 집중되어 왔습니다. 이는 당연하고도 필요한 일입니다. 하지만 나머지 95%는 어떠한가요? 우리는 너무나 쉽게 이 95%의 학생들에게 '정상'이라는 이름표를 붙여 주고는 시야 밖으로 밀어내 버렸습니다.

관심군이 아니라는 것이 정말로 '마음이 건강하다'는 뜻과 동의어일까요? 임상심리학에는 '역치하(subthreshold)'라는 개념이 있습니다. 어떤 진단 기준에는 미치지 못하지만, 분명히 유의미한 수준의 증상이나 고통을 경험하고 있는 상태를 의미합니다. 예를 들어 우울증 진단을 받기에는 몇 가지 기준이 부족하지만, 일상생활에서 상당한 우울감과 무기력감을 느끼는 경우가 여기에 해당합니다. 지금 우리 교실의 정상군 학생 중 일부는 학생 정서·행동특성검사에서 역치하 상태에 놓여 있을 가능성이 높습니다.

역치하의 고통은 당사자에게는 실제적인 괴로움이지만, 겉으로 잘 드러나지 않기에 주변에서 알아차리기 어렵습니다. 99도의 물은 겉으로 보기에 고요합니다. 20도의 물과 다를 바 없어 보입니다. 부모님과 선생님은 그 고요한 수면만 보고 안심합니다. "우리 아이는 순해서 다행이야." 하지만 수면 아래에서는 이미 거친 대류가 일어나고 있습니다. 단 1도. 마지막 1도의 열이 가해지는 순간 고요했던 물은 맹렬하게 끓어넘칩니다. 우리가 "갑자기 아이가 변했다"라고 말하는 그 순간은, 사실 '갑자기'가 아니었습니다. 99도까지 차오르던 뜨거운 침묵을 읽지 못했을 뿐입니다. 이쯤에서 학생 정서·행동특성검사가 내포한 구조적인 맹점을 짚어 봐야 합니다.

첫째, 검사가 자기 보고식이라는 점입니다. 많은 보호자와 학생이 '문제 학생'으로 낙인찍힐까 봐 솔직하게 응답하지 않습니다.

둘째, 검사 문항이 주로 밖으로 드러나는 행동 문제(외현화)를 측정하는 데 초점을 맞추고 있습니다. 반면 안으로 삭이는 정서 문제(내재화)를 정교하게 포착하는 데는 한계가 있습니다. 조용히 무기력에 빠져 있거나, 불안감을 애써 감추고 있는 학생들은 이 성긴 그물에 걸리지 않고 빠져나가기 쉽습니다.

셋째, 검사가 3년에 한 번 실시된다는 점입니다. 학생들의 마음은 수시로 변하는 파도와 같습니다. 단 한 번의 검사로 한 학생의 3년을 '정상'으로 규정하는 것은 지극히 위험합니다.

결국 우리는 시스템의 맹점과 학생들의 침묵이 결합해 만들어 낸 거대한 착시 현상 속에 살고 있는 셈입니다. 시스템은 교실의 95%는 괜찮다고 말하고, 학생들은 괜찮지 않지만 괜찮다고 연기합니다. 이 공모 관계 속에서 정상군의 위기는 투명하게 존재하며, 점점 더 깊어지고 넓어집니다.

데이터가 터뜨린 비명

그렇다면 시스템의 레이더가 놓치고 있는 학생들의 진짜 현실은 어떤 모습일까요? 다음 통계는 충격적인 진실을 증언하고 있습니다.

> 대한민국 청소년 10명 중 3명(30.1%)은 지난 1년간 2주 내내 일상생활을 중단할 정도로 심각한 우울감을 경험했다. 청소년의 15.2%, 즉 한 반에 네다섯 명은 지난 1년 사이 죽고 싶다는 생각을 해 봤다.
>
> – 질병관리청, '청소년건강행태조사', 2024

당신의 자녀가 있는 학급 스물다섯 명 중 여덟 명은 심각한 우울감을 경험했고, 네 명은 죽고 싶다는 생각을 해 봤다는 뜻입니다. 늘 웃으며 인사하던 그 아이의 얼굴 뒤에 어떤 폭풍이 숨겨져 있을지, 우리는 정말 안다고 말할 수 있을까요?

국제 비교 데이터는 이 비극의 배경을 더욱 명확히 보여 줍니다. OECD(경제협력개발기구)가 발표하는 '더 나은 삶 지수(Better Life Index, 2022 보고서)'에서 대한민국은 경제적 성취 면에서는 상위권에 속하지만, '삶의 만족도' 부문에서는 10점 만점에 5.9점으로 OECD 38개 회원국 중 36위를 기록한 최하위권입니다. 방정환재단에 따르면, 2021 제12차 한국 어린이·청소년 행복지수 국제 비교 연구에서 특히 아동·청소년의 주관적 행복지수는 100점 만점에 79.50점으로 OECD 국가 중 최하위를 기록했습니다.

> "대한민국 아이들은 세계에서 가장 불행하다."

이것은 과장 섞인 구호가 아니라, 데이터가 증명하는 냉정한 현실입니다. 우리는 아이들에게 세계 최고 수준의 교육 환경과 물질적

풍요를 제공했을지는 몰라도, 정작 가장 중요한 '행복하게 살아갈 마음의 힘'을 길러 주는 데는 철저히 실패했습니다.

이 통계들은 단순한 숫자가 아닙니다. 교실과 거실, 학원과 골목에서 홀로 어둠을 견뎌 냈을 수많은 아이의 얼굴입니다. 이들 대다수는 학교의 어떤 안전망에도 포착되지 않은 정상군이었습니다. 시스템이 '괜찮다'고 말하는 아이들이, 사실은 '죽고 싶다'고 말하고 있는 이 끔찍한 모순. 이것이 정상군의 '진짜 얼굴'입니다.

조용한 고립, 모든 상처의 시작

왜 우리 아이들은 이토록 아픈 것일까요? 데이터는 그 근본 원인으로 '고립감'과 '외로움'을 지목합니다.

통계청 사회조사에 따르면, '낙심하거나 우울해서 이야기 상대가 필요한 경우, 도움을 받을 곳이 없다'고 응답한 청소년의 비율이 2019년 16.6%에서 2023년 19.8%로 증가했습니다. 이는 매우 중요한 시사점입니다. 포스트코로나 시대의 10대들은 그 어느 때보다 더 많이 연결되어 있는 것처럼 보이지만, 실제로는 더 깊은 단절과 고립을 느끼고 있다는 것입니다.

코로나19는 아이들에게서 관계를 맺고 갈등을 해결하는 사회적 연습의 기회를 빼앗아 갔습니다. 친구의 표정을 읽는 법, 온라인이 아닌 현실에서 미묘한 분위기를 파악하고 공감대를 형성하는 법, 갈등이 생길 때 얼굴을 마주하고 대화로 풀어 가는 법을 배울 시간이 절대적으로 부족했습니다.

사회적 기술이 미숙한 상태에서 다시 열린 학교는 학생들에게 과거와는 다른 종류의 스트레스를 안겼습니다. 관계 맺기는 서툴고 두려운데, '인싸'가 되어야 한다는 압박감은 더 커졌습니다. 소셜 미디어 속 친구들의 화려한 모습은 자신의 현실을 더욱 초라하게 느끼게 합니다. 결국 학생들은 수많은 '좋아요' 속에서도 정서적 허기를 느끼고, 단체 채팅방의 쉴 새 없는 알림 속에서도 깊은 외로움을 경험합니다.

이 '조용한 고립'이야말로 정상군의 가슴을 병들게 하는 강력한 바이러스입니다. 문제가 생겼을 때 "나 힘들어"라고 털어놓을 수 있는 단 한 명의 어른이 곁에 없는 아이는 자신의 모든 문제를 혼자 짊어지려 합니다. 그리고 그 무게를 감당하지 못할 때, 극단적인 선택으로 내몰리게 됩니다.

> "저는 아이가 초등학교 때 그 검사지에 '이상 없다'는 쪽으로 체크를 했어요. 아이가 학급 회장에 성적도 항상 상위권이었으니까요. 학교에서도, 학원에서도 늘 칭찬받는 아이였죠. 관심군으로 분류되면 아이 인생에 괜한 꼬리표가 붙을까 봐 걱정도 됐고요. 그런데 얼마 전 아이의 일기장을 우연히 봤어요. 죽고 싶다는 말이 빼곡했어요. 제 아이는 정상군이 아니었어요. 그냥 비명을 지르는 대신, 모든 고통을 속으로 삼키고 있었던 거죠."

최근 자녀의 우울증을 알게 된 중학교 1학년 학생 어머니의 이야기입니다. 이 어머니의 절규는, 우리가 왜 '정상'이라는 이름표가 주는 안도감에서 벗어나 모든 아이의 작은 신호에 귀 기울여야 하는지를 아프게 증명하고 있습니다.

정상군의 마음속에서 자라나는 우울과 불안, 무기력, 고립감이라는 병은 어느 날 갑자기 등교 거부, 자해, 학업 포기 혹은 극단적 선택이라는 심각한 증상으로 발현되기도 합니다. 그때가 되면 우리는 또다시 "왜 몰랐을까", "아무 문제 없던 아이였는데"라며 뒤늦은 후회와 탄식을 반복할 뿐입니다. 앞에서 살펴본 통계와 수치는 경고음을 울리긴 하지만, 아이들 한 명 한 명의 얼굴을 보여 주지는 못합니다. 그렇다면 이 차가운 데이터 뒤에 숨어 있는 아이들의 진짜 얼굴은 어떤 모습일까요? 통계라는 성긴 그물에 걸리지 않은 채 침묵하는 이들의 목소리에 귀를 기울여야 할 시간입니다.

가면 뒤의 세 얼굴

데이터 너머의 교실로 들어가 봅시다. 지금부터 만날 세 학생은 당신의 교실에, 당신의 집에 있는 바로 우리 아이들의 모습일지도 모릅니다.

수진은 '100점이 아니면 실패'라고 믿습니다. 그의 내면에는 이런 목소리가 울립니다. '완벽한 내가 아니면, 아무도 나를 사랑해 주지 않을 거야.' 성취 지향 사회가 만들어 낸 이 '착한 괴물'은 시스템 안에서 가장 칭찬받는 학생입니다. 이것이 완벽이라는 갑옷을 입은 정상군의 첫 번째 얼굴입니다.

민호의 세상은 무채색입니다. 그는 말합니다. "학교에 왜 와야 하는지 모르겠어요. 재미있는 것도, 하고 싶은 것도 없어요." 디지털 세상의 즉각적 쾌락에 길들은 아이의 '정서적 마비'. 주변에서는 사춘기라며 대수롭지 않게 넘기는 동안 투명인간이 되어 버린 정상군의 두 번째 얼굴입니다.

유나는 수백 명의 친구들 속에서 깊은 외로움을 느낍니다. 그의 불안은 이렇게 속삭입니다. '진짜 내 모습을 보여 주면, 다들 나를 싫어하고 떠나갈 거야.' '좋아요'로 가치를 증명해야 하는 세상이 낳은 불안한 영혼. 이것이 가면을 바꿔 쓰는 정상군의 세 번째 얼굴입니다.

수진, 민호, 유나. 이 세 학생의 이야기는 각각 완벽주의, 무기력, 관계 불안이라는 다른 양상을 보이지만, 공통적으로 한 가지 사실을 가리키고 있습니다. 바로 우리 사회와 학교 시스템이 정상이라고 분류하는 청소년들의 내면이 결코 정상적이지도, 건강하지도 않다는 것입니다.

정상군의 역설은 '무엇이 정상인가?'라는 근본적인 질문을 던집니다. 우리 사회가 자라나는 세대에게 요구하는 정상성이란 '규칙을 잘 지키고, 성실하게 공부하며, 공동체에 문제를 일으키지 않는 상태'를 뜻합니다. 하지만 이 기준은 어른들의 편의와 사회 시스템 유지를 위해 만들어진 것은 아닐까요? 시스템에 순응하는 아이를 '정상'으로, 그렇지 않은 아이를 '문제'로 규정하는 이분법은 개개인의 고유한 기질과 성장 과정의 자연스러운 혼란을 존중하지 못합니다.

내향적인 아이는 '소극적'이라는 평가를 받고, 창의적인 아이는 '엉뚱하다'는 지적을 들으며, 감수성이 풍부한 아이는 '예민하다'는 꼬리표가 붙습니다. 어른들이 정해 놓은 정상의 틀에 맞추기 위해 아이들은 자신의 본모습을 억누르고 감추는 '정상성의 연기'를 해야 합니다. 수진, 민호, 유나의 사례는 모두 이 고통스러운 연기의 다른 모습일 뿐입니다.

어쩌면 진짜 문제는 '정상적인 아이들이 아프다'는 것이 아니라, '우리가 정상이라고 부르는 기준 자체가 비정상적으로 편협하고 폭력적'이라는 것일지도 모릅니다. 진정한 해결은 아이들을 낡은 '정상'의 틀에 끼워 맞추는 것이 아니라, 모든 아이가 각자의 모습 그대로 존중받고 성장할 수 있도록 정상성의 개념 자체를 확장하는 것에서 시작되어야 하는지도 모릅니다.

이어지는 장들에서 우리는 이들의 마음속으로 더 깊이 들어가, 그 상처가 어디에서 시작되었는지를 추적하게 될 것입니다.

우리는 왜 보지 못하는가

"요즘 제 역할은 선생님이 아니라 소방관 같아요. 매일 어디서 터질지 모르는 불을 끄러 다니는 거죠. 한두 명의 위기 학생에게 모든 에너지를 쏟고 나면, 나머지 스물세 명의 조용한 학생들에게는 눈길 한번 제대로 줄 수가 없어요. '저 아이는 괜찮겠지' 하고 스스로 위안하면서요. 그러다 어느 날 그 조용하던 아이의 눈물을 보면 심장이 쿵 내려앉습니다. '내가 뭘 놓친 걸까?' 아이들을 가르치고 싶어서 교사가 됐는데, 지금은 아이들에게 미안한 마음만 쌓여 가는 기분입니다."

15년 차 한 고등학교 교사의 이야기입니다. 그렇다면 우리는 왜 이 아이들의 눈물을 보지 못할까요? 왜 이토록 거대한 위기가, '투명한 위기'로 존재하게 되었을까요? 여기에는 몇 가지 구조적인 이유, 즉 시스템이 내포한 근본적인 맹점이 있습니다.

첫째, '문제 중심적 접근'입니다. 우리 시스템은 불이 난 뒤에야 출동하는 소방차와 같습니다. 학교폭력, 등교 거부처럼 눈에 보이는 문제가 터져야만 움직입니다. '예방'보다는 '진압'에만 모든 자원을 집중하기에, 아직 불이 붙지 않은 연기 단계인 정상군의 고통은 시스템의 레이더에 포착되지 않습니다. 이러한 접근 방식은 교사들에게도 깊은 무력감을 안깁니다. 교사 개인의 탓이 아닙니다. 시스템 자체가 교사들로 하여금 '괜찮아 보이는 아이들'을 지나치도록 만들고 있는 것입니다.

둘째, '모범생 신화'라는 편견입니다. 우리는 오랫동안 '공부를 잘하는 학생은 모든 면에서 괜찮을 것'이라는 잘못된 믿음을 가져왔습니다. 성실한 태도, 높은 성적, 예의 바른 행동이 곧 건강한 마음의 증거라고 착각해 왔습니다. 이러한 편견은 부모와 교사 모두의 눈을 가립니다. 부모는 자녀가 받아 온 100점짜리 시험지 뒤에 숨겨진 불안과 눈물을 보지 못합니다. 이 모범생 신화는 수진과 같은 아이들을 이중의 감옥에 가둡니다. 아이들은 내면의 고통을 겪는 동시에, '모범생은 흔들리면 안 된다'는 외부의 기대와 '힘든 티를 내면 안 된다'는 자기 검열 사이에서 고립됩니다. 결국 이들이 도움을 요청하는 시점은, 모든 것이 소진되어 더는 버틸 수 없는 마지막 순간인 경우가 많습니다.

셋째, '감정 문맹' 사회입니다. 우리는 아이들에게 국영수는 가르쳤지만, 정작 자신의 감정을 인식하고, 그것을 건강하게 표현하고, 타인의 감정에 공감하는 법은 제대로 가르친 적이 없습니다. 많은 학생이 자신의 감정에 이름 붙이는 것조차 어려워합니다. 불안, 우울, 질투, 수치심 같은 복잡하고 부정적인 감정을 느낄 때, 아이들은 그것을 어떻게 다뤄야 할지 모른 채 혼란에 빠집니다. 그저 막연하게 '짜증 난다', '모르겠다', '다 싫다'와 같은 원초적인 표현으로 뭉뚱그려 버리고 맙니다.

부모나 교사 역시 감정을 섬세하게 읽어 주는 데 서툴기는 마찬가지입니다. 아이가 "학교 가기 싫어"라고 말하면, 그 이면에 숨겨진 친구 관계의 어려움이나 학업 불안을 살피기보다는 "게으름 피우지 마라"며 행동 자체를 다그치기 쉽습니다. 아이가 까닭 없이 짜증을 내면, 사춘기라는 편리한 이름표를 붙여 버리고 소통을 단절합니다.

이러한 감정 문맹 상태는 정상군의 위기를 더욱 깊은 곳에 숨게 만듭니다. 아이들은 자신의 고통을 표현할 언어를 배우지 못하고, 어른들은 아이들이 보내는 서툰 신호를 해독할 능력이 없습니다. 서로 다른 주파수로 대화하는 라디오처럼, 의미 있는 소통은 일어나지 않고 잡음만 커져 갑니다. 결국 아이들은 '말해도 소용 없다'고 느끼며 마음의 문을 닫아 버립니다.

이러한 문제 중심적 접근, 모범생 신화, 감정 표현에 대한 무지는 서로 맞물리며 정상군의 위기를 방치하고 키우는 견고한 시스템을 구축합니다. 이 시스템 안에서 아이들의 침묵은 '동의'로 해석되고, 이들의 눈물은 누구의 눈에도 띄지 않는 투명 잉크로 기록됩니다. 하지만 이 침묵의 비명을 포착해 낸 학교도 있습니다. 3부에서는 그들의 노하우를 살펴볼 것입니다.

진짜 위기는 어디에 있는가

이제 이 모든 통계와 사례 그리고 시스템의 맹점을 종합해 위기를 재정의해야 합니다. 지금 우리 교실의 '진짜 위기'는 교권 추락이나 학교폭력 같은 요란한 사건에만 있는 것이 아닙니다. 그것들은 단지 더 깊은 곳에서 진행되고 있는 구조적 병리의 증상일 뿐입니다.

진짜 위기는 아이들의 '활력 상실'입니다. 미래에 대한 기대 없이, 오늘을 살아갈 의미를 찾지 못한 채, 그저 관성적으로 학교를 오가는 학생들이 늘고 있습니다.

진짜 위기는 '관계의 파산'입니다. 수많은 온라인 네트워크 속에서 정작 마음을 기댈 곳 하나 없이 고립되어 가는 아이들이 늘고 있습니다.

진짜 위기는 '성장의 정체'입니다. 실패를 두려워하고 도전을 피한 채, 타인의 시선에 갇혀 자라날 기회를 스스로 포기하는 아이들이 늘고 있습니다.

이것은 시끄러운 위기가 아니라, 조용한 위기입니다. 폭발하는 위기가 아니라, 서서히 침식하는 위기입니다. 그리고 이 조용한 위기의 피해자가 바로 교실의 다수를 차지하는 정상군 아이들입니다.

그렇다면 이 조용한 위기는 어디에서부터 시작되었을까요? 물론 입시 위주의 경쟁 교육, 성취 지상주의 사회 등 교육의 고질적인 문제들이 그 뿌리에 자리 잡고 있습니다. 하지만 이 모든 문제에 앞서, 우리는 아이들 내면의 토양이 왜 이토록 척박해졌는지를 먼저 질문해야 합니다. 아이들이 스스로 마음의 힘을 기르고 단단하게 성장할 기회, 즉 '성장통' 자체가 사라지고 있기 때문입니다.

다음 장에서는 우리 아이들의 삶에서 실종된 세 가지 핵심 성장 요소, 바로 '정체성, 안전 그리고 놀이'의 문제를 본격적으로 다루고자 합니다.

오늘 당장 시작할 수 있는 실천 한 가지

정상군의 '침묵하는 비명'을 듣는 것은 거창한 구호가 아닌, 따뜻한 시선과 작은 질문에서 시작됩니다.

교사라면

오늘 하루, 학급에서 조용하고 눈에 띄지 않는 '문제없는' 학생 한 명을 정해 공부와 전혀 상관없는 대화를 청해 보세요. "오늘 급식 맛있었니?", "네가 공책에 그린 그림, 멋지다!", "선생님이 보니 오늘 표정이 좋아 보이네. 무슨 좋은 일 있었어?"처럼 사소한 관심의 표현이면 충분합니다. 그가 '나도 이곳에 존재하고 있구나'라고 느끼게 하는 것, 이것이 모든 변화의 시작입니다.

학부모라면

오늘 저녁, 아이에게 "오늘 학교에서 뭐 배웠어? 시험 잘 봤어?"라는 질문 대신, "오늘 하루 중에 기분이 좋았을 때가 언제였어? 속상하거나 힘들었을 때는 언제였고?"라고 물어봐 주세요. 아이의 성적이 아닌, 아이의 감정이라는 창을 통해 하루를 바라보는 것입니다. 어떤 대답이 돌아오든, 판단 없이 그저 들어 주는 것만으로도 아이는 큰 위로를 받습니다.

2장

성장통을 도둑맞은 세대

정체성, 안전,

놀이가 사라진 자리

사라진 공터, 사라진 아이들

1995년 해 질 녘, 동네 공터

흙먼지, 땀 냄새, 아이들의 웃음소리로 가득했던 동네 공터. 무릎이 까지는 상처는 작은 훈장이었고, 친구와 다투고 화해하며 관계의 온도를 배웠다. 해가 떨어지고 저녁밥을 먹으라는 엄마의 목소리가 골목에 울려 퍼질 때까지, 공터는 아이들만의 작은 사회이자 뜨거운 성장의 용광로였다.

2025년 같은 시각, 아파트 놀이터

푹신한 우레탄 바닥 위, 놀이터는 텅 비어 있다. 아이들은 학원 차에 실려 분 단위로 계획된 스케줄을 소화한다. 사이사이 빈 시간은 스마트폰의 차가운 액정 앞에서 보낸다. 모든 것이 안전하고, 예측할 수 있으며, 어른들의 통제 아래 있다. 상처도, 갈등도, 예상하지 못한 설렘도 없는 무균실. 그곳에서 아이들의 성장은 멈춘다.

이 두 풍경의 간극은 단순히 시대의 변화를 넘어 오늘날 자라나는 세대의 성장에 무엇이 결핍되어 있는지를 압축적으로 드러냅니다. 텅 빈 놀이터는 단순히 아이들이 사라진 공간이 아니라, 1장에서 진단했던 우리 아이들의 활력 상실과 성장 정체가 어디에서 비롯되었는지를 보여 주는 상징적인 무대입니다.

우리는 아이들에게 더 좋은 옷을 입히고, 더 비싼 장난감을 사 주며, 더 안전한 환경을 제공하기 위해 애썼습니다. 하지만 아이러니하게도 그 모든 것을 제공하는 과정에서 성장에 반드시 필요한 세 가지 자양분을 우리도 모르는 사이에 빼앗아 버렸습니다. 바로 '나'를 찾아가는 정체성 탐색의 시간, 실패를 통해 배우는 안전의 경험 그리고 세상과 관계 맺는 법을 익히는 진짜 놀이의 기회입니다.

여기서 하나의 질문을 해야만 합니다. '아이는 언제 넘어지고 누구와 다시 일어났는가?' 정체성의 탐색, 안전한 실패, 몸으로 배우는 놀이가 사라질 때 심리적 면역력은 자라지 못합니다. 우리는 아이들을 사랑한다는 명목 아래 그들의 성장을 돕는다고 믿으며 '성장통을 겪을 권리'를 빼앗아 버렸습니다. 이 장에서는 세 가지 핵심 요소의 실종이 어떻게 우리 아이들을 '성장이 멈춘 존재'로 만들어 가고 있는지를 하나씩 깊이 들여다보고자 합니다.

길 잃은 유예기, 정체성의 실종

"선생님은 자꾸 뭘 좋아하냐고, 진로를 빨리 정해야 생기부를 채울 수 있다고 하시는데 …… 정말 뭘 좋아하는지 모르겠어요. 친구들은 다들 코딩이다, 영상 편집이다, 뭐라도 하나씩 파는 게 있는데 저는 그냥 …… 다 재미없고 막막해요. 차라리 누가 '너는 이게 맞아'라고 딱 정해 주면 좋겠어요. 유튜브 알고리즘처럼 제 인생도 누가 딱 맞는 걸로 추천해 줬으면 좋겠다니까요. 선택지가 너무 많은데, 뭘 골라야 할 지 몰라서 그냥 아무것도 못 하고 있어요."

진로 문제로 고민 중인 고등학교 2학년 학생의 이야기입니다. 정신분석학자 에릭 에릭슨(Eric Ericson)은 청소년기를 '정체성 대 역할 혼미'의 시기라고 말했습니다. 이때 청소년은 성인의 책임을 잠시 유예받고 실패의 부담 없이 자신을 탐색하는 심리사회적 유예기를 반드시 거쳐야 합니다. 아이돌에 열광하고, 엉뚱한 꿈을 꾸며, 때로는 반항도 해 보는 이 모든 '방황'의 시간을 통해 비로소 '나는 이런 사람이다'라는 단단한 자아 정체성을 확립하는 것입니다.

그런데 오늘날 10대의 유예기는 잘 짜인 관광 상품처럼 변질되었습니다. 청소년들은 그 어느 때보다 많은 역할을 소비하지만 깊이 있는 성찰은 하지 못하고 있습니다. 유예기가 더 이상 현실 세계의 구체적인 경험 속에서 이루어지지 않고, 미디어나 어른들이 제시하는 이상적인 역할 모델을 모방하고 소비하는 것으로 대체되고 있기 때문입니다.

청소년들은 내면을 깊이 성찰하고 현실 세계의 사람들과 부딪히며 역량을 시험하는 고통스러운 과정을 거치는 대신, 사회가 '정답'이라고 정해 놓은 듯한 성공한 사업가, 인기 있는 크리에이터, 명문대생 선배와 같은 매력적인 역할들 중 하나를 골라 자신의 정체성으로 삼아 버립니다. 이는 자기 집을 짓기 위해 직접 땅을 파고 벽돌을 쌓는 것이 아니라, 잘 지어진 모델하우스를 구경하며 '이 집이 내

집이었으면 좋겠다'고 상상만 하는 것과 같습니다. 화려하고 쉬워 보이지만, 그 집은 결코 '진짜 내 것'이 될 수 없습니다.

'가짜 유예기'의 또 다른 문제는 이러한 역할 놀이가 아무런 책임과 헌신을 요구하지 않는다는 점입니다. 자아 정체성 형성 과정에서 탐색만큼이나 중요한 것이 바로 헌신입니다. 이는 자신이 선택한 가치나 역할에 시간과 노력을 투자하고, 그 선택에 따르는 책임을 감수하는 것을 의미합니다. 예를 들어 '나는 음악가가 되겠다'는 정체성을 탐색하려면 매일 꾸준히 악기를 연습하는 고된 과정을 거쳐야 하고, 때로는 다른 즐거움을 포기해야 합니다. 이 헌신의 과정을 통해 선택에 따른 현실적인 무게를 깨닫고, 그 선택을 진짜 자신의 것으로 만들어 갈 수 있습니다.

하지만 오늘날 10대가 접하는 수많은 간접 경험 속에서는 이 모든 것이 너무나 쉽습니다. 마음에 들지 않으면 언제든 쉽게 포기하고 다른 매력적인 역할로 갈아타면 그만입니다. 밴드 동아리에서 친구와 갈등을 겪으며 합주를 완성해 나가는 현실의 경험 대신, 리듬 게임 앱에서 완벽한 연주를 선보이며 즉각적인 만족감을 얻는 식입니다. 이렇게 가벼운 정체성 놀이에 익숙해진 청소년들은 현실 세계에서 요구하는 진지한 헌신과 책임을 기피하게 됩니다. 이들은 어떤 것에도 깊이 몰입하지 못하고, 어려운 과제가 닥치면 쉽게 포기하며, 끊임없이 새로운 자극만을 찾아다니는 '정체성 쇼핑객'이 되어 버립니다.

결과적으로 청소년들은 역할 혼미의 늪에 더 깊이 빠져들게 됩니다. '보여 주기 위해 연기하는 나'와 현실의 '초라한 나' 사이에서 극심한 혼란을 겪습니다. 1장에서 우리가 만났던 유나가 바로 이 가짜 유예기의 희생양입니다. 유나는 수많은 가면을 바꿔 쓰며 타인의 기대에 맞춰 살아가지만, 정작 '진짜 나는 누구인가?'라는 질문 앞에서는 길을 잃고 맙니다.

이처럼 취약하고 파편화된 자아를 가진 청소년들은 스트레스 상황에 매우 취약합니다. 작은 실패나 비판에도 쉽게 무너지고, 자신의 가치를 스스로 인정하지 못하며, 끊임없이 외부의 인정을 갈구하게 됩니다. 정상군 아이들의 내면에서 자라나는 불안과 우울의 뿌리에는 바로 이렇게 모래성처럼 쌓아 올린 위태로운 자아 정체성이 자리 잡고 있습니다.

정체성 탐색의 실종과 과잉보호가 낳은 또 다른 비극은 바로 '결정 못 하는 병'의 만연입니다. 오늘 점심으로 무엇을 먹을지, 어떤 옷을 입을지와 같은 사소한 선택부터 어떤 대학에 진학하고 어떤 직업을 택할지와 같은 인생의 중대한 결정까지, 스스로 선택하고 책임지는 것을 극도로 어려워하는 청년들이 늘어나고 있습니다. 이는 어린 시절부터 삶에 대한 자기 결정권을 충분히 행사해 보지 못했기 때문입니다. 아이들의 하루는 부모가 짜 준 스케줄로 채워지고, 진로는 부모의 욕망이 투영된 결과물인 경우가 많습니다. 지금의 10대는 스스로 무언가를 선택하고, 그 선택의 결과를 책임지는 훈련을 해 볼 기회가 없었습니다.

이들에게 '선택'은 자신의 욕구를 실현하는 즐거운 과정이 아니라, '틀리면 안 되는' 무서운 시험과 같습니다. 잘못된 선택을 했을 때 부모나 사회로부터 비난받을 것이 두렵고, 그 실패를 감당할 자신이 없기 때문입니다. 결국 이들은 자신의 중요한 결정을 부모나 친구 등 다른 사람에게 미루거나 심지어 SNS에서 투표를 붙여 그 결과를 따르기도 합니다. 아예 아무것도 선택하지 않고 현실에 안주하는 결정 포기 상태에 이르는 것입니다.

자기 삶의 주인이 되지 못하고, 타인이 정해 준 길을 따라가는 수동적인 삶. 이는 자아 정체성 혼미가 낳은 슬픈 결과물입니다.

너무 안전해서 불안한 아이들

"몇 해 전부터 학교 운동장의 정글짐이 사라졌습니다. 누군가 크게 다치는 사고가 있었던 것도 아닙니다. 그저 학부모님의 민원 때문이었습니다. '우리 아이가 저기서 놀다가 떨어질까 봐 불안해서 학교 보내겠냐'는 것이었습니다.

저는 그 정글짐 꼭대기에서 세상을 다 가진 듯 환호하던 아이들의 얼굴을 기억합니다. 조금 무서워도 낑낑대며 한 칸 더 오르려 애쓰던 작은 손들, 친구의 엉덩이를 밀어 주던 우정도 기억합니다.

정글짐이 사라진 자리에는 푹신한 우레탄 바닥과 넘어져도 절대 다칠 일 없는 나지막한 놀이기구 몇 개가 들어섰습니다. 왠지 씁쓸한 기분이 들었습니다."

교직 경력 20년 차 초등학교 교사의 이야기입니다. 운동장은 더 안전해졌는데, 왜 우리 아이들은 심리적으로 더 불안해졌을까요?

아이들의 성장에서 실종된 두 번째 요소는 '안전'입니다. 이는 매우 역설적으로 들릴 수 있습니다. 오늘날 부모들은 그 어느 세대보다 자녀의 안전에 집착하기 때문입니다. 아이가 넘어져 다칠까 봐 놀이터 바닥은 온통 푹신한 우레탄으로 포장되었고, 나쁜 사람을 만날까 봐 스마트폰으로 24시간 위치를 추적합니다. 아이들은 더 이상 어른의 감독 없이 동네를 돌아다니거나, 자기들끼리만 여행을 떠나는 '위험한' 경험을 하지 않습니다.

우리는 역사상 가장 물리적으로 안전한 세대를 길러내고 있습니다. 그런데 왜 우리 아이들은 역사상 가장 심리적으로 불안한 세대가 되었을까요? 이것이 바로 '안전의 역설'입니다. 우리는 아이들을 모든 종류의 위험과 불편 그리고 실패로부터 완벽하게 보호함으로써, 아이들이 스스로 안전을 확보하고 불안을 다루는 능력을 키울 기회를 박탈해 버렸습니다.

사회심리학자 조너선 하이트(Jonathan Haidt)는 자신의 저서 《나쁜 마음(The Coddling of the American Mind)》에서 이를 면역 시스템의 비유를 들어 설명합니다. 면역 시스템이 건강하게 발달하려면 적당한 수준의 세균과 바이러스에 노출되는 경험이 필수적입니다. 무균실에서 자란 아이는 사소한 감기 바이러스에도 치명적인 타격을 입을 수 있습니다. 마음의 힘, 즉 회복 탄력성도 마찬가지입니다. 자라나는 세대는 작은 실패, 친구와의 갈등, 사소한 상처, 약간의 위험과 같은 심리적 항원에 노출되고 이를 스스로 극복해 내는 경험을 통해 스트레스에 대한 저항력과 문제 해결 능력을 키워 나갑니다.

하지만 오늘날의 '헬리콥터 부모' 혹은 '제설기 부모' 들은 자녀의 앞길에 놓인 모든 장애물을 미리 치워 버립니다. 아이가 친구와 다투면, 부모가 직접 나서서 상대 아이나 부모에게 항의합니다. 숙제하다가 막히면, 부모가 대신 검색해 주거나 심지어 숙제를 해 줍니다. 자녀가 겪는 아주 작은 불편함조차 견디지 못하고 즉시 해결해 주려 합니다. 이러한 과잉보호는 무의식적으로 자녀에게 '너는 혼자서는 아무것도 할 수 없는 무능한 존재'라는 메시지를 전달합니다. 아이는 스스로 문제를 해결하며 실패를 딛고 일어서는 성공의 경험을 해 보지 못합니다. 그 결과 점점 더 의존적으로 변하고, 자신의 능력을 불신하게 되며, 새로운 도전을 두려워하게 됩니다.

이 아이들에게 세상은 온통 위험하고 위협적인 곳으로 인식됩니다. 놀이터의 정글짐은 떨어질까 봐 무섭고, 새로운 친구를 사귀는 것은 거절당할까 봐 두렵습니다. 시험을 보는 것은 나쁜 점수를 받아 실망할까 봐 불안합니다. 모든 것이 통제 불가능한 위협으로 느껴집니다. 결국, 물리적 안전을 위한 부모의 과잉보호가 아이러니하게도 자녀를 극심한 심리적 불안 상태로 몰아넣는 것입니다. 우리는 아이들을 온실 속 화초로 키웠지만, 온실 밖 세상은 거친 비바람이 몰아치는 광야입니다. 아무런 준비 없이 광야에 내던져진 아이들은 작은 바람에도 뿌리째 뽑혀 나갈 수밖에 없습니다.

안전의 역설이 만들어 낸 안타까운 결과가 바로 수진의 모습입니다. 부모라는 제설기가 모든 실패의 가능성을 치워 버린 길 위에서, 수진은 '100점이 아니면 실패'라는 불안에 시달리는 겁쟁이가 되어 버렸습니다. 우리는 안전이라는 이름으로 수진에게서 실패를 통해 배우고 다시 일어설 중요한 권리를 빼앗아 버린 것입니다. 이처럼 회복 탄력성이 약한 아이들은 성인이 되어 더 큰 좌절과 마주할 때 쉽게 무너져 내릴 수 있습니다. 취업 실패, 연인과의 이별, 직장에서의 갈등과 같은 인생의 필연적인 스트레스 앞에서, 이를 어떻게 다루어야 할지 몰라 극심한 우울과 불안에 빠지거나 현실에서 도피해 버릴 위험이 큽니다.

놀이터는 사라지고 스케줄만 남았다

주말 오후, 미세먼지 상태도 괜찮아서 초등학교 3학년 아들 손을 잡고 일부러 아파트 놀이터로 나갔습니다. 또래 아이들이 몇몇 보였습니다.

"가서 같이 놀아. 미끄럼틀도 타고, 시소도 타고."

아이는 쭈뼛거리며 아이들 주변을 맴돌기만 했습니다. 뭐라고 말을 걸어야 할지, 어떻게 끼어들어야 할지 모르는 얼굴이었습니다. 5분쯤 지났을까, 아이는 다시 제게로 터벅터벅 걸어 왔습니다.

"아빠, 그냥 집에 가면 안 돼? 심심해."

이내 아이 손에 쥐여 줄 스마트폰을 찾는 저를 발견하고 씁쓸해졌습니다. 흙먼지 속에서 해가 지는 줄도 모르고 친구들과 뛰어놀던 제 어린 시절은, 이제 아들에게는 영영 가르쳐 줄 수 없는 외국어처럼 느껴졌습니다.

어느 초등학교 3학년 학부모의 이야기입니다. 성장의 세 번째 실종 요소는 바로 '놀이'입니다. 여기서 말하는 놀이란 태권도 학원에 가거나, 보드게임을 하거나, 스마트폰 게임을 하는 것과 같은 구조화된 활동을 의미하지 않습니다. 발달심리학자들이 말하는 '진짜 놀이'의 특징은 다음과 같습니다.

자발성

어른이 시켜서 하는 것이 아니라, 아이 스스로 원해서 시작하는 활동이다.

비목적성

무엇을 배우거나, 이기거나, 결과물을 만들어 내기 위한 것이 아니라, 노는 과정 그 자체를 즐기는 활동이다.

상상력

현실의 규칙을 넘어서는 '~인 척하기(pretend play)'와 같은 상상적 요소가 포함된다.

자유로움

정해진 규칙이나 방법이 없으며, 아이들이 스스로 규칙을 만들고 변경할 수 있다.

1990년대 동네 공터의 놀이는 이 모든 조건을 충족하는 완벽한 진짜 놀이였습니다. 하지만 오늘날 이러한 놀이는 거의 자취를 감추었습니다. 아이들의 시간은 어른들이 계획한 학습과 감당하기 버거운 스케줄로 가득 차 있고, 그나마 남는 시간은 디지털 기기가 차지해 버렸습니다.

WHO(세계보건기구)는 아동·청소년에게 매일 60분 이상의 중강도 이상의 신체 활동을 권고하고 있지만, 대한민국의 현실은 처참한 수준입니다. 2022년 질병관리청 청소년건강행태조사에 따르면, 이 기준을 충족하는 한국 청소년은 10명 중 1명(남학생 22.8%, 여학생 8.1%)에 불과합니다. 특히 2019년 WHO가 146개국 청소년의 신체 활동 부족률을 비교한 연구에서는, 한국이 94.2%로 가장 높은 순위를 기록하는 불명예를 안기도 했습니다. 아이들의 일상이 성장을 위한 놀이가 아닌, 책상 앞에서의 노동으로 채워지고 있다는 명백한 증거입니다.[1]

우리는 왜 이토록 놀이의 가치를 폄하하게 되었을까요? 그것은 '놀이는 공부의 반대말'이라는 잘못된 이분법 때문입니다. 많은 부모가 놀이를 그저 '시간 낭비' 혹은 '학습에 방해되는 것'으로 여깁니다. 아이가 한 시간 동안 멍하니 블록을 쌓고 허무는 것보다, 그 시간에 영어 단어 하나라도 더 외우는 것이 생산적이라고 생각합니다. 하지만 수많은 발달심리자학가 증명했듯, 아이들에게 놀이는 '일'이고, '학습' 그 자체입니다.

예를 들어, 아이들이 병원 놀이를 한다고 상상해 봅시다. 아이들은 의사, 간호사, 환자 등 각자의 역할을 정하고, 그 역할에 맞는 말투와 행동을 흉내 냅니다. 이 과정에서 타인의 눈으로 세상을 바라보는 법을 익히며 공감 능력을 기릅니다. 또한, "이제 진찰할 시간이야", "주사가 좀 아플 거야"와 같은 대화를 나누며 생각과 감정을 언어로 표현하고 조절하는 법을 배웁니다. 놀이 중에는 갈등이 생기기도 합니다. "내가 먼저 의사 할 거야!"라며 다투다가도, "그럼 5분씩 번갈아 가면서 하자"고 타협하거나, "가위바위보로 정하자"며 공정한 규칙을 만들어 냅니다. 이 과정에서 자기주장과 자기 조절 그리고 협상과 문제 해결이라는, 민주 시민에게 필요한 사회적 기술을 자연스럽게 체득합니다.

진짜 놀이가 사라진 현실의 공허함을 견디지 못한 아이들은 어디로 갈까요? 바로 민호처럼, 명확한 규칙과 즉각적인 보상이 있는 디지털 게임의 세계로 도피합니다. 우리는 민호에게서 놀이 시간을 빼앗음으로써, 현실 세계와 관계 맺고 사회성을 연습할 중요한 기회를 박탈한 것입니다. 결국 진짜 놀이의 실종은 아이들에게서 '사회성을 연습할 결정적 기회'를 박탈하는 것과 같습니다. 우리는 사회에서 성공하는 법을 가르치기 위해 놀이 시간을 줄이고 학원 시간을 늘렸지만, 정작 아이들은 살아가는 데 필요한 기본적인 기술을 배울 기회를 잃어버리고 있는 것입니다.

어른 아이의 탄생

"제가 10년 넘게 아이들을 가르치고 있는데, 요즘 아이들은 정말 눈에 띄게 달라요. 쉬는 시간에 모여서 놀지를 않거든요. 대부분 앉아서 스마트폰만 들여다봐요. 큰 차이는 갈등을 대하는 태도예요. 모둠 활동을 시켜도 의견이 조금만 다르면 토론해서 조율하는 게 아니라 그냥 입을 닫아 버리거나 쉽게 포기해요. 갈등을 해결하고 관계를 회복하는 마음의 근육이 아예 자라지 못한 느낌입니다."

12년 차 초등학교 교사의 이야기입니다. 이 장에서 우리는 오늘날 아이들의 삶에서 실종된 세 가지 성장 요소인 정체성, 안전, 놀이를 살펴보았습니다. 이 세 가지 요소의 실종은 각각 독립적인 현상이 아니라, 서로 긴밀하게 연결되어 악순환의 고리를 형성합니다.

스스로 규칙을 만들고 갈등을 해결하는 놀이의 경험이 부족한 아이는 사회적 유능감이 부족하고 관계에 대한 불안을 느낍니다. 실패와 위험을 감수하며 회복 탄력성을 키울 '안전한' 기회가 없었던 아이는 새로운 도전을 두려워하고 쉽게 좌절합니다. 그리고 이렇게 사회적으로 위축되고 도전을 두려워하는 아이는 '나는 누구인가'를 탐색하기 위해 다양한 현실적 경험에 뛰어들 용기를 내지 못하고, 안전한 가면 뒤에 숨어 '연기하는 나'에 머무르게 됩니다. 결국 우리는 성장통을 겪지 않는 세대를 만들어 내고 있습니다. 아이들은 더 이상 무릎 깨질 걱정 없이, 친구와 싸울 불편함 없이, 자신의 미래에 대해 고뇌하는 혼란 없이 매끈하게 포장된 길을 걷고 있는 것처럼 보입니다.

그러나 성장통 없는 성장은 불가능합니다. 유충이 나비가 되려면 번데기라는 어둡고 고통스러운 시간을 통과해야만 합니다. 우리는 사랑이라는 명목 아래, 아이들이 번데기가 될 기회 자체를 박탈하고 있는 것은 아닐까요? 무기력하고 의존적인 애벌레로 영원히 남기를 바라는 것은 아닐까요? 몸은 어른이지만 마음은 자라지 못한 '어른 아이'의 세대를 우리 손으로 키워 내고 있는 것인지도 모릅니다. 넘어져 본 적이 없기에 일어서는 법을 모르는 아이, 상처받아 본 적이 없기에 타인의 상처에 공감하지 못하는 아이. 우리는 아이들을 사랑한다는 마음으로, 역설적으로 세상의 어떤 비바람 앞에서도 홀로 설 수 없는 연약한 존재로 만들고 있는지도 모릅니다.

심리적 면역력이 약해진 아이들. 이 취약성 위로 '디지털 팬데믹'이 덮칩니다. 다음 장에서 그 공습을 해부할 것입니다.

아이들에게 다섯 가지 권리를 돌려주자

만약 이 시대 아이들을 위한 새로운 '아동 권리 선언'을 쓴다면, 어떤 조항이 우선되어야 할까요? 성장통을 도둑맞은 세대를 위해 우리는 무엇을 해야 할까요? 거창한 정책에 앞서 발달 과정에서 빼앗아 버린 근본적인 권리들을 돌려주는 것에서부터 시작해야 합니다.

제1조 방황할 권리

'진짜 자신'을 찾기 위해 실패를 두려워하지 않고 다양한 길을 탐색하고 방황할 권리가 있습니다. 효율성보다 중요한 것은 충분한 자기 탐색의 시간입니다.

제2조 실패할 권리

넘어지고, 실수하고, 깨지는 '안전한 실패'를 경험하며 회복 탄력성을 배울 권리가 있습니다. 넘어져 봐야 스스로 다시 일어나는 법을 배웁니다.

제3조 몸으로 부딪힐 권리

스크린 밖 현실 세계를 몸으로 직접 느끼고 탐험하며 현실 감각을 익힐 권리가 있습니다. 무릎의 상처는 성장의 훈장이며, 진짜 세상은 액정 너머에 있습니다.

제4조 지루해할 권리

디지털 자극에서 벗어나 멍하니 세상을 느낄 수 있는 권리가 있습니다. 지루함 속에서 비로소 내면의 목소리와 창의성이 싹틉니다.

제5조 질문할 권리

배움이 자기 삶과 세상에 어떤 의미가 있는지 질문하고, 삶의 의미와 목적을 찾아 나갈 권리가 있습니다. 남들이 정한 정답이 아니라 나만의 질문을 품을 때 아이는 자랍니다.

이 다섯 가지 권리를 되돌려주는 것, 이것이 멈춰 버린 성장의 엔진을 다시 가동시키는 근본적인 처방전입니다.

오늘 당장 시작할 수 있는 실천 한 가지

'성장이 멈춘 아이들'의 엔진을 다시 뛰게 하는 것은, 그들이 온실 밖으로 나와 작은 비바람을 스스로 이겨 낼 수 있게 하는 신뢰에서 시작됩니다.

교사라면

학급에서 조용하거나 위축된 학생에게 '실패해도 괜찮은 작은 책임'을 한번 맡겨 보세요. 교실 화분에 물 주기나 친구들에게 학습지 나눠 주기 같은 일입니다. 그리고 결과보다는 과정과 노력에 대해 칭찬해 주세요. 교사가 학생을 '보호 대상'이 아닌, '책임감 있는 공동체의 일원'으로 믿어 주는 이 경험이, 그의 무기력한 어깨에 스스로 설 수 있는 힘을 실어 줄 것입니다.

학부모라면

아이가 "숙제 준비물을 깜빡했어" 또는 "친구가 내일 만나자고 했는데 어떡하지?"와 같은 작은 문제에 부딪혔을 때, 즉시 해결책을 제시하거나 대신 해결해 주고 싶은 마음을 딱 5분만 참아 보세요. 대신 "그렇구나, 어떻게 하면 좋을까?"라고 질문을 돌려주며 아이가 스스로 해결책을 생각하도록 기다려 주는 것입니다. 부모의 도움 없이 자신의 문제를 해결해 본 작은 성공의 경험ㅇ , 아이의 회복 탄력성을 키우는 영양제입니다.

3장

하이재킹 당한 뇌

디지털 팬데믹

보이지 않는 감염병

한 식탁, 네 개의 섬

저녁 7시, 한 평범한 가정의 식탁 풍경. 갓 지은 밥의 김과 찌개의 냄새가 공간을 채운다. 그러나 가족의 시선은 서로를 향하지 않는다. 아버지는 뉴스, 어머니는 SNS, 아들은 웹툰, 딸은 단체 채팅……. 가족 간 대화는 없다. 하루 중 유일하게 한자리에 모이는 이 시간, 그들은 같은 공간에 있지만 각자 다른 디지털 섬에 고립되어 있다. 물리적으로 가장 가까운 이 순간, 그들은 심리적으로 가장 멀리 떨어져 있다.

한 아이, 하나의 우주였던 섬

2022년, 서울의 한 중학생이 스스로 생을 마감했다. 그는 다른 아이들과 전혀 소통하지 않고, 가정에서도 학교에서도 스마트폰만 만지작거렸던 소위 '디지털 은둔형 외톨이'였다. 우리는 그의 섬에 단 한 번도 방문하려 하지 않았다.

앞 장에서 우리는 아이들의 성장 자체가 멈춰 버린 현실을 마주했습니다. 진짜 놀이와 안전한 실패 그리고 정체성을 탐색할 시간을 잃어버린 아이들은, 역설적으로 그 공허함을 채울 강력한 대체재, 즉 디지털 세상으로 도피하고 있습니다.

위의 두 풍경은 바로 그 지점을 보여 주는 우리 시대의 슬픈 자화상입니다. 이제 이들의 취약한 내면에 기름을 붓고 붕괴를 가속화하는 새로운 재앙, '디지털 팬데믹'이 어떻게 우리의 관계를 그리고 아이들의 마음을 잠식하고 있는지를 본격적으로 분석하고자 합니다.

학교폭력 양상의 변화(교육부)

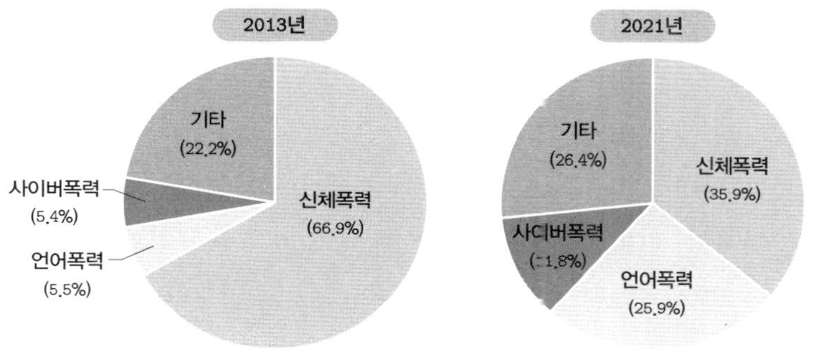

과학기술정보통신부와 한국지능정보사회진흥원의 2023년 스마트폰 과의존 실태조사 보고서에 따르면 청소년의 40.1%(2023년)가 스마트폰 과의존 고위험군으로 분류되었습니다. 이는 팬데믹 이전 29.3%(2018년)에 비해 크게 늘어난 수치입니다. 학교폭력 양상도 근본적으로 변화했습니다. 교육부에서 해마다 실시하는 학교폭력 실태조사 결과에 따르면 위 그래프와 같이 2013년에서 2021년 사이 신체폭력의 비중은 절반 가까이 감소했지만, 사이버폭력은 두 배 넘게 증가했습니다. 언어폭력 증가세는 더 두드러져 네 배나 됩니다. 공격성의 주된 양상이 물리적 공간에서 눈에 보이지 않는 디지털 및 언어적 공간으로 이동했음을 보여 주는 데이터입니다. 태어날 때부터 입에 스마트폰 기기를 물고 태어난 세대를 우리는 제대로 이해하고 있는 걸까요?

> "코로나19 팬데믹이 사람의 몸을 공격하는 사이에,
> 디지털 팬데믹이 아이들의 마음을 공격하고 있다."
>
> – 박유현[2]

코로나19가 호흡기를 통해 신체를 공격하는 물리적 감염병이었다면, 디지털 팬데믹은 스크린을 통해 뇌와 마음을 공격하는 심리적 감염병입니다. 이 새로운 팬데믹은 전염 속도가 빛보다 빠르고, 국경도 없으며, 잠자는 시간을 제외한 거의 모든 순간에 우리 아이들을 공격합니다. 그 어떤 바이러스보다 교묘하고 은밀하게 생각하는 방식, 관계 맺는 방식 그리고 자기 자신을 인식하는 방식을 송두리째 바꾸어 놓고 있습니다.

많은 어른이 이 문제를 그저 스마트폰 중독이라는 낡은 프레임으로만 이해하려 합니다. "우리 아이가 스마트폰을 너무 많이 봐서 걱정이에요"라는 고민은 이제 너무나 흔한 레퍼토리가 되었습니다. 하지만 이는 문제의 본질을 심각하게 축소하는 것입니다. 지금 벌어지고 있는 일은 단순히 사용 시간 과다의 문제가 아닙니다. 어린이, 청소년이 살아가는 세상의 생태계 자체가 디지털 환경으로 전환되면서 발생하는 총체적이고 구조적인 위기입니다.

우리는 인류 역사상 최초로 아이들의 손에 인류 전체의 지식이 담긴 도서관이자 전 세계인과 연결된 광장이며, 정교한 심리학자들이 설계한 오락실이기도 한 기기를 쥐여 준 세대입니다. 그러고는 아무런 사용 설명서도 심리적 안전장치도 없이 아이들을 디지털 세상이라는 미지의 정글에 밀어 넣었습니다.

이 보이지 않는 적, 디지털 팬데믹은 크게 세 가지 경로를 통해 자라나는 세대의 마음을 공격합니다.

신경학적 공격

뇌의 보상회로를 해킹해 생각하는 힘을 마비시킵니다.

심리적 공격

현실과 가상의 경계를 허물어 자기 자신을 잃어버리게 만듭니다.

사회적 공격

깊이 있는 유대감을 파괴하고 피상적인 관계만을 남깁니다.

이번 장에서는 이 세 가지 공격이 구체적으로 어떻게 이루어지는지, 그 결과 아이들의 마음속에 어떤 상처가 남는지를 하나씩 해부해 나갈 것입니다.

생각하는 힘을 빼앗긴 뇌

"숙제해야 하는 거 아는데 …… 진짜 딱 10분만 해야지 하고 폰을 잡으면, 정신 차렸을 땐 1시간이 훌쩍 지나 있어요. 쇼츠는 그냥 손가락으로 넘기다 보면 끝이 없잖아요. 재밌는 게 계속 나오니까 멈출 수가 없어요. 그러고 나서 책을 보면 글자가 눈에 하나도 안 들어와요. 그냥 까만 건 글씨고 하얀 건 종이 …… 머리가 멍해져요. 인터넷 강의를 틀어 놔도 5분만 지나면 저도 모르게 폰을 만지고 있고요. 제가 의지가 약한 건가 싶어서 짜증 나고……."

중학교 2학년 학생의 이야기입니다. 디지털 팬데믹의 첫 번째 공격 목표는 뇌의 보상 시스템, 즉 도파민 회로입니다. 세계 최고의 심리학자와 엔지니어 들로 무장한 앱 개발 회사에서는 어떻게 하면 사용자가 더 오래, 더 자주 접속하게 만들 수 있을지를 연구합니다. 그들이 발견한 강력한 무기는 라스베이거스의 슬롯머신과 동일한 원리인 '간헐적 가변 보상'입니다.

스마트폰의 '알림'이 바로 이 원리를 이용한 디지털 슬롯머신입니다. 화면이 '띵' 하고 울릴 때, 그것이 중요한 연락일지 아닐지 예측할 수 없는 불확실성이 우리 뇌를 강력하게 자극합니다. 사용자는 혹시나 하는 기대감에 하던 일을 멈추고 즉시 확인하게 되고, 그 행위를 통해 작은 도파민 보상을 얻습니다. 이 과정이 하루에도 수백 번씩 반복되면서 아이들의 뇌는 점점 더 쉽고 빠른 자극에만 반응하도록 길들여집니다. 어려운 수학 문제를 풀거나 악기를 연습하며 얻는 현실의 성취감보다, 손가락 하나로 즉각 얻을 수 있는 디지털 쾌락을 더 선호하게 되는 것입니다.

이러한 뇌의 변화는 '팝콘 브레인' 현상으로 이어집니다. 팝콘이 한꺼번에 사방으로 터지듯 뇌가 수많은 자극에 즉각적으로 반응하지만, 어느 하나에도 깊이 집중하지 못하는 상태를 말합니다. 15초의 자극에 익숙해진 뇌는 50분짜리 수업을 고문처럼 느끼고, 글자가 빽빽한 교과서는 쳐다보기도 싫어집니다. 깊이 있게 파고드는 심층 주의력과 인지적 인내심이 사라지는 것입니다. 이러한 경험에 익숙해진 아이들은 현실 세계의 문제 해결 과정에서 요구되는 기다림과 숙고의 시간을 견디지 못합니다.

이는 우리 뇌의 총사령관인 전전두피질 발달과 직접적으로 연관됩니다. 충동을 억제하고 합리적 결정을 내리는 전전두피질은 20대 중반이 되어서야 성숙하는데, 스마트폰이 제공하는 즉각적인 자극은 이 뇌의 총사령관을 사실상 개점휴업 상태로 만듭니다. 충분히 훈련할 기회를 잃은 뇌는 충동 조절에 어려움을 겪고, 타인의 감정에 공감하는 능력이 떨어지며, 결국 '생각하는 뇌'가 아닌 '반응하는 뇌'로 재편됩니다. 단순히 집중력 저하나 학업 부진의 문제를 넘어 인격 형성 전체에 심각한 영향을 미칩니다. 이것이 바로 현실의 지루함을 견디지 못하고 게임 세계로 도피했던 민호의 뇌이자 사소한 자극에도 쉽게 무너지는 모든 아이의 뇌에서 벌어지고 있는 보이지 않는 전쟁입니다.

최근 상담실에서 만나는 학생들에게서 공통적으로 발견되는 또 다른 위험 신호는 알고리즘의 편향성에 무방비로 노출되어 있다는 점입니다. 유튜브나 틱톡의 추천 알고리즘은 사용자가 좋아할 만한 콘텐츠를 끊임없이 추천해 플랫폼에 더 오래 머물게 하도록 설계되었습니다. 이는 효율적인 시스템처럼 보이지만 사고방식을 매우 편협하고 극단적으로 만들 수 있는 위험한 덫입니다.

예를 들어, 우울한 감정을 느끼는 학생이 우울한 내용의 영상을 몇 번 찾아보면 알고리즘은 그에게 자해, 자살 등 세상에 대한 비관과 관련한 영상을 집중적으로 추천합니다. 그는 마치 모든 사람이 자신처럼 불행하고, 삶에는 아무런 희망이 없는 것처럼 느끼는 확증 편향에 빠지게 됩니다. 정치적, 사회적 문제에 대해서도 마찬가지입니다. 특정 이념에 편향된 콘텐츠를 소비하기 시작하면 알고리즘은 반대 의견을 접할 기회를 차단하고 비슷한 내용의 영상만을 보여 줍니다. 사용자는 균형 잡힌 시각을 갖추지 못한 채 가짜 뉴스나 음모론에 쉽게 현혹되고 극단적인 사고에 빠져들 위험이 높습니다.

알고리즘이 제공하는 필터 버블(Filter Bubble) 속에서 아이들은 생각이 다른 사람들을 이해하고 소통하는 능력을 잃어버립니다. 세상은 점점 더 '우리 편'과 '적'으로 나뉘고, 사회적 갈등의 골은 깊어집니다. 자신도 모르는 사이에, 보이지 않는 알고리즘에 의해 생각과 신념을 조종당하는 것입니다.

타인의 시선에 감금된 마음

"딸아이 인스타그램을 보면 제 딸이 아닌 것 같아요. 늘 예쁜 카페에서 친구들과 활짝 웃고 있고, 행복한 일상 가득하죠. '좋아요'가 수백 개씩 달려요. 그런데 집에 있는 딸아이는 방문을 걸어 잠그고 거의 말을 하지 않아요. 학교에서 무슨 일 있었냐고 물어보면 짜증부터 내고요. 사진 속에서는 세상에서 가장 행복한 아이인데, 제 눈에는 가장 외로운 아이로 보여요. 수백 명의 온라인 친구들 속에서 제 딸의 마음을 알아주는 친구가 한 명이라도 있는 걸까요? 어떤 게 진짜 딸의 모습인지, 부모인 저조차도 헷갈리기 시작했습니다."

고등학교 1학년 자녀를 둔 학부모의 이야기입니다. 디지털 팬데믹의 두 번째 공격은 아이들의 자아 정체성을 겨냥합니다. 청소년기는 나는 누구인가를 탐색하는 결정적 시기이지만, 오늘날 아이들의 주된 자기 탐색 무대는 SNS라는 거울의 방으로 옮겨 갔습니다.

거울의 방에서 살아남기 위한 첫 번째 규칙은 '가장 멋진 나'를 연기해야 한다는 것입니다. SNS에 올라오는 사진과 글 들은 대부분 한 사람의 인생에서 행복하고, 성공했으며, 아름다운 순간만을 잘라내어 편집한 '하이라이트 릴'입니다. 아이들은 친구들이 올린 해외여행 사진, 명품 선물, 완벽한 성적표 그리고 보정 필터로 매끈해진 얼굴을 보며 그것이 그들의 일상이라고 착각하게 됩니다. 이러한 환경에서 평범하고 때로는 초라하기까지 한 현실을 있는 그대로 드러내는 것은 큰 용기가 필요한 일이 되었습니다. 아이들은 자신의 가치를 증명하려고, 친구들로부터 소외되지 않으려고 편집된 나, 즉 '전시용 자아'를 만들어 내기 시작합니다.

1장에서 잠시 언급했던 유나의 사례를 다시 떠올려 봅시다. 유나는 모두에게 사랑받는 '인싸'처럼 보이지만, 실제로는 타인의 기대에 맞춰 끊임없이 가면을 바꿔 쓰는 연기자입니다. 유나의 SNS는 늘 친구들과의 파티, 맛집 탐방, 즐거운 활동 사진으로 가득합니다. 하지만 그 사진을 찍기 위해 유나가 얼마나 애썼는지, 사진 속 웃는 얼굴 뒤에 얼마나 큰 공허함이 있는지는 아무도 모릅니다. 이 과정이 반복되면서 내면에서는 '진짜 나'와 '전시용 나' 사이의 괴리가 점점 더 커집니다. 그리고 이 괴리가 클수록 더 깊은 불안과 우울에 빠져듭니다. '사람들이 좋아하는 것은 진짜 내가 아니라, 내가 만들어 낸 허상일 뿐이야. 만약 내 진짜 모습을 알게 되면 모두가 실망하고 떠나갈 거야'라는 생각에 사로잡힙니다.

결국 단단한 자아를 형성하기는커녕, 타인의 시선과 평가에 따라 수시로 흔들리는 '외적 자존감'에 의존하게 됩니다. '좋아요'가 많이 달리면 하늘을 날 듯 기쁘다가도, 기대만큼 반응이 없거나 부정적인 댓글이 달리면 세상이 무너지는 듯한 절망을 느낍니다. 자신의 가치를 스스로 결정하는 내적 통제력을 상실하고 타인의 손에 감정과 자존감을 저당 잡힌 채 살아가게 되는 것입니다.

거울의 방이 지닌 또 다른 치명적인 특성은 끊임없는 비교를 강요한다는 점입니다. 심리학자 레온 페스팅거(Leon Festinger)가 주창한 사회 비교 이론에 따르면, 인간은 자신의 능력이나 의견을 평가하기 위해 본능적으로 타인과 자신을 비교하려는 경향이 있습니다.

과거에는 이 비교의 대상이 주로 주변의 친구나 형제 등 소수의 제한된 집단이었습니다. 하지만 SNS는 비교 대상을 전 세계로 확장시켜 버렸습니다. 10대들은 이제 자신의 평범한 외모를 연예인이나 인플루언서의 완벽하게 보정된 몸매와 비교하고, 자신의 방을 수십만 팔로워가 있는 유튜버의 화려한 집과 비교합니다. 이러한 상향 비교는 필연적으로 질투, 열등감 그리고 자기 비하로 이어집니다. '나는 왜 저렇게 생기지 못했을까?', '나는 왜 저런 삶을 살지 못할까?' 하는 생각은 자존감을 좀먹고, 삶의 만족도를 떨어뜨립니다. 페이스북 내부에서도 인스타그램이 10대 소녀들의 정신 건강, 특히 신체 이미지에 심각한 악영향을 미친다는 사실을 인지하고 있었다는 내부 고발은 우리에게 큰 충격을 주었습니다.[3]

결국 SNS라는 거울의 방은 사용자에게 '너는 부족하다'는 메시지를 24시간 내내 속삭입니다. 이렇게 타인의 시선에 감금되어 내면이 텅 비어 버린 아이들은 그 공허함을 채우기 위해 더 많은 '연결'에 집착하지만, 이 연결은 아이들을 구원하는 대신 더 깊은 사막으로 이끌고 갑니다. 이 방에 오래 머무를수록, 앞서 우리가 만났던 완벽한 모습을 연기하던 수진과 가면을 바꿔 쓰던 유나는 진짜 자기 자신을 긍정하고 사랑하는 법을 잊어버리게 됩니다.

연결의 역설과 관계의 사막화

"제 인스타 팔로워요? 1,000명 넘어요. 카톡 친구도 500명 넘고, 매일 울리는 단톡방도 수십 개예요. 근데 …… 솔직히 그중에 진짜 친구는 한 명도 없는 것 같아요. 다들 그냥 '아는 애'죠. 서로 '좋아요' 눌러 주고, 웃긴 짤 공유하고, 거기까지예요. 제 진짜 고민 같은 건 절대 말 못 해요. 그런 이야기 하는 순간 분위기 싸해지고, '갑분싸(갑자기 분위기 싸해지다)' 만드는 애로 찍히거든요.

얼굴 보고 이야기하는 건 너무 불편해요. 무슨 표정을 지어야 할지 모르겠어요. 카톡으로는 싫으면 그냥 안 읽씹(읽지 않고 무시하기)하거나 차단하면 끝인데, 현실에서는 그게 안 되잖아요. 갈등이 생기는 게 무서워서 늘 좋은 척, 재밌는 척 웃고만 있어요. 가장 외로울 때가 언제인 줄 아세요? 시끄러운 단톡방에서 수백 개씩 메시지가 쌓이는데, 정작 '나 지금 너무 힘들어'라고 보낼 곳이 단 한 군데도 없을 때예요. 수백 명에게 둘러싸여 있는데 아무도 없는 섬에 혼자 있는 기분이에요."

인스타그램 팔로워가 1,000명이 넘는 고등학교 2학년 학생의 이야기입니다. 디지털 팬데믹은 마지막으로 아이들의 사회성을 겨냥합니다. 표면적으로 아이들은 그 어느 때보다 더 많이 연결된 것처럼 보이지만, 실은 더 깊은 외로움에 빠지는 '연결의 역설'이 발생하고 있습니다.

이 역설이 발생하는 첫 번째 이유는 디지털 소통이 비언어적 단서를 대부분 거세하기 때문입니다. 인류학자 레이 버드휘스텔(Ray L. Birdwhistell)은 인간의 소통에서 말이 차지하는 비중은 고작 30~35%뿐이라고 했습니다. 나머지 65%는 눈빛, 표정, 제스처 같은 비언어적 신호가 채웁니다.[4] 우리는 이 신호들을 통해 상대방의 감정을 읽고, 말의 숨은 의도를 파악하며, 깊은 공감대를 형성합니다.

하지만 텍스트와 이모티콘으로만 소통하는 온라인에서는 이러한 섬세한 교감이 불가능합니다. 상대방의 글자 뒤에 숨은 감정을 오해하기 쉽고, 갈등이 발생할 때 이를 풀어 가기도 훨씬 어렵습니다. 아이들은 얼굴을 마주하고 대화하는 것을 점점 더 불편하고 어색하게 느끼게 됩니다. 갈등 상황을 회피하거나, 혹은 반대로 온라인이라는 익명성 뒤에 숨어 현실에서는 절대 하지 못할 잔인한 말을 쉽게 내뱉기도 합니다.

전통적인 학교폭력은 주로 학교라는 특정 공간과 시간 안에서 발생했지만, 사이버 불링(cyber bullying)은 24시간, 365일 스마트폰을 통해 침투합니다. 아이는 집이라는 가장 안전해야 할 공간에서조차 벗어날 수 없는 고통에 시달립니다. 또한, 사이버 공간에서의 괴롭힘은 '단톡방 감옥'이나 '떼카(떼로 카톡 보내기)'처럼 다수가 한 명을 집단적으로 공격하는 형태로 나타나는 경우가 많습니다. 가해자들은 익명성과 군중심리 뒤에 숨어 죄책감을 덜 느끼게 되고, 피해자가 겪는 고통을 눈으로 직접 보지 않기 때문에 잔인함의 수위는 점점 더 높아집니다. 화면 너머의 상대방을 '나와 같은 감정을 가진 인격체'

로 인식하는 능력이 마비되는 것입니다.

연결의 역설이 발생하는 두 번째 이유는, 디지털 관계가 편의성과 효율성을 최우선으로 추구하기 때문입니다. 마음에 들지 않으면 차단하면 그만이고, 귀찮으면 '안 읽씹' 하면 됩니다. 현실의 관계처럼 갈등을 감수하고, 서로의 다름을 이해하며, 오랜 시간에 걸쳐 신뢰를 쌓아 가는 관계의 노동을 할 필요가 없습니다. 아이들은 점점 더 갈등을 회피하고 불편한 감정을 견디는 것을 어려워하게 됩니다.

깊이 있는 관계는 필연적으로 갈등과 오해 그리고 이를 극복해 나가는 과정을 포함합니다. 이 과정을 통해 타협하는 법, 사과하는 법, 용서하는 법을 배우며 사회적으로 성장합니다. 하지만 디지털 세상은 이 중요한 성장의 기회를 박탈합니다. 아이들은 언제든 쉽게 끊고 맺을 수 있는 인스턴트 관계에만 익숙해집니다. 수백 명의 온라인 친구 속에서 정작 마음 터놓을 곳 하나 없는 역설. 1장에서 보았던 조용한 고립은 바로 이 지점에서 시작됩니다. 오늘날 성장하는 세대는 수많은 사람에게 둘러싸여 있지만, 실제로는 각자의 디지털 섬에 갇혀 외로워하고 있습니다. 이것이 수진, 민호 그리고 유나가 겪는 외로움의 진짜 얼굴인지도 모릅니다.

디지털 팬데믹을 이야기할 때 빼놓을 수 없는 것이 바로 온라인 게임입니다. 게임은 많은 어린이와 청소년에게 현실의 스트레스를 해소하고, 친구들과 어울리며, 성취감을 맛볼 수 있는 긍정적인 역할을 하기도 합니다. 가상 세계에서 강력한 영웅이 되어 미션을 수행하는 경험은 현실에서는 무기력하고 평범한 아이에게 큰 자신감과 즐거움을 줄 수 있습니다. 문제는 이 가상 세계의 성취감이 현실 세계의 성취감을 완전히 대체해 버릴 때 발생합니다. 게임 속 레벨 업과 아이템 획득은 노력에 대해 즉각적이고 확실한 보상을 제공합니다. 이는 학업, 친구 관계 등에서 불확실하고 더딘 현실 세계의 성취보다 훨씬 매력적입니다.

앞서 소개했던 민호의 경우가 대표적입니다. 현실에서는 무기력하고 존재감이 없던 민호는, 게임 세계에서는 길드를 이끄는 존경받는 리더였습니다. 민호는 점점 더 현실의 과제로부터 도피해 게임 세계에 몰두하게 되었습니다. 그럴수록 현실의 민호는 위축되었지만, 가상의 아바타는 계속해서 화려하고 강해졌습니다.

이러한 '현실-가상 역전 현상'은 아이들을 사회적으로 고립시키고 기본적인 생활 습관마저 무너뜨립니다. 밤새 게임을 하느라 수면 부족에 시달리고, 식사를 거르며, 학교생활에 집중하지 못합니다. 게임 속 폭력적이고 경쟁적인 환경에 장시간 노출되면서 현실에서도 충동성과 공격성이 높아지기도 합니다. 결국 게임은 현실의 도피처로 시작되었을지 모르지만, 점차 현실로부터 아이를 격리시키는 또 다른 감옥이 되고 맙니다.

새로운 생존법을 가르쳐야 한다

디지털 팬데믹은 정신뿐만 아니라 신체에도 뚜렷한 상처를 남깁니다. 거북목 증후군, 수면 장애, 아동 비만은 단순히 나쁜 습관만의 문제가 아니라 스크린 앞에서 떠나지 못하는 아이들의 심리적 고통이 몸으로 보내는 구조 신호입니다. 이처럼 몸과 마음을 동시에 공격하는 전방위적 위협 앞에서, 우리는 이들이 심리적으로 완전히 무장해제된 상태임을 직시해야 합니다.

이것은 개인의 의지나 노력 부족의 문제가 아닙니다. 슬롯머신을 이기기 위한 해법이 더 강한 의지력이 아닌 것처럼, 디지털 팬데믹에 맞서는 데 필요한 것은 '스마트폰 그만해라'라는 잔소리가 아닙니다. 이것은 처음부터 불공정한 싸움입니다. 아직 성장 중인 미성숙한 뇌와 자아는, 세계 최고의 전문가들이 사용자의 시간을 빼앗기 위해 설계한 정교한 시스템을 당해 낼 수 없습니다. 이제는 책임을 개인에게 미룰 것이 아니라 사회와 시스템이 나서야 합니다. 우리는 이 새로운 생태계에서 '심리적으로 생존하는 법'을 가르쳐야 할 의무가 있습니다.

이를 위한 첫걸음은 부모와 교사, 즉 어른들부터 디지털 팬데믹의 실체를 명확히 인식하는 것입니다. 스마트폰을 단순히 게임기나 유튜브 보는 기계로 여기는 시각에서 벗어나, 뇌와 마음에 직접적인 영향을 미치는 강력한 '환경'으로 이해해야 합니다.

그리고 그 환경에 아이를 홀로 내버려두어서는 안 됩니다. 운전면허를 막 딴 사람에게 바로 고속도로 운전을 맡기지 않는 것처럼 발달 단계에 맞는 적절한 디지털 가이드라인을 함께 만들어 가야 합니다. 언제, 어디서, 얼마 동안 그리고 어떤 콘텐츠를 이용할 것인지에 대한 구체적인 규칙을 정하고, 그 이유에 대해 충분히 대화하며 자녀와 학생 스스로 원칙을 내면화하도록 도와야 합니다.

무엇보다 중요한 것은, 디지털 세상에서 얻을 수 없는 현실 세계만의 가치를 충분히 경험하게 해 주는 것입니다. 디지털 팬데믹에 대한 가장 강력한 백신은 역설적으로 아날로그적 경험입니다. 친구들과 운동장에서 땀 흘리며 뛰어노는 경험, 자연 속에서 흙과 나무를 만지는 경험, 얼굴을 마주하고 갈등을 해결해 나가는 경험 그리고 아무것도 하지 않고 '멍 때리는' 지루함의 경험이 절실합니다. 스마트폰은 잠시도 심심할 틈을 주지 않아 우리에게서 자신을 성찰하는 고독의 시간을 빼앗아 갑니다. 하지만 역설적이게도 이 고독의 시간과 현실 세계의 경험들은 10대의 뇌를 균형 있게 발달시키고, 타인과 깊이 공감하는 능력을 기르며, '진짜 나'를 발견하고 단단한 자존감을 형성하는 토대가 됩니다.

문제는 스마트폰 자체가 아니라 그것에 영혼을 빼앗긴 채 잃어버린 '성장에 필수적인 현실의 시간'들입니다. 디지털 세상이 현실을 보조하는 유용한 '도구'가 될 수는 있지만 현실을 대체하는 '세상' 그 자체가 되어서는 안 됩니다.

결론적으로, 디지털 팬데믹은 성장하는 세대를 심리적으로 무장해제된 상태로 만들었습니다. 아이들은 역사상 가장 강력한 심리적 공격 무기들로 가득 찬 전장에 아무런 방어 도구와 훈련 없이 내던져진 것과 같습니다. 뇌는 즉각적인 쾌락에 길들어 생각하는 힘을 잃어 가고, 자아는 타인의 시선과 비교 속에서 파편화되고 있으며,

관계는 깊이를 잃고 피상적인 연결만 남아 아이들을 더욱 외롭게 만들고 있습니다. 하지만 이 외부의 공격은 이야기의 절반일 뿐입니다. 더 무서운 비극은, 이 외부의 혼란이 어린이와 청소년 내면의 목소리가 되어 스스로를 공격하기 시작할 때 벌어집니다.

그렇다면 끊임없는 비교와 즉각적인 자극에 길든 뇌는 세상을 어떤 방식으로 해석하도록 학습될까요? 타인의 시선에 감금된 마음은 자기 자신에게 어떤 잔인한 말을 속삭이게 될까요? 다음 장에서는 이 외부의 공격이 어떻게 내면의 감옥을 만들어 내는지, 즉 불안이 어떤 방식으로 우리 아이들의 뇌에 학습되는지 그 구체적인 메커니즘을 파헤쳐 보고자 합니다.

디지털 팬데믹에 대한 가장 강력한 백신은 거창한 금지가 아닌 일상 속 작은 아날로그 경험의 회복입니다.

교사라면

오늘 수업 중 단 5분이라도 '얼굴 보고 말하기' 시간을 마련해 보세요. 모둠 활동이나 짝 활동 시 "지금부터 5분간은 스마트 기기 없이, 오직 서로의 눈을 보고 이야기 나누는 시간입니다"라고 선언하는 것입니다. 학생들에게 표정이나 눈빛 같은 비언어적 단서를 읽고, 디지털이 아닌 현실의 관계를 맺는 법을 연습하게 하는 작지만 중요한 훈련입니다.

학부모라면

오늘 저녁 식탁을 '스마트폰 청정 구역'으로 선포해 보세요. 거실의 특정 공간을 '가족 충전소'로 정하고, 식사 시간만큼은 아이뿐만 아니라 부모님 자신의 스마트폰도 그곳에 두는 것입니다. 처음에는 어색한 침묵이 흐를지 몰라도 그 침묵이 곧 서로의 얼굴을 바라보고 하루의 일상을 나누는 대화로 채워지는 기적을 경험하게 될 것입니다.

4장

불안은 어떻게 괴물이 되는가

완벽주의가 만든 내면의 감옥

뇌에 깔리는 불안의 고속도로

'2등급'이라는 숫자가 심장을 찌른다. 지난 한 달, 잠을 줄여 가며 코피를 쏟았던 나날이 머릿속에서 재처럼 흩어진다. 엄마의 실망한 얼굴, "너 정도면 1등급은 당연한 거 아니니?"라고 말하던 아빠의 목소리, 나보다 한 문제를 더 맞혔을 라이벌의 웃는 얼굴이 겹쳐 보인다. 숨이 막힌다. 손바닥에 축축하게 땀이 고인다. 심장이 발밑으로 '쿵!' 하고 떨어지는 기분이다. '그래, 내 인생은 이제 끝났다.'

기말고사가 끝난 다음 날, 고등학교 1학년인 수진은 전교 10등이라는 훌륭한 성적표를 받고도 상담실에서 울음을 터뜨렸습니다. '두 문제 더 틀린 것'이 '인생의 끝'이 되어 버리는 기이한 논리의 비약. 이 모습은 오늘날 우리 학생들이 겪는 불안의 본질을 상징적으로 보여 줍니다. 객관적인 현실과 당사자가 느끼는 주관적인 절망 사이의 엄청난 괴리. 도대체 무엇이 학생들을 이토록 극단적이고 비합리적인 불안 속에 살게 하는 걸까요?

수진의 이야기는 앞선 장들에서 진단한 모든 문제가 한 아이의 내면에서 어떻게 비극적인 화학 반응을 일으키는지를 보여 줍니다. 우리는 먼저 침묵 속에 아파하는 수많은 아이가 있음을 확인했습니다. 이 아이들은 왜 이토록 취약해졌을까요? 우리는 그들이 실패하고 방황하며 성장할 기회 자체를 박탈당했기 때문임을 보았습니다.

그리고 취약한 아이들을 잠시도 쉬지 않고 공격하는 강력한 외부 환경의 실체도 목격했습니다.

이제 1부의 마지막 여정으로 이 모든 외부의 압박과 공격이 어떻게 아이 내면의 깊은 곳을 파고들어 스스로를 공격하는 감옥을 만들어 내는지를 해부해야 합니다. 즉, 불안이 어떻게 뇌에 학습되고, 우리 사회가 주입한 각본이 되어 단단한 습관으로 자리 잡는지 그 메커니즘을 파헤쳐야 합니다. 이 장에서는 그 내면의 전쟁터로 들어가 보고자 합니다.

우리의 뇌는 고정된 기계가 아니라 경험에 의해 끊임없이 변화하고 재구성되는 살아 있는 시스템입니다. 뇌과학자들은 이러한 뇌의 특성을 '신경가소성'이라고 부릅니다. 신경가소성의 원리는 간단합니다. "함께 활성화되는 신경세포는 서로 연결된다." 이를 숲속의 길에 비유할 수 있습니다. 처음에는 길이 없는 숲이라도 누군가가 같은 경로를 반복해서 지나다니면 점차 희미한 오솔길이 생깁니다. 더 많은 사람이 그 길을 따라다니면 길은 점점 더 넓고 단단해지고, 나중에는 생각 없이도 걸을 수 있는 편안한 산책로나 포장된 고속도로가 됩니다.

생각과 감정도 마찬가지입니다. 특정 생각이나 감정을 반복하면 그와 관련한 뇌의 뉴런들이 함께 활성화되면서 연결이 강화됩니다. 처음에는 어색하고 힘들었던 생각의 경로가 반복될수록 점점 더 자동적이고 익숙한 마음의 습관이 되는 것입니다. 불안이라는 감정도 이 원리를 그대로 따릅니다. 예를 들어, 수진이 시험을 앞두고 '시험을 망치면 어떡하지?'라는 불안한 생각을 처음 했다고 가정해 봅시다. 이때 뇌의 편도체(amygdala, 공포와 불안을 담당하는 영역)가 활성화되고, 관련 뉴런들이 미약한 전기 신호를 주고받습니다. 이는 숲속에 첫 발자국을 내딛는 것과 같습니다. 그런데 수진이 이 생각을 반복한다면 어떻게 될까요?

'만약 시험을 망치면 좋은 대학에 못 갈 거야. 좋은 대학에 못 가면 좋은 직업을 가질 수 없어. 그러면 나는 실패한 인생을 살게 될 거야.'

이렇게 꼬리에 꼬리를 무는 걱정을 밤새도록 반복한다면 불안과 관련한 뉴런들은 계속해서 함께 활성화됩니다. 이 과정이 수십, 수백 번 반복되면서 '시험 → 불안 → 실패'를 연결하는 뉴런들의 경로는 점점 더 빠르고 강력한 불안의 고속도로가 됩니다. 나중에는 '시험'이라는 단어만 들어도, 혹은 시험과 비슷한 스트레스 상황만 닥쳐도 뇌는 의식적인 노력 없이 자동으로 이 고속도로에 올라타 재앙적인 결말을 향해 질주합니다.

이것이 바로 전교 10등이라는 훌륭한 성적표 앞에서도 망했다며 울음을 터뜨렸던 완벽주의자 수진의 뇌에서 '시험 → 실패 → 파멸'로 이어지는 초고속 불안 하이웨이가 매일같이 개통되는 원리입니다. 수진은 불안을 '선택'하는 것이 아니라, 이미 뇌에 깊이 각인된 자동 반사적인 고속도로를 따라 속수무책으로 끌려가고 있는 것입니다.

인지 왜곡이라는 잘못된 소프트웨어

그렇다면 애초에 아이들은 왜 불안의 오솔길에 첫발을 내딛게 될까요? 왜 그토록 자주 그리고 집요하게 그 길을 반복해서 걷게 될까요? 뇌에 불안의 하드웨어가 깔렸다면, 그 위에 우리 사회는 체계적으로 '불안 유발 소프트웨어'를 설치합니다. 그 핵심은 세상을 왜곡해서 바라보는 특정한 사고의 틀, 즉 인지 왜곡입니다.

여기에 인지행동치료(CBT)의 창시자인 아론 벡(Aaron Beck)의 이론이 중요한 단서를 제공합니다. 벡에 따르면 우리의 감정은 어떤 사건 그 자체에 의해 결정되는 것이 아니라, 그 사건을 '해석하는 방식'에 의해 결정됩니다. 그리고 우울이나 불안을 만성적으로 느끼는 사람들에게는 세상을 왜곡해서 바라보는 특정한 사고의 틀이 존재합니다. 마치 색안경을 끼고 세상을 보는 것과 같습니다. 노란색 안경을 끼면 모든 것이 노랗게 보이듯, 불안이라는 색안경을 낀 아이들은 모든 상황을 잠재적인 위협과 재앙의 근원으로 해석하는 경향이 있습니다. 벡은 특히 우울한 사람들에게서 공통적으로 발견되는 세 가지 핵심적인 부정적 사고 패턴을 '인지 삼제(認知三題, Cognitive Triad)'라고 불렀습니다.

자신에 대한 부정적 견해

"나는 무능하다. 나는 사랑받을 가치가 없다."

세상(경험)에 대한 부정적 견해

"세상은 위험하고 불공평한 곳이다. 나에게는 늘 나쁜 일만 일어난다."

미래에 대한 부정적 견해

"상황은 절대 나아지지 않을 것이다. 나의 미래에는 희망이 없다."

세 가지 부정적 사고가 마음속에 자리 잡으면 세상을 끊임없이 불안의 렌즈로 해석하게 됩니다. 이는 뇌의 불안 고속도로를 더욱 굳건하게 다지는 연료 역할을 합니다. 이러한 인지 왜곡은 다양한 형태로 나타납니다. 혹시 당신 아이의 마음속에도 이런 잘못된 네비게이션이 작동하고 있지는 않습니까? 오늘날 다수의 청소년에게서 흔하게 발견되는 몇 가지 오류 유형은 다음과 같습니다.✦

흑백논리적 사고(All-or-Nothing)

모든 것을 '완벽' 아니면 '실패'라는 양극단으로만 생각합니다. 1등이 아니면 꼴찌이고, 100점이 아니면 0점인 셈입니다. 이는 2등급을 '인생의 끝'으로 여기고 100점이 아니면 실패라고 믿는 수진의 세상을 지배하는 단 하나의 규칙입니다. 중간 지대가 없으므로 늘 완벽해야 한다는 생각으로 살얼음판 위를 걷는 듯한 불안감 속에서 살게 됩

✦ '인지 왜곡(Cognitive Distortions)' 개념은 인지행동치료(CBT)의 창시자인 아론 벡(Aaron T. Beck)의 이론에 뿌리를 두고 있습니다. 아론 벡의 제자인 데이비드 번즈(David D. Burns)가 저서 《필링 굿(Feeling Good)》에서 이를 열 가지 유형으로 정리하며 대중에게 널리 알려졌습니다.

니다.

재앙화(Catastrophizing)

사소한 부정적 사건을 근거로 미래에 끔찍한 재앙이 닥칠 것이라고 예상합니다. '이번 수학 시험을 망쳤으니 수능도 망칠 것이고, 내 인생은 끝장날 것이다'와 같은 생각의 연쇄가 여기에 해당합니다. 마치 작은 눈송이 하나가 거대한 눈사태가 될 것이라고 믿는 것과 같습니다.

성급한 자책(Personalization)

자신과 관련 없는 부정적인 사건을 자신의 탓으로 돌리는 개인화입니다. 친구의 기분이 안 좋아 보이면 '나 때문에 화가 났나?'라고 생각하고, 모둠 과제에서 나쁜 결과가 나오면 '전부 내 책임이야'라고 자책합니다. 이는 늘 가면을 쓰고 타인의 눈치를 살피는 유나가 자신을 고문하는 방식입니다. 아이들은 세상의 모든 부정적인 일에 대한 무거운 책임을 스스로 짊어지게 됩니다.

정신적 여과(Mental Filter)

긍정적인 측면은 모두 걸러 내고 오직 부정적인 측면에만 선택적으로 집중합니다. 아홉 과목에서 1등급을 받고 한 과목에서 2등급을 받았을 때, 아홉 가지의 성공은 무시하고 한 가지의 '실패'에만 집착하며 괴로워하는 것입니다.

불안을 가르치는 사회, 완벽주의라는 각본

이러한 사고 습관은 불안의 고속도로를 쉴 새 없이 달리게 하는 내비게이션과 같습니다. 문제는, 이 내비게이션이 어디에서 왔냐는 것입니다. 아이들은 태어날 때부터 이런 사고방식을 내재하고 있었을까요? 그렇지 않습니다. 이 왜곡된 소프트웨어는 우리 사회가 아이들의 뇌에 체계적으로 설치한 것입니다.

> "물론 저도 아이한테 '괜찮다, 결과가 중요한 게 아니야'라고 말은 하죠. 근데 속으로는 하나도 안 괜찮아요. 요즘 세상에 평범하게 살아서는 힘드니까요. 제가 살아 봐서 알거든요. 아이가 학원 숙제 안 하고 유튜브 보고 있으면 저도 모르게 너 그러다 나중에 후회한다는 말이 툭 튀어나와요. 아이를 닦달하고 싶지 않은데 …… 불안해서 어쩔 수가 없어요. 제가 아이를 믿지 못하는 게 아니라, 아이가 앞으로 살아갈 이 팍팍한 세상을 믿지 못하는 거죠. 제 불안이 아이한테 그대로 옮겨가는 것 같아서 그게 제일 미안하고 괴로워요."

초등학교 5학년 자녀를 둔 학부모의 이야기입니다. 아이들의 머릿속에 설치된 불안 소프트웨어의 원천은 바로 우리 사회가 강요하는 성공에 관한 왜곡된 통념입니다. 아이들은 진공 속에서 자라지 않습니다. 부모, 교사, 미디어 그리고 사회 전체가 공유하는 가치와 신념을 스펀지처럼 흡수하며 성장합니다. 그리고 불행하게도, 대한민국 사회가 전달하는 강력한 메시지 중 상당수는 불안을 유발하고 증폭하는 것들입니다.

이러한 사회적 압박은 국제적인 통계로도 증명됩니다. OECD의 국제 학업성취도 평가(PISA) 2022 결과에 따르면 대한민국 학생들의 학업 성취도는 세계 최상위권이지만, 그 이면에는 높은 수준의 학업 불안이 자리 잡고 있습니다. 대한민국 학생들의 실패에 대한 두려움 지수는 0.25로 OECD 평균(0.04)보다 현저히 높게 나타났습니다. 특히 '실패는 나를 의심하게 만든다'라고 응답한 비율이 OECD 평균보다 15%p 이상 높게 나타나, 실패를 자신의 능력 부족으로 돌리려는 경향이 매우 강했습니다.

그렇다면 우리 사회는 구체적으로 어떤 각본을 통해 불안을 가르치고 있는 걸까요? 그 중심에는 '단 하나의 성공 공식'이라는 강력한 신화가 자리 잡고 있습니다. 이른바 'SKY 캐슬'로 상징되는 이 신화는 다음과 같은 서사를 갖추고 있습니다.

> 좋은 삶을 살려면 반드시 명문대에 가야 한다. 명문대에 가려면 특목고나 자사고에 가야 유리하다. 그러려면 중학교 때 최상위권 성적을 유지해야 한다. 결국, 당신의 인생은 10대 시절의 성적에 의해 결정된다.

이 서사에서 '성공'으로 가는 길은 오직 하나뿐인 외나무다리입니다. 수많은 학생이 이 좁은 다리를 건너기 위해 무한 경쟁을 벌이고, 다리에서 떨어지는 순간 '낙오자'가 되어 불행한 삶을 살게 될 것이라는 공포에 떱니다. 이러한 외나무다리 서사는 학생들에게 몇 가지 치명적인 심리적 각본을 내면화합니다.

첫째, '삶은 제로섬 게임'이라는 각본입니다. 내가 이기려면 누군가가 져야만 하고, 정해진 파이를 차지하기 위해 친구는 협력의 대상이 아닌, 이겨야만 하는 경쟁자가 됩니다. 이러한 환경에서 학생들은 타인의 성공에 박수를 보내기보다 질투와 불안을 느끼고, 자신의 약점을 드러내는 것을 극도로 두려워하게 됩니다. 내신 상대평가가 이를 부채질합니다. 나 자신과의 경쟁이 아닌 다른 친구를 짓밟고 올라서야 하는 상대평가 체제에서 '우정이 싹트는 교실'을 기대할 수는 없습니다.

둘째, '결과가 과정을 지배한다'는 각본입니다. 명문대 합격이라는 단 하나의 결과만이 중요하기 때문에 그 과정에서 무엇을 배우고, 어떻게 성장하는지는 무시됩니다. 학생들은 지적 호기심이나 배움의 즐거움을 느끼기보다 오직 시험 점수를 올리기 위한 문제 풀이 기계가 되어 갑니다. 이 과정에서 학업에 대한 흥미와 내적 동기를 상실하고 맙니다.

셋째, '실패는 곧 끝'이라는 각본입니다. 외나무다리에서 한 번 떨어지면 다시 올라갈 기회는 없다고 믿게 만듭니다. 재도전의 가치는 인정되지 않고, 실패는 회복 불가능한 낙인이 됩니다. 이러한 사회적 분위기는 앞서 보았던 인지 왜곡, 즉 흑백논리적 사고와 재앙화의 사고방식에 이르게 하는 토양이 됩니다. 수진이 수학 두 문제를 더 틀린 것을 인생의 끝으로 받아들이게 된 것은 바로 이 사회적 각본을 충실하게 내면화한 결과입니다.

이러한 거대 서사 외에도, 우리 문화에는 불안을 가중하는 구체적인 미시 각본들이 존재합니다. 그중의 하나가 '힘든 티 내지 않기'라는 문화적 불문율입니다. 우리는 어려서부터 힘들고 슬퍼도 울음을 참고, 약한 모습을 보이는 것을 '부끄러운 것'이라고 배워 왔습니다. 특히 "남자는 태어나서 세 번만 우는 것이다"와 같은 말은 남성들에게 감정 표현을 억압하도록 강요해 왔습니다. 이러한 문화 속에서 아이들은 자신의 불안이나 우울을 '해결해야 할 문제'로 인식하기보다, '숨겨야 할 개인적인 결함'으로 여기게 됩니다. 내가 불안을 느끼는 것은 나약하고 의지가 부족하기 때문이라고 믿습니다.

세계적인 수치심 연구가 브레네 브라운(Brené Brown)은 '수치심(shame)'을 '나는 나쁘다(I am bad)'라고 믿는 것이고, '죄책감(guilt)'을 '나는 나쁜 행동을 했다(I did something bad)'라고 믿는 것이라고 구분했습니다. 죄책감은 행동의 개선을 이끌 수 있는 건강한 감정이지만, 수치심은 자신의 존재 자체를 부정하게 만드는 파괴적인 감정입니다. 우리 사회의 '힘든 티 내지 않기' 문화는 자연스러운 감정인 불안에 대해 깊은 수치심을 느끼게 합니다. 수치심은 침묵하게 하고, 숨게 만들며, 다른 사람과의 연결을 끊어 버립니다. 이것이 바로 1장에서 마주했던, 아프면서도 아프다고 말하지 못하는 정상군 아이들이 겪는 비극의 핵심입니다.

우리가 1부에서 진단한 모든 문제의 바탕에는 결국 '완벽주의(Perfectionism)'라는 문화적 바이러스가 자리하고 있습니다. 건강한 완벽 추구는 자신의 성장에 초점을 맞추지만, 병리적인 완벽주의는 타인의 평가에 초점을 맞추고 실패를 재앙으로 여깁니다. 불행하게도, 한국의 교육 시스템은 병리적 완벽주의를 생산하고 강화하는 거대한 배양기와 같습니다. 오직 결과만을 중시하고, 단 한 번의 실패도 용납하지 않는 분위기 속에서 학생들은 과정의 즐거움이나 배움의 의미를 잃어버립니다. "너는 완벽하지 않으면 쓸모없어"라는 메시지를 내면화한 세대에게 삶은 즐거운 탐험이 아니라 살얼음판을 걷는 듯한 불안의 연속입니다.

이 완벽주의 바이러스는 필연적으로 미루는 습관과 번아웃(burn out)이라는 두 가지 심리적 질병을 낳습니다. 완벽하게 해낼 자신이 없기에 아예 시작조차 하지 못하거나, 끊임없는 압박감에 에너지가 모두 고갈되어 무기력에 빠지는 것입니다. 결국 완벽주의는 아이들을 성취로 이끄는 것이 아니라, 불안과 회피 그리고 소진이라는 파멸적인 사이클에 가두는 교묘한 심리적 감옥입니다.

내면 비판자의 탄생

뇌에 불안의 고속도로가 깔리고 그 위에 사회가 제공한 왜곡된 내비게이션이 설치되었다면, 이제 남은 것은 아이가 스스로 '불안'이라는 목적지를 향해 운전대를 잡는 일입니다. 바로 사회의 목소리를 자신의 목소리로 받아들이고 스스로를 공격하기 시작하는 것, 이것이 '내면화된 비판자'의 탄생입니다.

처음에는 외부의 목소리였던 것들이 시간이 흐르면서 점차 학생 내면의 목소리로 자리를 잡습니다. "1등 아니면 소용없어"라고 말하던 사회의 목소리는, "나는 1등이 아니니까 쓸모없는 존재야"라는 자기 대화가 됩니다. "힘든 티 내는 건 나약한 거야"라고 말하던 어른들의 목소리는, "불안을 느끼는 나는 정말 한심해"라는 자기 비난이 됩니다. 이 내면 비판자는 세상에서 가장 잔인한 감시자입니다. 24시간 따라다니며 사소한 실수 하나하나를 찾아내어 비난하고, 최악의 시나리오를 속삭이며 불안을 증폭시킵니다. 아이는 이제 외부의 압박이 없어도 스스로를 채찍질하며 완벽의 제단으로 몰아갑니다. 앞선 장들의 사례를 통해 이 과정을 다시 살펴봅시다.

모범생 수진의 내면에서는 어떤 전쟁이 벌어지고 있을까요? 수진의 내면 비판자는 '완벽주의 감독관'의 목소리를 냅니다. 이 목소리는 수진의 뇌에 깔린 흑백논리와 재앙화 소프트웨어를 끊임없이 실행시킵니다. 그 결과 수진의 뇌는 쉴 새 없이 불안의 고속도로를 달리고, 수진은 만성적인 불안과 불면, 소진 상태에 이릅니다.

> "이번 시험에서 하나라도 틀리면 넌 끝이야. 모두가 널 비웃을걸. 네가 완벽하지 않으면 아무도 널 사랑하지 않을 거야."

가면을 쓰는 아이 유나의 내면 비판자는 '관계 감시자'의 목소리를 냅니다. 이 목소리는 성급한 자책과 다른 사람이 부정적으로 생각할 것이라고 단정하는 독심술의 오류 소프트웨어를 실행시킵니다. 유나는 끊임없이 타인의 시선을 의식하며 불안해하고, 진짜 자신과 점점 더 멀어지는 공허함에 시달립니다.

> "네 진짜 모습을 보여 주면 안 돼. 애들이 널 싫어할 거야. 저 친구 표정이 안 좋은데, 네가 뭐 잘못한 거 아냐? 빨리 분위기를 맞춰. 그러지 않으면 넌 혼자가 될 거야."

이처럼 사회가 주입한 인지 왜곡 각본은 내면에서 끊임없이 재생되는 불안의 자동 재생 목록이 됩니다. 아이들은 이 소음으로부터 한시도 벗어날 수 없으며, 세상에서 가장 안전해야 할 자기의 마음이 위험한 전쟁터가 되어 버리는 비극을 경험합니다.

내 안의 비판자를 잠재우는 주문, 자기 자비

불안에 잠식당한 아이들의 마음은 금이 가 물이 새는 잔과 같습니다. 아무리 좋은 교육과 기회라는 물을 부어 주어도 '나는 부족하다'는 믿음의 금, '실패하면 끝장'이라는 불안의 금 사이로 모든 것이 빠져나가 버립니다.

금을 메꾸는 첫걸음은, 이 모든 것이 아이 개인의 탓이 아니라는 것을 인정하는 것입니다. 그리고 아이의 내면에서 울리는 잔인한 비판자의 목소리를 따뜻한 지지자의 목소리로 바꿔 주는 것입니다. 최근 심리학계가 주목하는 강력한 해독제는 바로 '자기 자비(Self-Compassion)' 개념입니다. 실패하거나 고통받는 자기 자신을 마치 소중한 친구를 대하듯 따뜻하고 친절하게 대하는 태도를 의미하며, 세 가지 핵심 요소로 구성됩니다.

자기 친절

자신을 가혹하게 비난하는 대신 "괜찮아, 그럴 수 있어"라고 위로하고 격려하는 것입니다.

보편적 인간성

나의 실패와 고통이 나 혼자만 겪는 특별하고 수치스러운 일이 아님을, 불완전함이 모든 인간의 보편적인 경험임을 인식하는 것입니다.

마음챙김

자신의 고통스러운 감정을 억누르거나 과장하지 않고, 있는 그대로 알아차리고 수용하는 것입니다.

자기 자비는 결코 나태함이 아닙니다. 자신을 있는 그대로 수용할 때 실패에 대한 두려움 없이 다시 도전할 용기를 얻을 수 있습니다. 11장에서 제안할 사회정서학습(SEL)의 궁극적인 목표 중 하나는, 우리 학생들이 가혹한 내면 비판자를 따뜻한 내면 지지자로 변화시키도록 돕는 것입니다.

복합 외상후 성장 장애

이제 1부의 긴 여정을 마무리하며 '환자'에 관한 최종 진단서를 작성할 시간입니다. 우리의 진단은 단순히 현상을 나열하는 것이 아니라, 하나의 질문이 다음 질문으로 이어지는 깊이 있는 추적의 과정이었습니다. 진단은 교실의 가장 조용한 곳에서 시작되었습니다. 겉으로 드러난 문제가 아닌, 침묵 속에서 무너지는 다수의 정상군에 진짜 위기가 있음을 확인했습니다(1장). 이는 충격적인 증상이었습니다.

그렇다면 아이들은 왜 이토록 아파하고 흔들리는 것일까요? 그 원인을 찾기 위해 아이들의 성장 과정을 들여다보았고, 자라나는 세대가 실패하고 방황하며 마음의 힘을 기르는 성장통을 겪을 기회 자체를 박탈당했음을 발견했습니다(2장). 오늘날 어린이, 청소년의 심리적 면역 체계는 애초에 제대로 발달하지 못한 것입니다.

이렇게 근본적으로 취약해진 아이들에게, 우리 시대의 강력한 바이러스인 '디지털 팬데믹'이 덮쳤습니다(3장). 이것은 준비되지 않은 뇌와 마음을 파고들어 붕괴를 가속화하는 결정적인 외부 감염원이었습니다.

마지막으로, 아이들의 깊은 내면을 들여다보았습니다. 근본적으로 취약하고(2장) 외부의 강력한 공격까지 받은(3장) 뇌에는 작은 실수도 재앙으로 해석하는 '학습된 불안'의 고속도로가 단단하게 깔려 있었습니다(4장). 아이들은 결국 스스로를 공격하는 내면의 감옥에 갇히게 된 것입니다.

이처럼 1부의 여정은 '증상 확인 → 근본적 취약성 진단 → 결정적 외부 환경 분석 → 최종 내면 병리 해부'로 이어지는 정밀한 진단 과정이었습니다. 이 모든 진단을 종합해 이 시대 아이들의 위기에 다음과 같은 이름을 붙이고자 합니다. 바로 '복합 외상 후 성장 장애(Complex Trauma & Arrested Development)'입니다. 이는 단발적인 충격이 아닌, 경쟁 사회와 성장 기회의 박탈, 디지털 팬데믹이라는 만성적이고 복합적인 외상(外傷) 속에서 건강한 심리 사회적 성장이 멈추거나 왜곡되는 상태를 의미합니다.

진단은 끝났습니다. 증상은 심각하고, 원인은 복합적이며, 그 고통은 성장하는 세대의 내면에 깊이 뿌리내리고 있습니다. 이제 우리의 시선은 환자를 넘어 이 모든 것을 방치하고 때로는 조장해 온 시스템 그 자체로 향해야 합니다.

오늘 당장 시작할 수 있는 실천 한 가지

학습된 불안의 고리를 끊는 첫걸음은 우리 어른들이 먼저 '완벽하지 않아도 괜찮음'을 삶으로 보여 주는 것입니다.

교사라면

오늘 아이들 앞에서, 선생님인 당신의 작고 인간적인 실수를 공유하고 자기 자비를 시연해 보세요. 수업 중 잠시 말을 더듬었을 때 "어이쿠, 선생님이 긴장했나 보네. 괜찮아, 다시 하면 되지!"라고 말하거나, "선생님이 어제 달걀프라이를 태웠지 뭐야"처럼 사소한 실수담을 들려주며 웃어넘기는 것입니다. 교사가 '완벽하지 않아도 괜찮다'라는 메시지를 보여 주는 것보다 더 효과적인 불안 해독제는 없습니다.

학부모라면

시험을 잘 봤든 못 봤든 성과와 상관없이, 아이의 존재 자체를 인정하는 말을 건네 주세요. "엄마(아빠)는 네가 100점을 맞아서가 아니라(점수를 못 받았어도), 그냥 내 아들(딸)이라서 사랑하는 거야. 너는 그냥 너 자체로 소중해"라는 말 한마디가 '나는 쓸모없어'라고 속삭이는 내면 비판자의 목소리를 잠재우는 힘이 될 수 있습니다.

어느 모범생의

스마트폰 갤러리

갤러리를 열며

여기 겉으로 보기엔 아무 문제가 없는 한 아이, 하은이 있습니다. 하은은 선생님께 칭찬받고, 친구들에게 인기가 많으며, SNS에서 늘 행복해 보입니다. 학교의 정서행동특성검사에서는 언제나 정상군입니다. 하지만 그의 가장 내밀한 공간인 스마트폰 갤러리에는 시스템의 모든 레이더를 벗어난 '진짜 마음'의 기록이 남아 있었습니다. 지금부터 우리는 완벽하게 연출된 이미지와 그 이면에 숨겨진 날것의 감정이 교차하는 한 정상군 아이의 세계로 들어가 보겠습니다.

갤러리 탐험

1. 시험이 끝난 후 100점짜리 시험지를 들고

#인스타그램에_올린_글

밤샌
보람이 있네

#시험끝 #올백 #노력은배신하지 않는다

#차마_쓰지_못한_진짜_마음

사진 찍는 순간만 잠시 웃었다.
사실은 손이 아직도 떨린다.
이번에 100점 받았으니,
다음번에 하나라도 틀리면
실력이 떨어졌다고
모두 실망하겠지?
기쁨은 잠깐이고,
불안은 다시 시작된다.
100점이 아니면
나에겐 의미가 없다.

(연결 메시지: #정상군의역설 #완벽주의라는감옥 #학습된불안)

2. 주말 오후 친구들과의 카페에서

#인스타그램에_올린_글

너네랑 있으면
시간 가는 줄 몰라♥
담엔 어디 갈까?

#찐친 #주말순삭 #행복충전

#차마_쓰지_못한_진짜_마음

이 사진을 올리려고
100장을 찍고,
30분을 보정했다.
사실 친구들 이야기를 듣는 내내
나만 빼고 다들 잘 사는 것 같아서
초라해졌다.
나는 왜 저런 명품 옷이 없을까?
나는 왜 방학 때 해외여행을
못 갔을까? 웃고 있었지만,
마음속은 질투와 비참함으로
지옥이었다.

(연결 메시지: #디지털팬데믹 #상향비교 #전시용자아)

3. 동아리 활동 시간 노트북 앞에서

#인스타그램에_올린_글

미래의 개발자를 꿈꾸며!
코딩 동아리 활동 중
쉽지 않지만 의미 있는 시간

#꿈 #진로 #공스타그램

#차마_쓰지_못한_진짜_마음

솔직히 나는 코딩이 재미없다.
그냥 생기부에 한 줄 쓰려고
하는 거다. 선생님도, 부모님도
'꿈이 뭐냐'라고 묻는데,
아무것도 되고 싶은 게 없는
내가 이상한 걸까?
다들 그럴듯한 꿈 이야기를
만들어 내는데,
나만 텅 빈 깡통 같다.
뭘 좋아하는지, 뭘 하고 싶은지
나는 아직도 나를 모르겠다.

(연결 메시지: #성장의실종 #가짜유예기 #정체성혼미)

갤러리를 닫으며

하은의 갤러리는 우리 시대 정상군 학생들의 슬픈 자화상입니다. 아이들은 '괜찮다'고 증명하기 위해 괜찮아 보이는 순간을 필사적으로 수집하고 전시합니다. 하지만 '좋아요' 숫자 뒤에서 자존감은 조용히 무너져 내리고 있습니다. 이 화려한 사진첩은 어쩌면 우리 사회에 보내는 고통스러운 구조 신호일지도 모릅니다. 문제는 아이들이 아니라 이들에게 웃는 가면을 쓰고 살아가도록 강요하는 우리 어른들과 시스템에 있다는 것을, 이 갤러리는 침묵으로 증언하고 있습니다.

토론하기

1. 하은의 진짜 마음에 담긴 '보이지 않는 상처' 세 가지를 각각 어떻게 이해할 수 있을까요?

2. 하은의 보이지 않는 상처를 치유하기 위해서 가정, 학교, 사회는 어떤 노력을 해야 할까요?

2부

실패한 시스템

5장

껍데기만 남은 학교

교실은 어떻게
전쟁터가 되었나

한 교사의 비극이 된 어느 날 아침

2025년 9월의 어느 월요일 아침. 15년 차 중학교 교사 김 선생은 두 통의 항의 전화로 하루를 시작했다. 문제가 된 것은 지난주에 마무리한 역사 조별 수행평가였다.

첫 번째 발신자는 지훈의 어머니였다. 지훈은 소위 '대치동 키드'로, 주말마다 최고급 역사 논술 학원에 다니는 학생이었다. "선생님, 우리 지훈이가 밤새워 가며 혼자 자료 조사하고 발표 자료 다 만든 거 아시죠? 그런데 의욕도 없는 애들이랑 조를 짜서 점수를 똑같이 주는 게 말이 되나요? 저희가 지훈이 교육에 얼마나 투자하는데, 학교의 비효율적인 평가 방식 때문에 피해를 봐야겠어요?" 그의 목소리에는 '교육적 가치'에 관한 질문 대신, '비싼 투자'에 대한 손실을 따지는 차가운 계산기 소리가 섞여 있었다.

두 번째 발신자는 같은 조였던 서현의 어머니였다. 서현은 평가에서 낮은 참여 점수를 받았다. "아니, 애가 소심해서 발표를 잘 못 할 수도 있죠. 그걸 참여도가 낮다고 점수를 깎는 게 교육자인가요? 이건 명백한 정서적 아동 학대입니다. 교육청에 정식으로 민원 넣고, 평가 과정의 공정성에 대해 감사를 청구하겠습니다."

지훈 어머니의 전화는 교육마저 돈으로 구매하는 '일상의 외주화'가 낳은 뒤틀린 소비자의 목소리였습니다. 서현 어머니의 전화는 신뢰가 사라진 자리를 법과 규정이 대신하는 '교육의 사법화'가 만든 서늘한 경고장이었습니다. 이 두 통의 전화는 별개의 사건이 아닙니다. 이것은 오늘날 대한민국 학교 시스템의 두 기둥이 어떻게 무너져 내리고 있는지를 동시에 보여 주는, 우리 교육의 위태로운 단면입니다.

지훈과 서현의 하루 중 김 선생이 함께하는 시간은 여섯 시간 남짓. 부모님과 보내는 시간을 제외하면 대부분은 학원과 스마트폰이 책임집니다. 아이의 '일상'은 이미 오래전부터 학교 밖에서 이루어지고 있었습니다. 그런데 왜 아이의 삶에서 벌어지는 문제의 책임은 이토록 무겁게 학교와 교사에게 지워지는 것일까요?

학교는 더 이상 교육의 중심이 아닙니다. 한쪽에서는 교육의 기능을 사교육 시장에 송두리째 빼앗기고 있고, 다른 한쪽에서는 모든 갈등이 법적 공방으로 비화하는 전쟁터가 되어 가고 있습니다. 이 두 가지 거대한 지각 변동이 어떻게 학교의 기둥을 뿌리째 흔들고 있는지, 그 균열의 깊숙한 곳을 지금부터 들여다보고자 합니다.

텅 빈 집, 텅 빈 학교

"솔직히 말해서 요즘 학교에 큰 기대 안 해요. 학교는 그냥 아이가 사회성 기르고 단체 생활 배우러 가는 곳이죠. 진짜 공부는 학원에서 하는 거고요. 저희 애, 초등학교 4학년인데 벌써 중학교 수학 선행하고 있어요. 학교 진도만 따라가다가는 경쟁에서 완전히 뒤처지잖아요. 한 달에 학원비만 200만 원 넘게 들어가는데, 당연히 돈 쓴 만큼의 결과를 바라게 되죠. 학교 선생님한테 우리 애는 학원에서 이미 다 배운 내용이니 심화 문제 좀 따로 내달라고 요청하면 안 되는 건가요? 저는 교육도 일종의 서비스라고 생각해요. 비싼 돈 내는 소비자의 당연한 권리 아닌가요?"

일상의 외주화는 단순히 아이들이 학원에 다니는 현상을 넘어, 한 아이를 키우는 데 필요한 거의 모든 기능이 가정과 학교의 손을 떠나 외부 전문 시장으로 이전되는 거대한 사회적 흐름을 의미합니다. 과거에는 가정과 학교 그리고 지역사회가 함께 담당했던 아이의 일상이 이제는 돈으로 구매하는 '서비스'가 되어 버렸습니다. 우리가 아이들의 삶에서 외주화하고 있는 것은 구체적으로 무엇일까요?

첫째, 지식 교육의 외주화입니다. 국어, 영어, 수학 등 핵심 교과목의 교육은 더 이상 학교의 전유물이 아닙니다. 학교는 '기본'을 가르치는 곳, '진짜 실력'은 학원에서 만들어진다는 인식이 학생과 학부모 모두에게 깊이 자리 잡았습니다.

둘째, 돌봄의 외주화입니다. 맞벌이 가정이 보편화되면서 아이들이 방과 후에 머무르고 저녁을 해결하는 기능 역시 학원이나 공부방 혹은 민간 돌봄 서비스가 책임지게 되었습니다. 학원은 이제 교육 기관을 넘어 보육 기관의 역할까지 수행하고 있습니다.

셋째, 관계 맺기의 외주화입니다. 아이들은 동네 친구들과 골목에서 뛰어노는 대신, 학원에서 만난 친구들과 제한된 상호작용을 합니다. 심지어 키즈카페나 각종 체험 프로그램처럼 돈을 지불하고 안전하게 통제된 환경에서만 또래 관계를 맺도록 유도됩니다.

넷째, 인성 교육의 외주화입니다. 과거에는 가정의 밥상머리 교육과 학교의 생활 지도를 통해 이루어졌던 예의범절, 공동체 의식, 책임감 교육마저 리더십 학원이나 인성 캠프와 같은 상품으로 등장했습니다.

이처럼 아이의 하루는 거대한 외주 서비스의 컨베이어 벨트를 따라 흘러갑니다. 아침에 학교라는 정거장에 잠시 내렸다가, 오후에는 수학, 영어, 논술, 예체능 학원이라는 정거장들을 순례하고, 밤이 되어서야 비로소 집이라는 종착역에 녹초가 되어 도착합니다. 이 과정에서 '진짜 일상'은 파편화되고 가정과 학교는 아이의 삶에서 중심의 자리를 잃고 주변부로 밀려납니다.

이 거대한 외주화의 흐름을 명확하게 보여 주는 것이 바로 사교육비 통계입니다. 2025년 초 교육부와 통계청이 발표한 '2024년 초중고 사교육비 조사 결과'는 가히 충격적입니다. 사교육 참여율은 80%에 육박했고, 학생 1인당 월평균 사교육비는 50만 원을 넘어섰습니다. 고등학생의 경우 월평균 70만 원을, 예체능이나 입시 컨설팅까지 포함하면 한 달에 수백만 원을 쏟아붓는 가정도 드물지 않습니다. 이 숫자가 의미하는 바는 명백합니다. 대한민국에서 사교육은 더 이상 '선택'이 아닌 '필수'이며, 보충 학습이 아닌 선행 학습이자 본 학습이 되었습니다. 학교 교육은 사교육을 따라가기 위한 예습이

거나, 혹은 사교육에서 배운 것을 확인하는 복습의 과정으로 전락했다는 인식이 팽배합니다.

거대한 외주 서비스의 컨베이어 벨트에서 아이들은 녹초가 됩니다. 완벽주의자 수진은 학원에서 배운 것을 학교에서 실수 없이 재현해야 한다는 압박감에 시달리고, 무기력한 민호는 따라갈 수 없는 진도 앞에서 아예 배움을 포기해 버립니다. 이들에게 학교는 더 이상 배움의 즐거움을 느끼는 곳이 아닌, 자신의 부족함을 확인하는 고통의 공간일 뿐입니다. 아이들의 하루는 학교에서 학원으로, 학원에서 또 다른 학원으로 이어지는 끝없는 환승의 연속입니다. 이 과정에서 아이들은 어디에도 온전히 속하지 못한 채 잠시 머물다 떠나는 환승객의 심리를 갖게 됩니다. 학교는 오전 시간을 때우는 대합실이고 학원은 성적을 구매하는 상점일 뿐입니다. 마음을 붙이고 쉴 수 있는 심리적 베이스캠프가 사라진 것입니다. 이러한 '뿌리 없는 일상'은 만성적인 불안과 소속감의 부재를 안겨 줍니다.

> "선생님, 저는 그냥 부속품 같아요. 아침엔 학교용 부품, 오후엔 학원용 부품 …… 제 진짜 모습은 어디에 있는지 모르겠어요."

학원 숙제에 치여 학교 수업 시간에 쪽잠을 자는 학생의 모습은 단순히 피로에서 기인한 것이 아닙니다. 자기 삶에서 주체성을 잃어버린 학생이 보내는 무기력한 구조 신호입니다. 어른들이 돈으로 아이의 시간을 사는 동안, 아이들은 정작 '자기 자신과 만날 시간'을 잃어버리고 정서적 빈곤 상태에 빠지는 것입니다.

이러한 주객전도 현상은 학교 현장에서 심각한 부작용을 낳습니다. 교실에는 이미 학원에서 모든 것을 배워 온 학생들과 사교육을 받지 못해 진도를 따라가기 벅찬 학생들이 뒤섞여 있습니다. 교사는 누구의 눈높이에 맞춰 수업을 해야 할지 알 수 없는 '수업의 공동화' 현상을 겪습니다. 학원에서 선행 학습을 한 학생들은 학교 수업을 지루해하며 잠을 자거나 딴짓하고, 학습이 부진한 학생들은 수업 내용을 이해하지 못해 무기력에 빠집니다. 교실은 더 이상 배움의 열기로 가득 찬 공간이 아니라, 서로 다른 궤도를 도는 행성들이 부딪히지 않고 시간만 보내다 가는 정거장이 되고 있습니다.

교사의 권위 또한 심각하게 훼손됩니다. 과거 교사는 학생들에게 지식의 원천이었습니다. 하지만 이제 학생들은 학교 선생님보다 재미있고 족집게처럼 시험 문제를 잘 맞히는 학원의 일타 강사를 더 신뢰합니다.

> "학교 선생님 설명은 너무 지루해요. 학원 쌤 이야기는 진짜 웃기고 귀에 쏙쏙 들어오는데."
>
> "이 문제, 학원에서는 이렇게 풀지 말라고 했어요. 이게 더 빠른 방법이래요."

학생들의 이러한 반응 앞에서 교사는 자괴감을 느끼고 교육에 대한 열정을 잃어 갑니다. 학부모 역시 마찬가지입니다. 비싼 돈을 지불하는 학원의 성과를 학교의 성과보다 더 중요하게 생각하고, 자녀의 학교생활에 문제가 생기면 학교 시스템을 신뢰하고 협력하기보다 '더 유능한' 학원에 해결책을 문의하기도 합니다. 학교는 교육 서비스 시장에서 가장 인기 없고 만족도가 낮은 공공재로 전락해 버린 것입니다. 이 모든 현상의 근저에는 '나만 안 시키면 우리 아이만 뒤처진다'는 부모의 깊은 불안이 자리 잡고 있습니다. 한 워킹맘의 다음 절규처럼 말입니다.

> "저도 아이와 함께 저녁을 먹고 싶어요. 하지만 제가 아이를 학원에 보내지 않으면, 이 불안한 경쟁 사회에서 누가 제 아이를 지켜 주나요?"

이 시스템은 아이뿐만 아니라 부모마저 피해자로 만들고 있습니다.

늘봄학교라는 딜레마

정부 역시 이러한 돌봄의 공백과 사교육 의존 문제를 해결하기 위해 늘봄학교와 같은 정책을 확대하고 있습니다. 아침 7시부터 저녁 8시까지, 학교가 아이들을 책임지고 돌보겠다는 것입니다. 저출생 시대에 맞벌이 부모의 부담을 덜어 주겠다는 선의에서 출발한 정책이고, 많은 가정이 도움을 받고 있는 것도 사실입니다.

하지만 이 정책의 이면을 깊이 들여다볼 필요가 있습니다. 늘봄학교는 국가가 주도하는 거대한 돌봄의 외주화라고 볼 수 있습니다. 가정과 지역사회가 감당해야 할 돌봄의 책임을 학교라는 하나의 기관에 집중시키는 것입니다. 이는 단기적으로는 편리한 해결책처럼 보이지만, 장기적으로는 세 가지 심각한 문제를 야기할 수 있습니다.

첫째, 학교의 정체성 혼란입니다. 학교는 본질적으로 교육 기관이지, 보육 기관이 아닙니다. 교사들에게 과도한 돌봄 업무가 부과되면서 이들은 정작 본업인 수업 연구와 생활 지도에 집중할 에너지를 잃게 됩니다. 학교는 질 높은 교육을 제공하는 본연의 기능을 상실하고, 장시간 학생들을 '안전하게 데리고 있는' 수용 시설로 변질될 위험이 있습니다.

둘째, 가정의 역할 약화입니다. 아이가 아침부터 저녁까지 학교에 머무르면서 부모와 자녀가 함께하는 시간은 절대적으로 줄어듭니다. 저녁 식사를 함께하고, 하루 동안 있었던 일을 이야기하며, 부모의 가치관과 사랑을 전달하는 가정 교육의 시간은 사라지고 집은 잠만 자는 공간으로 전락할 수 있습니다. 이는 가족의 유대감을 약화시키고 아이의 정서적 안정에 부정적인 영향을 미칩니다.

셋째, 아이의 피로 누적입니다. 아침 7시부터 저녁 8시까지, 13시간을 집단생활 속에서 긴장 상태로 보내야 하는 아이의 입장을 우리는 생각해 본 적 있을까요? 아무것도 하지 않고 쉴 수 있는 자유 시간, 즉 '멍때릴 권리'를 박탈당한 아이들은 만성적인 스트레스와 피로에 시달립니다. 이는 1부에서 진단했던 정상군의 무기력과 번아웃을 더욱 심화시키는 요인이 될 수 있습니다.

결국 일상의 외주화는 부모에게는 편리함을, 국가에는 책임 이행이라는 명분을 줄지 모르지만, 그 대가는 고스란히 아이들의 파편화된 일상과 교사들의 소진 그리고 학교와 가정의 기능 상실로 나타나고 있습니다.

교실이 법정이 될 때

"체육 시간에 벌어진 사소한 몸싸움이었습니다. 두 학생은 다음 날 제 앞에서 멋쩍게 웃으며 악수를 나눴고, 저희는 학교장 자체 해결로 마무리하려 했습니다.

하지만 문제는 학생들이 아니었습니다. 한쪽 부모님이 학교의 중재를 거부하고 교육지원청에 정식으로 학폭위를 열 것을 요청하셨습니다. 곧이어 다른 쪽에서는 변호사를 선임했다는 연락이 왔습니다. 저는 교육자가 아니라 양측 변호사에게 제출할 사실관계 확인서를 작성하고 목격 학생들의 진술서를 받는 행정관이 되었습니다.

아이러니한 풍경이 펼쳐진 건 어제였습니다. 어른들의 전쟁은 시작되었는데, 정작 두 학생은 하교 후 운동장에서 함께 웃으며 축구를 하고 있었습니다. 학생들은 이미 서로를 용서했습니다. 그럼에도 이제 법정 같은 학폭위에서 자신을 변호하기 위해 마음의 상처를 주고

받을 생각만 해도 가슴이 답답합니다."

어느 중학교 학교폭력 책임교사의 이야기입니다. 교사는 교육자가 아니라 미래에 있을지 모를 법적 분쟁에 대비해 모든 것을 기록하고 증거를 남겨야 하는 행정가이자 변호사가 되어 가고 있습니다. 교육의 사법화를 극명하게 보여 주는 제도가 바로 '학교폭력대책심의위원회(학폭위)'입니다. 2004년 학교폭력예방법의 제정으로 도입된 학폭위는, 학교폭력 사안을 공정하고 객관적으로 처리하여 피해 학생을 보호하고 가해 학생을 선도한다는 좋은 취지에서 시작되었습니다. 하지만 지난 20여 년간 학폭위는 본래의 교육적 취지를 상실하고 점점 더 '미니 법정' 혹은 '아마추어 재판소'의 모습으로 변질되었습니다.

오늘날의 학폭위는 어떻게 운영되고 있을까요? 사안이 접수되면 교사는 경찰이나 검찰처럼 사실관계를 조사하고 증거를 수집해야 합니다. 학생들은 가해 관련 학생, 피해 관련 학생, 목격 학생으로 분류되어 마치 피의자나 참고인처럼 진술서를 작성하고 심의에 출석해야 합니다. 학부모는 자녀의 무고를 입증하거나 피해를 주장하기 위해 변호사를 선임하기도 합니다.

심의 당일 판사 역할을 하는 학부모, 교원, 경찰, 변호사 등의 심의위원들 앞에서 학생과 학부모는 각자의 입장을 변론합니다. 이 과정에서 중요한 것은 '반성과 화해'라는 교육적 가치가 아니라, '누가 더 확실한 증거를 가지고 있는가'라는 법적 논리입니다. CCTV 영상,

녹취록, 메시지 캡처본이 학생들의 서툰 화해의 말보다 더 강력한 힘을 발휘합니다.

심의가 끝나면 학폭위는 법원의 판결처럼 서면 사과, 접촉 금지, 학급 교체, 전학, 퇴학 등의 조치를 결정하여 통보합니다. 그리고 이 결정에 불복하는 학부모는 행정심판이나 행정소송을 제기하여 상급 법원의 판단을 구합니다. 이러한 사법적 절차가 과연 학생들을 위한 최선일까요? 현실은 정반대인 경우가 많습니다.

첫째, 학폭위는 갈등을 해결하기보다 증폭시킵니다. 사소한 다툼으로 시작된 일이라도 학폭위라는 공식적인 절차에 올라타는 순간 '전쟁'이 되어 버립니다. 양측 학부모는 자녀를 보호하기 위해 감정적으로 격앙되고, 상대방의 작은 흠집까지 찾아내어 공격하게 됩니다. 이 과정에서 아이들은 부모들의 싸움에 떠밀려 더 깊은 상처를 주고받습니다. 어른들의 법적 공방 속에서 화해하고 관계를 회복할 교육적 기회는 완전히 사라져 버립니다.

둘째, 모든 관련자에게 깊은 트라우마를 남깁니다. 피해 학생은 사건 당시의 기억을 수차례 반복해서 진술해야 하는 고통에 시달립니다. 가해 학생으로 지목된 학생은 설사 억울한 점이 있더라도 가해자라는 낙인 속에서 자신을 방어해야 하는 극심한 스트레스를 겪습니다. 옆에서 지켜본 목격 학생들 역시 친구 중 한 명의 편을 들어야 한다는 압박감과 혹시라도 보복을 당할지 모른다는 불안감에 시달립니다. 학폭위가 끝난 교실에는 승자 없이 오직 상처 입은 학생들만 남는 경우가 허다합니다.

셋째, 교육적 판단을 마비시킵니다. 교사들은 더는 교육적 소신에 따라 학생들을 훈육하거나 중재하려 하지 않습니다. 사소한 개입이라도 추후 학부모의 민원이나 소송의 빌미가 될 수 있기 때문입니다. 이런 불안감이 교사들을 극도로 위축시킵니다. 결국 교사들은 모든 갈등 상황에서 '교육자'로서 개입하기보다, '중립적인 방관자'가 되어 "학폭위로 처리하시겠습니까?"라고 묻는 기계적인 행정가 역할에 머무르게 됩니다.

교실이 법정이 되면서 가장 치명적인 것은, 학생들이 도덕적 감수성을 배울 기회를 박탈당한다는 점입니다. 법정에서는 사과가 곧 혐의 인정으로 간주됩니다. 그래서 어른들은 아이들에게 가르칩니다. "절대 먼저 미안하다고 하지 마. 그건 네가 잘못했다고 인정하는 거야."

친구를 때리고 마음이 아파 울먹이는 아이에게 "네가 억울한 점을 먼저 말해"라고 코치하는 부모와 변호사들 틈에서, 아이는 자신의 양심을 억누르는 법을 배웁니다. 갈등은 성장의 기회가 아니라 이겨야 할 소송이 됩니다. 이 과정에서 아이들은 타인의 고통에 공감하고 자신의 잘못을 부끄러워하는 건강한 죄책감을 느끼지 못하게 됩니다. 대신 "증거 있어요?"라고 되묻는 차가운 방어기제만 남습니다. 법은 아이들을 보호한다고 하지만, 실상은 아이들의 마음에 '도덕적 마비'라는 끔찍한 상처를 남기는 것입니다.

이는 교육의 사법화가 낳은 비극입니다. 신뢰가 사라진 자리에는 차가운 규칙과 법만이 남습니다. 학교 시스템을 무너뜨리는 두 번째 요인, 교육의 사법화는 일상의 외주화와 동전의 양면처럼 맞물려 있습니다. 가정과 학교의 유기적인 연결고리가 끊어지고, 부모가 학교를 내 아이를 맡기는 서비스 기관으로 인식하게 되면서, 양자 간의 관계는 신뢰 기반의 '교육 공동체'가 아닌 권리와 의무를 따지는 '계약 관계'로 변질되었습니다. 그리고 계약 관계에서 갈등이 발생할 때 사람들은 대화와 타협이 아닌, 계약서의 조항과 법적 절차에 의존하게 됩니다. 이것이 바로 교육의 사법화입니다.

사법화란 본래 정치나 사회 영역에서 해결되어야 할 문제들이 법원이나 사법적 절차를 통해 결정되는 현상을 의미합니다. 교육 현장에서의 사법화는 학생과 학생, 학생과 교사, 교사와 학부모 사이에서 발생하는 모든 갈등과 문제를 상담, 훈육, 중재와 같은 교육적인 방법이 아닌 법적인 절차와 증거에만 기반하여 판단하고 해결하려는 경향을 말합니다. 교실은 이제 배움과 성장의 공간이 아니라 잠재적인 가해자와 피해자, 원고와 피고가 공존하는 예비 법정이 되어버렸습니다.

방어적 교육이라는 슬픈 갑옷

"작년에 아동 학대로 신고당한 뒤로 저는 완전히 다른 사람이 되었어요. 수업 시간에 계속 엎드려 자는 학생을 깨우면서 어깨를 살짝 흔든 게 '신체적 학대'라더군요. 6개월 동안 경찰 조사받고 …… 결국 무혐의 처분을 받았지만, 그 시간 동안 저는 그냥 잠재적 범죄자였어요. 그 뒤로는 절대 학생들에게 먼저 다가가지 않아요. 복도에서 우는 학생이 있어도 못 본 척 지나가요. 혹시라도 불필요한 오해를 살까 봐서요. 모든 상담 내용은 녹음하고, 학부모와는 문자로만 대화해서 증거를 남겨요. 이게 교육인가요? 저는 그냥 언제 터질지 모르는 지뢰밭에서 하루하루 생존하는 느낌이에요. 교육적 열정이요? 이미 사라진 지 오래입니다."

5년 차 중학교 교사의 이야기입니다. 교육의 사법화는 학폭위뿐만 아니라 아동 학대 신고의 남용이라는 형태로도 나타나고 있습니다. 물론 아동을 신체적, 정서적으로 학대하는 행위는 반드시 근절되어야 할 심각한 범죄입니다. 문제는 아동 학대 관련 법을 교사의 정당한 교육 활동을 위축시키는 무기로 악용하는 사례가 늘고 있다는 점입니다. 일부 학부모들은 교사의 정당한 훈육이나 생활 지도에 불만을 품고, 이를 정서적 아동 학대라며 무분별하게 신고합니다.

교육부 발표에 따르면 교권보호법 제도 시행 후 2023년 9월 25일부터 2024년 4월 30일까지 약 7개월간 교원 대상 아동 학대 신고에 대해 교육감이 의견을 제출한 건수는 총 385건이며, 이 중 281건에 대해 '정당한 생활 지도' 의견을 제출했습니다. 이 중 수사가 완료된 110건을 분석한 결과, 기소 의견으로 송치된 경우는 단 3건(2.7%)에 불과했습니다. 나머지 95건(86.3%)은 '혐의 없음'으로 인한 불기소 또는 '입건 전 종결(내사 종결)'로 처리되었습니다.[1] 이는 대다수의 신고가 교사의 정당한 교육 활동을 위축시키기 위한 수단으로 남용되고 있음을 보여 주는 통계적 증거입니다.

예를 들어, 수업 시간에 소란을 피우는 학생을 교실 뒤에 서 있도록 한 것을 신체적 학대로, 반복해서 과제를 해 오지 않는 학생에게 단호하게 주의를 준 것을 정서적 학대로 신고하는 식입니다. 일단 신고가 접수되면 해당 교사는 경찰 조사를 받아야 하고, 무혐의 처분을 받기까지 길고 고통스러운 법적 다툼과 심리적 고통을 감내해야 합니다. 이런 상황에서 교사는 '방어적 교육'을 할 수밖에 없습니다. '방어적 진료'라는 의학 용어에서 파생된 이 말은, 소송을 피하기 위해 최선이 아닌 가장 안전한 방법을 택하는 것을 의미합니다. 교실에서 방어적 교육은 다음과 같은 구체적인 모습으로 나타납니다.

수업 방식이 보수화됩니다. 예측 불가능한 갈등을 피하려고 토론이나 체험 학습 대신 조용한 강의식 수업을 선호하게 됩니다. 이는 학생들의 창의성과 협업 능력을 저해하는 심각한 교육적 퇴보입니다.

생활 지도가 실종됩니다. 교사들은 학생들 간의 사소한 다툼에 더는 적극적으로 개입하지 않습니다. 학생들은 갈등을 중재하고 관계를 회복하는 법을 배울 기회를 잃어버립니다.

관계 맺기를 기피하게 됩니다. 모든 학생을 '잠재적인 민원 유발자'로 여기고 학생들과의 정서적 유대 형성을 의도적으로 피하며, 인간적인 사제 관계에는 거리를 두는 사무적인 관계로 변질됩니다.

모든 것이 기록화됩니다. 교사들은 만일의 사태에 대비해 모든 상호작용을 꼼꼼히 기록하는 데 엄청난 에너지를 쏟습니다. 상담 일지는 교육이 아닌, 자신을 보호하기 위한 증거 자료가 됩니다.

방어적 교육의 그림자 끝에 서 있는 존재가 바로 이 장에서 만난 선생님들입니다. 그들이 겪는 소진과 두려감은 개인의 나약함 때문이 아닙니다. 학생들을 위해 최선을 다하려는 선한 의지가 오히려 자신을 법적 위험에 빠뜨릴 수 있다는 시스템적 모순 앞에서 좌절한 결과입니다. 이처럼 교육 현장에서 가장 중요한 '교사와 학생 간의 신뢰와 유대감(rapport)'이 형성될 수 없는 구조가 되어 버리는 것입니다. 교육의 사법화는 교사들에게서 교육적 열정과 용기를 빼앗아 가고, 그 피해는 고스란히 학생들에게 돌아갑니다.

교사가 자신을 보호하기 위해 두른 방어의 갑옷은 학생들에게는 차가운 거절의 벽으로 다가옵니다. 아이들은 본능적으로 어른의 지지와 관심을 갈구합니다. 하지만 민원이 두려워 눈을 맞추지 않고, 갈등 상황에서 기계적으로 매뉴얼만 읊는 교사 앞에서 학생들은 깊은 정서적 유기(abandonment)를 경험합니다.

"선생님은 우리한테 관심 없어요. 그냥 직업이니까 하는 거죠."

교실에서 어른의 따뜻한 권위와 보호를 느끼지 못할 때 학생들의 불안은 증폭됩니다. 힘센 아이들의 괴롭힘을 막아 줄 어른이 없다는 공포, 내가 힘들 때 손잡아 줄 어른이 없다는 고립감. 이것이 바로 '안전해진 교실'의 역설적인 민낯입니다. 교사의 자기방어가 학생들에게는 심리적 각자도생을 강요하는 결과로 이어지고 있는 것입니다.

건강한 교육 공동체에는 '신뢰'라는 강력한 면역 체계가 있습니다. 이 면역 체계는 외부의 사소한 갈등이나 오해라는 바이러스가 침투했을 때 대화와 용서, 교육적 중재라는 백혈구를 통해 자연스럽게 치유합니다. 하지만 언제부터인가 학교라는 유기체는 면역 체계를 스스로 파괴하기 시작했습니다. 신뢰가 사라진 자리에서 이제는 법과 규정이라는 항생제에만 의존하게 되었습니다. 작은 상처에도 소송이라는 강력한 항생제를 남용하면서 인간적 유대, 교육적 권위와 같은 우리 몸의 좋은 균들마저 모두 죽어 버렸습니다.

이 모든 사법화 현상의 근저에는 무엇이 있을까요? 바로 '신뢰의 붕괴'입니다. 학부모는 더는 학교와 교사를 자녀의 성장을 돕는 교육적 동반자로 여기지 않습니다. 학교는 불공정하고 무능하며, 교사는 내 아이에게 무관심하거나 심지어 해를 끼칠 수 있는 존재라고 불신합니다. 학교와 교사 역시 학부모를 교육에 함께 참여하는 협력자로 믿지 않습니다. 학부모는 언제든 자신의 이익을 위해 학교를 공격하고 교사를 위협할 수 있는 잠재적 적이라고 경계합니다. 이처럼 신뢰가 사라진 자리에는 차가운 규칙과 법만이 남습니다. 우리는 서로를 믿지 못하기 때문에 모든 것을 문서로 남기고, 모든 절차를 법적으로 따지며, 모든 책임을 명확히 규정하려고 합니다.

하지만 교육은 본질적으로 법이나 계약으로 환원될 수 없는 인간적인 활동입니다. 교육은 교사의 따뜻한 눈빛 하나, 격려의 말 한마디가 학생의 인생을 바꾸는 때로는 비합리적이고 비효율적인 기적의 과정입니다. 우리는 지금 그 기적이 일어날 수 있는 최소한의 토양, 즉 인간에 대한 기본적인 신뢰마저 잃어버리고 있습니다.

경제학자들은 거래하는 사람들 사이에 신뢰가 높을수록 계약서를 쓰거나 감시하는 데 드는 '거래 비용(Transaction Cost)'이 줄어든다고 말합니다. 이 원리는 학교라는 공동체에도 적용됩니다. 과거에 교사와 학부모 사이에는 눈에 보이지 않는 '신뢰 자본(Social Trust Capital)'이 존재했습니다. 학부모는 '우리 선생님이 알아서 잘해 주시겠지'라고 믿었고, 교사는 그 믿음에 보답하기 위해 더 큰 책임감을 느꼈습니다. 이 신뢰 자본 덕분에 사소한 갈등이 생겨도 공식적인 절차 없이 대화와 이해로 문제를 해결할 수 있었습니다. 신뢰가 소통을 원활하게 하는 윤활유 역할을 했던 것입니다.

하지만 언제부터인가 이 신뢰 자본은 바닥을 드러냈습니다. 신뢰가 사라진 자리에는 불신과 의심이 싹텄고, 이제 우리는 모든 것을 증명하고 기록해야만 하는 고비용 사회로 진입했습니다. 학부모는 교사의 말을 믿지 못하기에 수백만 원짜리 컨설팅을 받으며 사교육 비용을 지불합니다. 교사는 학부모의 민원을 방어하기 위해 모든 상담을 녹음하고 기록하는 행정 비용을 치릅니다. 학교는 학폭위와 소송에 대비하려고 변호사의 자문을 구하고 CCTV를 설치하는 법률 비용을 감당합니다.

결국 신뢰의 붕괴는 눈에 보이지 않는 감정의 문제를 넘어, 사회 전체가 감당해야 하는 막대한 사회적 비용을 요구하고 있습니다. 우리는 공동체를 지탱하는 가장 효율적인 신뢰 자본을 잃어버린 것입니다.

껍데기만 남은 학교, 우리는 무엇을 해야 하는가

5장의 긴 논의를 통해 학교 시스템의 두 기둥이 어떻게 무너져 내리고 있는지를 확인했습니다. 일상의 외주화는 학교로부터 교육과 돌봄, 관계 형성이라는 본질적인 기능을 빼앗아 학교를 학생의 삶에서 주변적인 공간으로 만들었습니다. 학생들은 파편화된 일상을 살며 소진되고, 학교는 교육의 중심이라는 정체성을 상실했습니다.

교육의 사법화는 학교를 신뢰와 존중이 아닌 불신과 법적 공방이 지배하는 공간으로 만들었습니다. 교사와 학생, 학부모의 관계는 파괴되었고, 교육 활동은 극도로 위축되었습니다. 학교폭력예방법이나 아동학대처벌법도 본래의 취지와 달리 교사의 정당한 교육 활동을 제약하는 수단으로 오용되는 사례가 발생하면서, 많은 교사가 법적 분쟁에 대한 두려움으로 문제 상황에 대한 개입을 주저하고 있습니다. 심리 정서 위기 학생을 지도하다가 아동학대범으로 몰릴까 봐 걱정해야 하는 현실에서 교사의 교육적 개입은 위축될 수밖에 없습니다. 교육의 사법화가 우리 학교를 황폐화하고 있는 것입니다.

이 두 현상은 서로를 강화하며 악순환의 고리를 만듭니다. 자녀의 일상을 학원에 외주화한 부모는 학교와의 유대감이 약합니다. 학교를 그저 내 아이가 거쳐 가는 여러 서비스 기관 중 하나로 여기기 때문에, 서비스에 불만이 생길 때 교육적 대화보다 '소비자의 권리'를 주장하며 법적 절차에 호소할 가능성이 높습니다. 반대로, 사법화된 학교 환경에 지친 교사들은 소극적이고 방어적인 교육 활동에 머무르게 됩니다. 이에 실망한 학부모들은 공교육을 더욱 불신하게 되고, 자녀의 교육을 해결하기 위해 더욱 사교육 시장에 의존하게 됩니다.

이 악순환의 끝에서 학교는 결국 '텅 빈 껍데기'로 남습니다. 건물과 책상, 교사와 학생이라는 물리적 형태는 존재하지만, 그 안에서 이루어져야 할 교육과 성장, 관계와 신뢰라는 본질적인 알맹이는 모두 사라져 버린 상태입니다. 이것이 2부의 첫 장에서 우리가 마주한, 작동하지 않는 시스템의 민낯입니다. 문제는 교사 개인의 자질 부족이나 일부 학부모의 이기심이 아닙니다. 문제는 시스템 그 자체의 붕괴에 있습니다.

그렇다면 이 붕괴의 과정에서, 정부의 정책들은 어떤 역할을 했을까요? 과연 시스템의 붕괴를 막는 방파제 역할을 했을까요, 아니면 오히려 붕괴를 가속하는 촉매 역할을 했을까요? 다음 장에서는 흩어진 조각처럼 각자의 논리대로 움직였던 정부 부처별 정책의 파편화와 그 한계를 살펴볼 것입니다.

오늘 당장 시작할 수 있는 실천 한 가지

텅 빈 껍데기가 된 학교를 다시 살아 있는 공동체로 채우는 힘은, 서로를 향한 작은 신뢰의 표현으로 기를 수 있습니다.

교사라면

학교 클래스팅, e-알리미 등 공식 소통 앱이나 알림장을 통해 특별한 이슈가 없는 학생 한 명의 부모님께 '칭찬 쪽지'를 보내 보세요. "오늘 ○○이가 모둠 활동에서 친구를 잘 챙겨 주는 모습이 참 보기 좋았습니다"와 같은 구체적이고 진심 어린 칭찬 한마디는 학부모가 교사를 문제 해결사나 서비스 제공자가 아닌, '내 아이의 성장을 함께 기뻐하는 동반자'로 인식하게 하는 첫걸음입니다.

학부모라면

학교 공식 소통 앱이나 아이의 알림장으로 담임 선생님께 신뢰와 감사의 뜻을 표현해 보세요. "선생님, 늘 ○○이를 위해 애써 주셔서 감사합니다. 아이에게 무슨 일이 생기면 누구보다 선생님을 믿고 가장 먼저 상의하겠습니다"라는 짧은 메시지 하나가 교사를 '잠재적 피고인'의 자리에서 '교육적 동반자'의 자리로 돌아오게 하는 큰 힘이 될 수 있습니다. 신뢰는 내가 먼저 보여 줄 때 자라납니다.

6장

지휘자 없는 오케스트라

칸막이에 갇혀 길 잃은 정책들

조각난 아이, 서준

초등학교 4학년인 서준은 경계선 지능 아동이다. IQ는 70대 후반으로 장애 판정을 받기에는 높지만, 일반 학급의 수업 진도를 따라가기에는 어려움을 겪는다. 학습 부진이 계속되자 서준은 학교생활에 흥미를 잃었고, 친구들과 어울리는 대신 교실 구석에서 혼자 그림을 그리는 시간이 많아졌다. 최근에는 사소한 일에도 분노를 터뜨리거나 등교를 거부하는 날이 잦아졌다.

담임 교사는 서준에게 종합적인 지원이 필요하다고 판단했다. 하지만 서준을 기다리는 것은 도움의 손길이 아니라, 저마다의 사정으로 굳게 닫힌 문들이었다.

첫 번째 문, 위(Wee) 클래스

"서준이의 정서적인 불안은 저희가 상담할 수 있지만, 학습 문제는 학습클리닉센터 소관입니다." 위(Wee) 클래스는 '정서 문제'라는 조각만 가져갔다.

두 번째 문, 학습클리닉센터

"학습 부진의 원인이 지능 문제인지 정서 문제인지 명확하지 않네요. 심리적인 부분이 안정되어야 학습도 가능할 것 같습니다." 학습클리닉센터는 '학습 부진'이라는 조각만 가져갔다.

세 번째 문, 아동보호전문기관

담임 교사가 혹시 모를 가정 내 방임 문제를 의심해 조심스럽게 문을 두드렸지만, "명백한 학대 증거가 없으면 개입하기 어렵습니다"라는 답변만 돌아왔다.

네 번째 문, 정신건강복지센터

"센터 상담은 부모님이 직접 신청하고 동행하셔야 합니다." 아들의 문제를 인정하기 두려워하는 아버지를 설득하는 것은 담임 교사의 힘만으로는 역부족이었다.

서준은 한 명의 아이입니다. 학습, 정서, 가정 환경의 문제가 복합적으로 얽혀 있는, 통합적인 지원이 절실한 한 사람의 인격체입니다. 하지만 서준을 돕기 위한 우리 사회의 시스템은 그를 조각조각 나누어 버렸습니다. 교육부의 시스템은 '학습'과 '정서' 문제만, 보건복지부의 시스템은 '정신 질환' 문제만, 성평등가족부와 지자체의 시스템은 '위기'와 '가정' 문제만 다룹니다. 각 부처는 각자의 조각만 바라볼 뿐, 흩어진 조각들을 모아 '서준'이라는 전체 그림을 맞추려는 노력을 하지도, 책임을 지지도 않습니다.

이것이 바로 대한민국 학생 마음 건강 정책의 비극적인 현주소, '정책의 파편화'입니다. 선한 의지를 바탕으로 한 수많은 기관과 전문가들이 존재하지만, 그들은 각자의 사일로(silo, 조직 내 부서 이기주의)에 갇혀 서로 협력하지 못합니다. 결국 학생들은 이 기관 저 기관을 전전하다가 지원의 골든 타임을 놓치고 시스템의 균열 사이로 추락하고 맙니다. 학생을 돕기 위한 기관들이 엄연히 존재하지만, 아무도 온전히 책임지지 않는 '책임의 블랙홀'이 그들을 삼키고 있습니다. 이제 흩어진 정책의 조각들을 하나씩 맞춰 보며 왜 이 그림이 완성될 수 없는지 비극의 구조를 해부하고자 합니다.

부처별 칸막이의 실태

대한민국 학생 마음 건강 정책은 다양한 연주자가 모인 거대한 오케스트라와 같습니다. 각 파트에는 훌륭한 연주자들이 포진해 있습니다. 하지만 이 오케스트라에는 '지휘자(Control Tower)'가 없습니다. 지휘자가 없으니 연주자들은 각자 다른 악보를 보고, 다른 박자로, 다른 음량을 내며 불협화음을 연주합니다. 학생이라는 청중을 위해 연주해야 할 오케스트라가 정작 청중은 안중에도 없이 각자의 기량을 뽐내는 데만 열중하는 셈입니다.

1. 교육부의 위(Wee) 프로젝트: 학교 안에 고립된 선율

가장 많은 연주자를 보유한 현악기 파트는 교육부의 '위(Wee) 프로젝트'입니다. 학생 정책의 주무 부처인 교육부는 학교라는 공간을 기반으로 학생 지원 시스템을 구축하는 데 집중했습니다. 그 대표적인 사업이 바로 위(Wee) 프로젝트입니다. 위(Wee) 프로젝트는 3단계의 연계망으로 구성됩니다.

1단계(단위 학교): 위(Wee) 클래스

모든 학교에 설치된 학생 상담실입니다. 전문 상담(교)사가 배치되어 학생, 학부모, 교사를 대상으로 개인 상담, 집단 상담, 심리 검사 등을 제공합니다. 문제의 조기 발견과 예방을 담당하는 최일선 현장입니다.

2단계(교육지원청): 위(Wee) 센터

위(Wee) 클래스에서 해결하기 어려운 심층 상담이나 정밀 검사, 특별 교육 프로그램 등을 지원하는 지역 거점 센터입니다. 임상심리사, 교육복지사 등 다양한 분야의 전문가들이 팀을 이루어 개입하기도 합니다.

3단계(시·도 교육청): 위(Wee) 스쿨

학업 중단 위기에 놓인 학생들을 위해 장기적인 위탁 교육을 제공하는 기숙형 대안 교육 기관입니다. 보다 집중적인 치유와 돌봄을 통해 학생들이 학교로 복귀할 수 있도록 돕습니다.

위(Wee) 프로젝트는 분명 큰 성과를 거두었습니다. 과거 일부 학생들만 이용하던 상담실의 문턱을 낮추고, 모든 학생이 학교 안에서 손쉽게 전문적인 상담 서비스를 받을 수 있는 통로를 열었다는 점에서 그 의미가 큽니다. 특히, 학생의 문제를 가장 가까이서 지켜보는 교사와 직접적으로 협력할 수 있다는 것은 위(Wee) 프로젝트만의 강점입니다. 하지만 여기에는 한계도 있습니다.

첫째, 위(Wee) 프로젝트는 '학교 안'의 문제에만 집중하는 경향이 있습니다. 상담의 주요 내용이 교우 관계, 학업 스트레스, 진로 고민 등 학교생활과 관련한 문제에 국한되는 경우가 많습니다. 하지만 학생 문제의 뿌리가 가정 환경이나 지역사회의 유해 환경에 있는 경우, 학교 내 상담만으로는 근본적인 해결이 어렵습니다. 위(Wee) 클래스의 상담 교사는 가정에 직접 개입할 권한도, 방법도 없습니다.

둘째, 학교 상담과 임상 치료 간 역할과 기능의 경계입니다. 엄밀히 말해 학교는 교육적 맥락에서 학생에게 심리적 지지와 상담을 제공하는 공간이며, 약물 치료나 정밀한 진단이 필요한 임상적 영역은 의료 기관이 담당합니다. 현재 현장의 어려움은 치료가 시급한 수준의 고위험군 학생들까지 학교에서 오롯이 감당해야 한다는 구조적 압박에서 비롯합니다. 위(Wee) 클래스 상담 인력은 이러한 한계로 인해 의학적 치료에 대응하기에는 현실적으로 역부족인 경우가 많습니다.

셋째, 과도한 행정 업무 부담입니다. 상담 교사들은 상담 업무 외에도 학생 정서·행동특성검사, 학교폭력 관련 업무, 학생맞춤통합지원 업무, 각종 실적 보고 등 방대한 행정 업무에 시달립니다. 정작 학생 한 명 한 명에게 집중해야 할 시간을 서류 작업에 빼앗기는 구조입니다.

위(Wee) 클래스는 1장에서 만난 희수처럼 조용히 위축된 아이의 마음을 여는 데는 큰 도움이 될 수 있습니다. 하지만 완벽주의의 압박으로 심각한 불안 증세를 보이는 수진에게 필요한 의학적 개입까지 제공하기는 어렵습니다. 결국, 교육부의 위(Wee) 프로젝트는 학교라는 성벽 안에 훌륭한 응급 구호소를 지었지만, 성벽 밖에서 벌어지는 전쟁(가정 문제)이나 성벽 안으로 침투한 강력한 적(정신 질환)에 맞서 싸우기에는 역부족인 '고립된 성'과 같은 신세가 되어 버렸습니다.

2. 보건복지부의 정신건강복지센터: 너무 높은 문턱의 팡파르

학생 마음 건강 정책이라는 오케스트라에서 강력한 힘을 보유한 금관악기 파트는 보건복지부입니다. 보건복지부는 '정신건강증진 및 정신 질환자 복지서비스 지원에 관한 법률'에 근거해, 국민의 정신건강 문제를 예방하고 치료하는 역할을 담당합니다. 아동·청소년 문제와 관련해 보건복지부의 대표적인 인프라는 '정신건강복지센터'입니다.

전국 시군구에 설치된 정신건강복지센터에는 정신건강의학과 전문의, 정신건강 전문 요원(간호사, 교육복지사, 임상심리사) 등이 상주하며, 이곳에서는 지역 주민을 대상으로 상담, 사례 관리, 재활 프로그램 등을 제공합니다. 특히, 아동·청소년을 위한 전담팀인 '아동·청소년 정신건강팀'을 운영해 조기 중재와 치료 연계에 힘쓰고 있습니다.

보건복지부 접근 방식의 큰 강점은 의학적 전문성입니다. 정신건강복지센터는 우울증, ADHD(주의력결핍 과잉행동장애), 조현병 등 정신 질환에 대한 깊이 있는 이해를 바탕으로 약물 치료를 포함해 전문적으로 개입할 수 있습니다. 학교에서 다루기 힘든 고위험군 학생들의 치료에 실질적 도움을 줄 수 있는 거의 유일한 공공기관입니다. 하지만 보건복지부의 왕국 역시 높은 성벽으로 둘러싸여 있습니다.

첫째, 접근성의 한계입니다. 정신건강복지센터나 정신과 병원을 이용하려면 정신 질환이라는 의학적 진단에 대한 사회적 낙인을 넘어야 합니다. 많은 학부모가 자녀에게 정신과 진료 기록이 남는 것을 두려워해 방문 자체를 꺼립니다. 또한 상담 및 진료 예약이 수개월씩 밀려 있어 당장 도움이 필요한 위기 학생들이 골든 타임을 놓치는 경우가 비일비재합니다.

둘째, 학교와의 단절입니다. 정신건강복지센터는 지역사회에 위치하지만, 학교와는 물리적으로나 심리적으로나 멀리 떨어져 있습니다. 센터의 전문가들은 학생의 일상적인 학교생활 모습을 알지 못한 채, 제한된 상담 시간 동안의 모습만으로 그를 판단해야 합니다. 반대로 학교의 교사들은 학생이 센터에서 어떤 상담과 치료를 받고 있는지 전혀 알 수 없습니다. 학생의 정보를 공유하고 통합적인 지원 계획을 세우는 연계 시스템이 부재하기 때문입니다.

셋째, 치료 중심의 관점입니다. 보건복지부의 시스템은 기본적으로 '환자'를 대상으로 작동합니다. 즉, 문제가 발생한 이후의 치료와 사례 관리에 초점이 맞춰져 있습니다. 1장에서 보았던, 아직 진단은 받지 않았지만 고통받고 있는 대다수 정상군 학생을 위한 보편적인 예방 활동에는 상대적으로 소홀할 수밖에 없습니다. 이 높은 문턱은 완벽주의에 사로잡힌 수진과 같은 자녀를 양육하는 부모들에게는 넘기 힘든 벽입니다. 자녀에게 '정신과'라는 낙인이 찍힐 것을 두려워해, 명백한 신호 앞에서도 병원 방문을 주저하게 됩니다. 결국 골든 타임을 놓치고 마는 것입니다.

3. 성평등가족부의 CYS-Net: 성벽 밖에서만 울리는 북소리

콘서트홀 밖, 거리의 청중을 위해 연주하는 타악기 파트는 성평등가족부입니다. 학생 마음 건강 문제의 또 다른 한 축을 성평등가족부가 담당합니다. 성평등가족부는 청소년복지 지원법에 따라 가출, 학업 중단, 인터넷 중독 등의 상태에 놓인 '위기 청소년'을 조기에 발견하고 지원하는 역할을 맡고 있습니다. 성평등가족부의 핵심 인프라는 바로 'CYS-Net(Community Youth Safety-Net, 지역사회 청소년 통합지원체계)'입니다.

CYS-Net의 중심에는 전국 17개 시드와 223개 시군구에 설치된 청소년상담복지센터가 있습니다. 이곳은 위기 청소년을 위한 'One-stop' 서비스를 제공합니다. 상담은 물론 긴급 구조, 청소년 쉼터에서의 일시 보호, 의료 및 법률 지원, 학업 복귀 지원까지 청소년 위기 상황 대응에 필요한 거의 모든 서비스를 연계하고 통합적으로 제공합니다. 특히, 24시간 운영하는 상담 서비스 '청소년1388'은 위기 상황에 처한 청소년들이 가장 먼저 찾는 긴급 구호 요청 창구 역할을 톡톡히 하고 있습니다.

성평등가족부 접근 방식의 강점은 '찾아가는 서비스'와 '위기 개입 전문성'입니다. 청소년상담복지센터는 학교나 병원처럼 아이들이 찾아오기만 기다리지 않습니다. 전문 인력이 직접 거리로 나가 배회하는 청소년을 만나고, SNS로 고민을 상담해 주며, 위험에 노출된 아이들을 적극적으로 발굴합니다. 하지만 성평등가족부의 왕국 역시 뚜렷한 한계를 안고 있습니다. 가장 큰 한계는 '학교 밖' 청소년 중심이라는 점입니다. 성평등가족부의 정책과 자원은 주로 가출, 학업 중단 등 이미 학교라는 제도권의 울타리를 벗어난 아이들에게 집중되어 있습니다. 물론 이들에 대한 지원은 매우 중요하고 시급합니다. 하지만 이는 역으로, 아직 학교 안에 머물러 있지만 다양한 위기 징후를 보이는 대다수의 '학교 안' 청소년에 대해서는 교육부와의 역할 중복 문제 등으로 적극 개입하기 어려운 구조를 만듭니다.

결국 성평등가족부의 왕국은 성벽 밖으로 쫓겨난 아이들을 위한 '따뜻한 야전병원'을 훌륭하게 운영하고 있지만 정작 학생들이 성벽을 넘기 전에, 즉 학교를 그만두기 전에 예방적으로 개입하는 데는 한계가 있습니다.

파편화의 폐해

"저희 같은 지역상담복지센터의 숙제는 학교 문턱 넘기입니다. 얼마 전 저희가 관리하던 한 아이가 학교에서 따돌림을 당하는 것 같다는 정황을 포착했습니다. 아이의 불안이 심해져서 담임 선생님과 정보를 공유하고 함께 도울 방법을 찾고 싶었죠.

학교에 전화를 걸었습니다. 교감 선생님은 '어떤 근거로 학교 일에 개입하시려는 거냐'라며 경계하셨고, 담임 선생님은 '저희도 바쁘니 공문으로 정식 요청하시라'고 했습니다.

일주일 뒤 공문을 보냈지만, 돌아온 답변은 '개인정보보호법상 해당 학생에 대한 어떤 정보도 제공해 줄 수 없음'이었습니다. 저희는 아이를 돕고 싶은 조력자인데, 학교에는 그저 외부의 침입자처럼 보였던 겁니다. 아이는 학교와 지역사회, 두 가지 세상에 살고 있는데 두 세상을 잇는 다리가 끊겨 있습니다. 그 끊어진 다리 위에서 아이는 혼자 비를 맞고 있는 거예요."

어느 청소년상담복지센터 팀장의 이야기입니다. 지금까지 우리는 교육부, 보건복지부, 성평등가족부라는 세 개의 핵심 부처가 각자 건설한 왕국들을 살펴보았습니다. 이 외에도 문화체육관광부(청소년 활동 지원), 법무부(학교폭력 및 소년범죄), 고용노동부(진로 및 직업 훈련) 그리고 각 지방자치단체까지 수많은 기관이 학생 지원이라는 이름 아래 각자의 정책을 쏟아 내고 있습니다.

표면적으로는 우리 사회는 청소년들을 위해 꽤나 촘촘하고 다층적인 안전망을 갖추고 있는 것처럼 보입니다. 하지만 '풍요 속의 빈곤'일 뿐입니다. 현실은 왜 참담할까요? 그것은 이 훌륭해 보이는 조각들이 서로 연결되지 않고 흩어져 있기 때문입니다. 청소년상담복지센터 팀장의 좌절은 결코 특별한 사례가 아닙니다. 이제부터 정책의 파편화가 현장에서 구체적으로 어떤 폐해를 낳고 있는지, 그 네 가지 비극적인 결과를 해부해 보고자 합니다.

파편화의 고통스러운 결과는 바로 도움이 절실한 학생과 학부모가 겪는 '기관 돌려막기'입니다. 앞서 만난 경계성 지능 아동 서준의 사례가 이를 전형적으로 보여 줍니다. 담임 교사는 서준의 복합적인 문제를 해결하기 위해 위(Wee) 클래스, 학습 클리닉, 아동보호 전문기관, 정신건강복지센터의 문을 차례로 두드렸습니다. 하지만 모든 기관은 각자의 전문 분야와 관할 범위라는 칸막이를 이유로, 서준이 겪는 문제의 일부에 대해서만 개입하거나 아예 개입을 거부했습니다. 그러는 사이 교사와 학부모는 "도대체 우리 아이는 어디로 가야 합니까?"라는 절규와 함께 깊은 무력감에 빠집니다. 이 절규 앞에서, 시스템은 침묵합니다. 각 기관은 자신들의 책임이 아니라고 강조하며 공을 다른 기관으로 떠넘기고, 그사이에 아이의 문제는 점점 더 악화합니다.

학생을 통합적으로 지원하기 위한 기본적인 전제는 그 학생에 대한 정보를 여러 기관이 함께 공유하고 이해하는 것입니다. 하지만 앞선 상담센터 팀장의 이야기처럼 현재의 파편화된 시스템에서 데이터 공유는 거의 불가능에 가깝습니다. 교육부의 교육행정정보시스템(NEIS), 보건복지부의 사회보장정보시스템(행복e음), 성평등가족부의 CYS-Net은 서로 다른 서버와 양식으로 운영되며 전혀 연동되지 않습니다. 설상가상으로 각 부처는 개인정보보호법과 각기 다른 소관 법률을 이유로, 다른 부처에 정보를 제공하는 것에 극도로 소극적입니다.

이 '데이터 장벽'은 끔찍한 비극을 낳기도 합니다. 예를 들어, 한 학생이 정신건강복지센터나 청소년상담복지센터에서 자살 고위험군으로 관리되고 있다는 사실을 학교의 담임 교사나 상담 교사는 전혀 알 수 없습니다. 반대로 학생이 학교에서 심각한 폭력 피해를 입었다는 사실이 지역 상담센터에는 전달되지 않습니다. 각 기관은 코끼리의 일부만 만지고 있을 뿐, 그 누구도 코끼리의 전체 모습을 보지 못합니다.

정책의 파편화는 국가 예산과 인력의 심각한 낭비를 초래합니다. 각 부처는 서로의 정책에 대한 충분한 이해 없이 비슷한 기능의 사업들을 경쟁적으로 만들어 냅니다. 학생 상담 기능만 보더라도 교육부의 위(Wee) 클래스, 성평등가족부의 청소년상담복지센터, 보건복지부의 정신건강복지센터 그리고 지자체가 운영하는 각종 상담센터들이 난립해 있습니다. 이 기관들은 서로 다른 법적 근거와 상급기관을 토대로 운영되고 있어 유기적인 협력이 결코 쉽지 않습니다. 한 학생이 위(Wee) 클래스와 청소년상담복지센터에서 비슷한 내용의 상담을 중복해서 받는 동안, 정작 정신과적 치료가 시급한 다른 학생은 수개월째 병원 진료를 기다리는 비효율이 발생합니다.

정책 파편화로 인해 가장 큰 고통을 받는 아이들은 바로 '경계선'에 놓인 아이들입니다. 서준과 같은 경계선 지능 아동, ADHD 성향은 있지만 진단 기준에는 미치지 않는 청소년, 가정 환경이 어렵지만 명백한 학대 증거는 없는 학생들.

이 아이들은 각 부처가 설정해 놓은 지원 대상의 기준에 아슬아슬하게 미치지 못해서 모든 안전망에서 배제되는 경우가 많습니다. 교육부 시스템에서는 '장애 학생'이 아니기에 특수교육 지원을 받지 못하고, 보건복지부 시스템에서는 '정신 질환' 진단이 없어서 치료적 개입을 받지 못하며, 성평등가족부나 지자체 시스템에서는 '위기 아동'의 기준에 부합하지 않기에 사례 관리 대상에서 제외됩니다. 이 아이들은 모든 시스템의 경계에 서서, 어느 쪽에도 속하지 못한 채 홀로 어려움을 감당해야 합니다. 이들은 정책 입안자들이 책상 위에 그어 놓은 행정 편의적인 선의 희생양입니다.

정책 파편화를 해결할 희망은 없을까요? 다음에 살펴볼 서준을 위한 미래의 가상 회의는 다른 가능성을 보여 줍니다. 이 회의록은 단순한 상상이 아니라 우리가 나아가야 할 구체적인 목표의 모습입니다. 한 아이를 구하기 위해 어벤져스처럼 교사, 경찰, 교육복지사, 상담사 등 각 분야의 전문가가 함께 모이는 장면. 이것이 바로 이 책이 제안하는 시스템 처방전의 핵심 이미지입니다.

한 걸음 더 – 서준을 위한 미래의 회의록

만약 시스템의 균열 사이로 추락했던 서준이 우리가 꿈꾸는 통합 거버넌스 시스템 안에서 발견되었다면 어떤 일이 일어났을까요? 다음은 2030년, 어느 지역의 학생통합지원 위원회에서 진행된 가상의 회의록 일부입니다.

2030년 제3차 학생맞춤통합지원위원회 회의록

일시: 2030년 10월 1일(화) 15:00

안건: 김서준 학생(초4) 지원 방안 논의

참석자: 최선영(교육지원청 학생맞춤통합지원센터장·위원장), 박지훈(새움초 4학년 2반 담임 교사), 이혜진(정신건강복지센터 상담사), 김유리(청소년상담복지센터 상담사), 김철민(아동 학대 전담 경찰관), 한수아(교육지원청 위(Wee) 센터 실장)

위원장 오늘 논의할 안건은 새움초 박지훈 선생님이 저희 통합지원 플랫폼 희망넷으로 의뢰하신 김서준 학생 건입니다. 박 선생님, 상황을 공유해 주시겠습니까?

박지훈 네. 서준이는 현재 경계선 지능 의심 소견이 있고, 최근 학습 부진과 교우 관계의 어려움이 심화되어 등교 거부 현상까지 보이고 있습니다. 어제는 사소한 일로 친구와 다투다 분노를 터뜨리는 모습도 관찰되었습니다.

(중략)

이혜진 저희 센터 데이터베이스를 확인해 보니 3개월 전 서준이 어머님이 센터에 초기 상담을 문의하셨던 기록이 있습니다. 당시 아버님의 반대로 상담이 진행되지는 못했습니다. 가정 내 갈등이 있을 수 있습니다.

김철민 저희 시스템상으로는 아동 학대 신고 이력은 없습니다. 하지만 가정 내 갈등이 방임으로 이어질 수 있으니 저희가 교육복지사님과 함께 가정방문으로 부모님 면담을 진행하고, 필요하다면 공적 지원을 안내하는 것이 좋겠습니다.

(중략)

결정 사항

1. (단기 지원) 박지훈 담임 교사는 교내 통합지원팀과 협력해 김서준 학생을 위한 교내 안전 기지를 마련한다(점심시간에 상담실 우선 이용, 서준이의 그림 그리기 재능을 활용한 학급 내 역할 부여 등).

2. (가정 개입) 김철민 경찰관과 교육복지사는 합동 가정방문으로 부모님을 만나, 이혜진 사례관리사의 정신건강복지센터 부모 교육 프로그램 참여를 설득한다.

3. (전문 평가) 부모님 동의 확보 후 학습도움센터는 김서준 학생에 대한 경계성지능검사를 즉시 진행해 경계선 지능 여부를 명확히 하고, 그 결과를 바탕으로 학습 지원 방안을 수립한다.

4. (정보 공유) 모든 진행 상황은 통합지원 플랫폼 희망넷에 실시

간으로 기록해 모든 위원이 공유하고, 2주 뒤 다음 회의에서 경과를 재논의한다.

지휘자 없는 오케스트라, 불협화음은 계속된다

6장의 논의를 종합해 봅시다. 대한민국 학생 마음 건강 정책은 수많은 연주자가 모인 거대한 오케스트라와 같습니다. 교육부라는 바이올린, 보건복지부라는 트럼펫, 성평등가족부라는 드럼 등 각자의 파트에는 훌륭한 연주자들이 포진해 있습니다. 문제는 이 오케스트라에 지휘자가 없다는 것입니다. 지휘자가 없으니 연주자들은 각자 다른 악보를 보고, 다른 박자로, 다른 음량을 내며 연주합니다. 바이올린은 자신의 선율이 가장 중요하다고 주장하고, 트럼펫은 더 큰 소리를 내야 한다고 외칩니다. 때로는 아름다운 선율이 나오기도 하지만, 전체적으로는 조화를 이루지 못하고 귀를 괴롭히는 불협화음만 가득합니다. '학생'이라는 청중을 위해 연주해야 할 오케스트라가 정작 청중은 안중에도 없이 각자의 기량을 뽐내는 데만 열중하고 있는 셈입니다.

7장에서 살펴볼 '학생맞춤통합지원법'은 학교의 고장(감)에게 지휘봉을 쥐여 주려는 시도와 같습니다. 하지만 바이올린 연주자에게 갑자기 오케스트라 전체를 지휘하라고 요구하는 것은 무리한 일입니다. 그에게는 전체 악보를 읽을 능력도, 다른 파트의 연주자들을 통솔할 권한도 없습니다. 진정으로 필요한 것은 범정부 차원의 총괄 지휘자입니다. 부처의 이익이 아닌, 아이의 삶이라는 악보를 조망하는 지휘자가 절실합니다. 모든 연주자를 아우르며 하나의 비전 아래 조화로운 연주를 이끌 수 있는 강력한 권한과 전문성을 보유한 컨트롤 타워가 필요합니다. 대통령실이나 총리실 직속의 범정부 차원의 조직이 될 수도 있고, 독립적인 '(가칭)아동청소년정책위원회'가 될 수도 있습니다.

이 지휘자는 흩어진 정책 예산을 통합하고 재분배하며, 부처 간 데이터 장벽을 허물고, 모든 정책이 '학생'이라는 최종 목표에 복무하도록 조율하는 역할을 해야 합니다. 시스템의 실패는 더 많은 개별 기관을 만드는 것으로 해결되지 않습니다. 오히려 흩어진 것들을 연결하고, 막힌 곳을 뚫으며, 전체를 조망하는 '시스템을 디자인하는 시스템'이 필요합니다. 불협화음의 오케스트라를 구원하기 위한 새로운 악보가 마침내 등장했습니다. 다음 장에서는 그 희망의 씨앗들을 깊이 들여다보고자 합니다.

흩어진 조각들을 연결해 온전한 그림을 만드는 일은 거대한 시스템을 탓하기 전에 우리 각자의 자리에서 건저 내미는 손에서 시작됩니다.

교사라면

도움이 필요한 학생을 위(Wee) 클래스에 의뢰할 때 '상담해 주세요' 라고 서류만 넘기는 대신, "저와 상담 선생님 그리고 학생, 셋이 함께 이야기할 시간"을 한번 요청해 보세요. 학생의 문제를 특정 전문가에게 떠넘기는 것이 아니라, 담임 교사와 상담 교사가 각자의 전문성을 바탕으로 '하나의 팀'으로서 학생을 함께 돕겠다는 작은 신호입니다. 학교 안의 가장 가까운 칸막이를 허무는 것이 거대한 시스템을 바꾸는 첫걸음입니다.

학부모라면

자녀가 학교 상담 그리고 병원이나 상담 센터 등 외부 기관의 도움을 동시에 받고 있다면, 두 기관의 전문가에게 서로의 연락처를 알려주고 소통할 수 있도록 다리를 놓아 주세요. 먼저 자녀의 동의를 구한 뒤에 말입니다. "병원에서는 이렇게 말씀하시던데, 학교생활은 어떤

가요?"라고 부모님이 직접 정보의 허브가 되어 주는 것입니다. 흩어진 조각들을 부모님이 직접 연결할 때, 아이를 위한 더 온전한 그림을 그릴 수 있습니다.

7장

잿더미에 뿌려진 두 개의 씨앗

교권보호법과 학생맞춤통합지원법의 명암

교권보호법, 교실의 정의를 다시 세우다

2023년 여름은 유난히 뜨거웠다. 아스팔트의 열기보다 더 뜨거운 것은 동료를 잃은 교사들의 절규였다. '더 이상 죽을 수 없다'는 외침은 대한민국 교육의 심장을 향한 심폐 소생술과 같았다. 이 절망의 잿더미 위에 아주 작지만 단단한 두 개의 씨앗이 뿌려졌다. 하나는 무너진 교실에 최소한의 '질서'를 세우기 위한 씨앗이었고, 다른 하나는 흩어진 아이들을 품기 위한 '연대'의 씨앗이었다.

지금까지 우리는 작동하지 않는 시스템의 민낯을 마주했습니다. 학교는 일상의 외주화와 교육의 사법화로 껍데기만 남았고, 정책의 파편화로 정부 정책은 흩어진 조각으로 맴돌았습니다. 이 총체적 실패의 그림 앞에서 깊은 무력감과 냉소에 빠지기 쉽습니다. '과연 거대하고 낡은 시스템을 바꿀 수 있기는 한 것일까?'

하지만 단단해 보이는 콘크리트 바닥에도 작은 씨앗 하나가 비집고 들어가 싹을 틔우고 마침내 균열을 만들어 내는 기적이 일어나곤 합니다. 때로는 잘 만들어진 법 하나가 바로 그 씨앗의 역할을 합니다. 법은 사회적 합의의 결과물이자 변화를 이끄는 강력한 제도적 동력입니다.

2023년과 2024년, 대한민국 교육계에는 바로 그런 희망의 가능성을 품은 두 가지 의미 있는 법적 전환점이 마련되었습니다. 하나는 무너진 교실 질서를 바로 세우기 위한 '교권보호 4법'으로 대표되는 교권 관련 법 개정이고, 다른 하나는 흩어진 지원 체계를 하나로 묶기 위한 '학생맞춤통합지원법'의 제정입니다. 이 두 법은 각각 교육의 사법화와 정책의 파편화라는, 앞서 진단했던 시스템 붕괴 현상에 대한 우리 사회의 공식적인 응답입니다. 전자는 교실의 질서를 회복하기 위한 법이고, 후자는 학생 지원의 연대를 구축하기 위한 법입니다.

법은 통과되었고, 씨앗은 뿌려졌습니다. 이제 조심스럽게 질문을 던져야 할 시간입니다. 과연 이 씨앗들은 척박한 현실의 토양에 뿌리내리고 있는가? 아니면 그저 또 하나의 선언적인 법률로 남겨진 채 썩어 가고 있는가? 이번 장에서는 두 가지 법이 교육 현장에 가져온 빛과 그림자를 현실적으로 평가하고, 교실을 바꿀 진정한 희망이 될 수 있을지를 가늠해 보고자 합니다.

2023년 여름, 대한민국 교육계는 한 젊은 교사의 비극적인 죽음을 목격하고 전례 없는 충격과 슬픔에 빠졌습니다. 이 사건은 그동안 수면 아래에서 곪아 터지고 있던 '교권 붕괴'의 현실을 사회 전체의 문제로 공론화하는 계기가 되었습니다. 수십만 명의 교사들이 거리로 나와 "더 이상 동료를 잃을 수 없다!"라고 외쳤고, 이 절박한 목소리는 마침내 국회를 움직였습니다. 그 결과, 2023년 9월 교권보호 4법(초·중등교육법, 유아교육법, 교원지위법, 교육기본법 개정안)이 국회를 통과했습니다. 법 개정의 핵심은 명확했습니다. 교사의 정당한 교육 활동과 생활 지도를 아동 학대 범죄와 분리하고, 악성 민원으로부터 교사를 보호하며, 교실의 교육적 질서를 회복할 수 있는 권한을 교사에게 돌려주자는 것이었습니다.

주요 개정 내용은 다음과 같습니다.

정당한 생활 지도의 아동 학대 면책

교원의 정당한 학생 생활 지도는 아동복지법상의 신체적·정서적 학대 행위로 보지 않는다는 조항 신설

학교장 중심의 민원 대응 체계

학부모 민원을 교사 개인이 아닌, 학교장 책임 아래 단일 창구(민원 대응팀)에서 대응하도록 의무화

교권 침해 행위의 학생부 기재

중대한 교권 침해 행위에 대해서는 학교생활기록부에 기재할 수 있는 근거 마련

피해 교원 보호 강화

교권 침해 피해를 입은 교사에 대한 보호 조치 강화 및 가해 학생 조치 강화

이 법들은 2023년 말과 2024년 초에 걸쳐 본격적으로 시행되었습니다. 지금, 교실에는 과연 어떤 변화가 있을까요?

가장 뚜렷하고 긍정적인 변화는 5장에서 지적했던 교육의 사법화 현상에 일단 제동이 걸렸다는 점입니다. 교육부가 인용한 보건복지부의 '2023년 아동 학대 연차보고서' 통계에 따르면, 교직원에 의

한 아동 학대 판단 건수는 2022년 1,702건에서 2023년 852건으로 약 50% 급감하며 법 개정 논의가 시작된 이후 눈에 띄는 변화를 보였습니다. 특히 '정서적 아동 학대'를 이유로 한 무분별한 신고가 크게 줄었습니다. 법 개정을 통해 '정당한 생활 지도'의 기준이 명확해지고, 무고성 신고에 대해서는 교육청이 의견을 제출하도록 의무화되면서 교사를 압박하는 수단으로 아동 학대 신고를 남용하는 관행이 줄어든 것입니다.

학교장 중심의 민원 대응 체계 역시 많은 교사에게 최소한의 '방패'가 되었습니다. 교사들은 더는 퇴근 후나 주말에 걸려 오는 학부모의 악성 민원에 홀로 시달리지 않을 수 있게 되었습니다. 이러한 변화는 교사들의 심리적 안정감을 높여, 교육적 소신을 바탕으로 학생들을 지도할 수 있는 작은 용기를 주었습니다.

"확실히 숨통은 트였어요. 학부모님 전화벨만 울려도 심장이 철렁했었는데, 이젠 학교 민원 대응팀이라는 방패가 있으니까요. 예전에는 수업 시간에 떠드는 학생에게 조용히 하라고 조금만 큰 소리로 말해도 혹시 정서적 학대로 신고당하지 않을까 자기 검열을 해야 했어요. 하지만 '정당한 생활 지도'라는 말 덕분에 학생들하고 약간의 갈등이 생겨도 예전처럼 '내가 아동 학대로 신고당하면 어떡하지?' 하는 공포에 떨지는 않아요. 학생들에게 안 되는 건 안 된다고 더 자신 있게 말할 수 있게 되었죠."

교직 경력 12년 차 고등학교 교사의 이야기입니다. 이처럼 교권 보호법은 과다 출혈로 위태롭던 교육 현장의 상처를 지혈하는 응급 처치가 된 셈입니다.

하지만 법이라는 빛이 모든 교실을 똑같이 비추는 것은 아니었습니다. 많은 현장 교사가 법 개정 이후에도 현실은 크게 달라지지 않았다고 토로합니다. 법이 막아 준 것은 언론에 나올 법한 극단적인 사례일 뿐, 교실의 일상적인 어려움은 여전하다는 냉소적인 목소리가 높습니다.

"법이요? 신문에선 대단한 변화가 온 것처럼 말하죠. 솔직히 현장은 똑같습니다. 악성 민원이 줄었다고는 하는데, 교사의 지도에 사사건건 불만을 제기하고, 아동 학대라는 말을 무기처럼 쓰려는 학부모는 여전히 있어요. 교사들 사이에는 서이초 사건 이후에도, 법 개정 이후에도 바뀐 건 아무것도 없다는 말이 그냥 인사말이 되었습니다. 교사한테 방패를 쥐여 줬다고는 하는데, 정작 교실에서 매일 날아오는 자잘한 돌멩이들은 전혀 막지 못해요."

교직 경력 7년 차 초등학교 교사의 이야기입니다. 결국 법 개정은 교실 붕괴라는 최악의 상황을 막는 지혈대 역할은 했지만, 이미 깊어진 상처를 아물게 하지는 못했습니다. 교사들은 잠재적 피의자라는 공포에서는 어느 정도 벗어났지만, 무너진 신뢰와 여전한 갈등 속에서 홀로 버티고 있습니다. 이 최소한의 안전지대에서 우리는 어떻게 더 단단한 토대를 쌓아 올릴 수 있을까요?

> "민원 대응팀이 생겨서 교사 보호에는 어느 정도 도움이 됩니다. 그런데 …… 솔직히 말하면 교실이 더 따뜻해졌는지는 모르겠어요. 오히려 더 차가워진 것 같기도 해요. 모든 게 공식적이고, 사무적으로 변했어요. 학부모님하고 편하게 전화해서 학생의 사소한 성장을 나누던 그런 인간적인 관계는 이제 불가능한 일이 됐죠. 갑옷을 입고 서로에게 최소한의 예의만 차리는 느낌이랄까요. 안전해졌지만, 외로워졌어요."

20년 차 중학교 교감의 이야기입니다. 교권보호법은 분명 교사들을 외부의 공격으로부터 보호하는 '방패' 역할을 했지만, 파괴된 신뢰 관계를 회복하고 존중의 문화를 만들어 내는 '마법의 검'이 되지는 못했습니다. 법 시행 2년이 지난 교육 현장에서는 여러 가지 한계와 과제가 목격됩니다.

첫째, 모호한 '지도'와 '학대'의 경계입니다. 법 개정으로 교사의 정당한 생활 지도권이 보장되었다고는 하지만, 현장의 교사들은 여전히 살얼음판을 걷고 있습니다. 갈등의 양상이 과거의 두발 규제나 소지품 검사와 같은 명확한 지점에서 훨씬 더 해석이 모호한 정서적 영역으로 옮겨 왔기 때문입니다. 예를 들어, 수업 중 잠자는 학생을 깨우거나 과제를 독려하는 최소한의 개입마저도 일부 학부모로부터 '아이를 강요하고 압박하는 정서적 학대'라는 민원의 빌미가 되기도 합니다. 또한 다른 학생들의 학습권을 보호하기 위해 문제 행동을 보이는 학생을 잠시 교실 뒤로 분리 조치하는 교육적 판단 역시, '아이를 차별하고 고립시키는 인권 침해'로 비화할 수 있다는 불안감이 교실을 지배하고 있습니다.

이처럼 지도와 학대 사이의 경계가 불분명한 회색지대에서 교사들은 적극적인 교육 활동보다는 '아무것도 하지 않는 것'이 가장 안전한 선택이라는 무력감에 빠지기 쉽습니다. 교권과 학생 인권이 서로를 존중하며 함께 나아가는 상보적 관계라는 사회적 합의가 이루어지지 않는 한, 이 갈등은 언제든 다시 교실을 분열시키는 뇌관이 될 수 있습니다.

둘째, 신뢰를 대체한 '냉랭한 평화'의 역설입니다. 법적 보호 장치가 강화되면서 역설적으로 교사와 학부모 사이의 인간적인 신뢰 관계는 더욱 회복하기 어려워졌습니다. 공식적인 민원 대응 창구가 마련되면서 모든 소통이 기록으로 남게 되자 교사와 학부모의 관계는 따뜻한 교육적 동반자가 아닌, 거리를 두고 서로를 경계하는 '사무적 계약 관계'로 변질되고 있습니다. 법은 안전거리를 확보해 주었지만 마음의 거리를 좁히지는 못한 것입니다.

교권보호법 시행 2년에 대한 평가는 절반의 성공이라고 할 수 있습니다. 교실 붕괴라는 최악의 상황을 막고, 교사들이 숨 쉴 공간을 만들었다는 점에서 분명한 진전입니다. 교사가 최소한의 신변 안전과 교육적 권위를 보장받지 못하는 환경에서는 그 어떤 교육 개혁도 불가능하기 때문입니다. 이 법은 교실을 치유하기 위한 치료 그 자체가 아니라, 치유가 일어날 수 있는 최소한의 전제 조건을 마련한 것으로 보아야 합니다. 법이라는 제도 구축에 만족한 채 학생, 학부모와 담을 쌓을 것인가, 아니면 확보된 안전을 바탕으로 먼저 손을 내밀고 신뢰를 회복하기 위한 노력을 시작할 것인가? 그 선택은 이제 교육 공동체 구성원들의 몫으로 남겨졌습니다.

이처럼 교권보호법이 교실에 최소한의 질서라는 울타리를 세우는 데 집중했다면, 또 다른 씨앗은 흩어진 아이들을 학교 안에서 함께 돌보는 연대의 시스템을 만드는 데서 싹트기 시작합니다.

흩어진 조각을 엮는 설계도, 학생맞춤통합지원법

"법의 취지는 100% 공감합니다. '한 아이를 위해 학교 전체가 움직인다', 얼마나 좋습니까. 저희 학교도 법에 따라 저를 팀장으로 해서 복지, 상담, 특수, 보건 선생님이 모여서 통합지원팀을 꾸렸어요. 그런데 현실은 …… 그냥 또 하나의 회의, 또 하나의 서류 작업이 늘어난 것뿐이에요. 가장 중요한 지역사회 연계를 담당할 교육복지사 같은 전문 인력은 예산이 없다고 배치를 미루고, 기존 선생님들은 이미 자기 업무만으로도 번 아웃 직전입니다. 얼마 전 외부 기관에 학생 연계를 요청하는 공문을 보냈더니 '저희는 교육청 소속 기관이 아니라 협조할 의무가 없다'는 답변이 돌아오더군요. 정말 좋은 설계도를 받긴 했는데 못 하나, 망치 하나 주지 않고 집을 지으라는 꼴입니다. 희망 고문이라는 말이 딱 맞아요."

어느 초등학교 교감의 이야기입니다. 교권보호법이 교실의 질서를 회복하기 위한 법이었다면, 2026년 3월부터 본격 시행되는 학생맞춤통합지원법은 흩어진 지원 시스템을 잇는 연대를 구축하기 위한 법입니다. 6장에서 길게 분석했듯이 이 법의 탄생 배경에는 정책의 파편화라는 고질적인 문제에 대한 반성이 깔려 있습니다. 서준의 사례처럼 복합적인 어려움이 있는 학생이 여러 기관을 전전하다 지원의 사각지대에 놓이는 비극을 막아야 한다는 사회적 공감대가 형성된 것입니다.

법의 핵심 비전은 명확합니다. 도움이 필요한 학생을 조기에 발견해 학교가 컨트롤 타워가 되어 교내외 자원을 통합·연계함으로써 학생 개개인에게 최적화된 맞춤형 지원을 제공하자는 것입니다. 이를 위해 모든 학교에는 교장(감), 담임 교사, 상담 교사, 특수 교사, 보건 교사 그리고 새롭게 배치되기 시작한 교육복지사 등으로 구성된 '학생맞춤통합지원팀(이하 통합지원팀)'이 구성되었습니다. 담임 교사나 교과 교사가 지원이 필요한 학생을 발견하면 이 통합지원팀에 공식적으로 사례를 의뢰할 수 있습니다.

통합지원팀은 사례 회의를 통해 학생의 어려움을 다각도로 진단하고, 교내 자원을 활용한 1차적인 지원 계획을 수립해 실행합니다. 예를 들어, 학습 부진 학생에게는 학습 상담, 정서 불안 학생에게는 위(Wee) 클래스 상담을 연계하는 것입니다. 만약 가정 내 학대, 의료적 개입, 지역사회 돌봄 연계처럼 학교의 힘만으로 해결하기 어려운 문제라고 판단되면, 통합지원팀은 지역의 교육지원청에 설치된 학생맞춤통합지원센터에 심층 진단과 외부 기관 연계를 요청합니다. 센터는 정신건강복지센터, 청소년상담복지센터, 아동보호전문기관, 병의원 등과 구축된 협력망으로 학생에게 가장 적합한 서비스를 연결하는 허브 역할을 수행합니다.

이 법의 잠재력은 무척 큽니다.

첫째, 학생 지원의 패러다임을 '문제 발생 후 개입'에서 '조기 발견 및 예방'으로 전환합니다. 담임 교사는 더 이상 혼자서 학생의 문제로 끙끙 앓는 것이 아니라, 전문가들로 구성된 팀의 지원을 받아 위기 징후를 조기에 발견하고 체계적으로 개입할 수 있습니다.

둘째, 담임 교사의 소진을 막고 교사 간 협력 문화를 촉진합니다. 복합적인 어려움이 있는 학생을 지원하는 책임이 담임 교사 한 명에게 지워지는 것이 아니라, 학교 전체의 공식적인 시스템으로 분산됩니다. 통합지원팀 회의를 통해 각기 다른 전문성을 보유한 교사들이 학생에 관한 정보를 공유하고, 함께 해결책을 모색하면서 자연스럽게 협력하는 문화를 만들 수 있습니다.

셋째, 정책 파편화의 희생양이었던 '경계선 학생'들을 품을 수 있습니다. 서준처럼 어느 한 기관의 지원 대상 기준에는 명확히 부합하지 않는 학생에게도 통합지원팀이라는 단일 창구를 통해 그에게 필요한 서비스를 조합해 맞춤형으로 제공할 수 있는 길이 열립니다.

넷째, 학교가 지역사회 허브로 거듭날 수 있습니다. 학교가 문을 걸어 잠그고 교문 안의 문제에만 머무르는 것이 아니라, 지역의 다양한 기관들과 적극적으로 소통하고 협력하면서 '한 아이를 키우기 위해 온 마을이 나선다'는 교육의 오랜 이상을 실현할 수 있는 제도적 토대가 마련된 것입니다.

이처럼 학생맞춤통합지원법은 앞서 지적한 시스템 실패의 거의 모든 문제점에 대한 해답을 담고 있는, 나름대로는 정교하게 설계된 청사진이라고 할 수 있습니다. 이 청사진대로라면, 희수나 민호처럼 복합적인 어려움이 있는 학생들이 더는 여러 기관을 전전하다 길을 잃지 않을 것입니다. 학교라는 단일 창구를 통해 자신에게 꼭 맞는 맞춤형 패키지를 지원받으며 성장할 수 있기 때문입니다. 하지만 아무리 훌륭한 설계도라도 그것을 현실에 구현하는 시공 과정은 수많은 어려움에 부딪히기 마련입니다. 법 시행을 앞둔 학교 현장의 반응은 아직 차갑습니다. 예산과 인력이 뒷받침되지 않아 교사들에게 또 다른 업무 폭탄이 될 뿐이라는 우려가 큽니다. 학교가 모든 것을 책임지는 '무한 책임의 늪'에 빠질 수 있다는 경계심도 여전합니다. 지금 학교는 기대와 함께 거대한 혼란을 겪고 있습니다. 학교 현장에서는 적지 않은 불만이 터져 나오고 있습니다.

첫 번째 현실의 벽은 역시 '사람과 돈이 없다'는 것입니다. 법의 성패를 좌우할 핵심적인 역할은 통합지원팀의 간사이자 교사와 지역사회를 잇는 연결자인 교육복지사입니다. 그러나 법의 현실 적용을 위한 핵심 엔진인 교육복지사는 교육부 발표 자료 '시도별 교육복지사 배치 현황'에 따르면 2023년 기준, 전국 초·중·고등학교 약 1만 2,000개교 중 13.5%인 1,623개교에만 배치되어 있습니다. 나머지 86.5%의 학교는 엔진 없이 자동차를 굴려야 하는 막막한 상황인 것입니다. 대부분의 학교에서는 상담 교사나 교감 혹은 경력이 적은 교사가 그 역할을 떠맡고 있는 것이 현실입니다. 전문성 없는 담당자는 우왕좌왕하고, 기존 업무에 더해 새로운 행정 업무까지 떠안게 된 교사들의 불만은 폭발 직전입니다.

학생맞춤통합지원센터의 사정도 마찬가지입니다. 지역의 수많은 학교에서 쏟아지는 연계 요청을 처리하기에는 인력이 턱없이 부족합니다. 한 명의 센터 전문 인력이 수십 개의 학교, 수백 건의 사례를 담당해야 하는 물리적으로 불가능한 상황에서, '신속한 연계'는 구두선에 그치고 있습니다. 인력도 예산도 부족하다는 현실의 벽 앞에서 이 훌륭한 설계도는 아직 종이 위에만 머물러 있습니다. 희수는 여전히 기다려야 하고, 민호는 그 기다림을 버티지 못할지도 모릅니다.

두 번째 현실의 벽은 변함없이 견고한 부처 간 칸막이입니다. 학교 통합지원팀이 지역 정신건강복지센터, 청소년상담복지센터에 협조를 요청해도, 센터 측에서는 "상담 예약이 6개월 이상 밀려 있어 당장 개입하기 어렵다"라거나, "개인정보보호법상 학생 정보를 공유할 수 없다"라며 비협조적인 태도를 보이는 경우가 많을 것입니다. 학교는 법에 따라 연계를 요청하겠지만, 상대 기관은 그 법을 따라야 할 의무가 없기 때문입니다. 6장에서 우려했던 지휘자 없는 오케스트라의 불협화음은 법 시행 이후에도 계속될 가능성이 높습니다.

세 번째 벽은 구성원들의 인식 부족과 저항입니다. 일부 관리자들은 통합지원팀 구성을 그저 또 하나의 서류 작업으로 여기며 형식적으로 운영하려 하고, 일부 교사들은 "왜 내가 우리 반도 아닌 다른 반 학생 문제까지 신경 써야 하느냐"라며 팀 활동에 소극적인 태도를 보입니다. 최근 심화되고 있는 나 홀로 각자도생의 교직 문화가 하루아침에 협력하는 문화로 바뀌기는 쉽지 않습니다. 학부모들 역시 아직 이 제도의 취지를 잘 알지 못하거나, "우리 아이가 통합지원팀 대상자로 분류되면 문제아로 낙인찍히는 것 아니냐"라며 오해하고 지원을 거부하는 경우도 있습니다.

결국 학생맞춤통합지원법의 현주소는 '이제 막 첫 삽을 뜬 거대한 공사 현장'과 같습니다. 설계도는 훌륭하지만, 현장에는 인부와 자재가 턱없이 부족하고, 옆집에서는 시끄럽다고 민원을 넣고 있으며, 아직 무엇을 짓고 있는지조차 모르는 지역 주민들이 대부분인, 그야말로 총체적인 혼란의 초기 단계에 있는 것입니다.

그렇다면 이 법은 결국 실패할 운명일까요? 그렇게 단정하기는 아직 이릅니다. 모든 위대한 변화는 혼란 속에서 시작됩니다. 중요한 것은 이 초기의 혼란을 '실패'로 규정하고 포기하는 것이 아니라, '성공'으로 이끌기 위한 과제를 명확히 인식하고 해결해 나가는 것입니다.

정부는 학교 현장의 목소리에 귀 기울여 교육복지사 확충과 통합지원센터 인력 강화를 위한 과감한 예산 투자를 결단해야 합니다. 교육부와 보건복지부, 성평등가족부의 장관들은 더 이상 각자의 왕국을 지키려는 싸움을 멈추고, 학생 정보를 안전하게 연계할 수 있는 범부처 통합 데이터베이스 구축이라는 어려운 과제에 착수해야 합니다.

학교 관리자들은 이 법의 철학을 깊이 이해하고, 통합지원팀이 형식적인 위원회가 아닌, 실질적인 협력의 장이 될 수 있도록 교사들의 업무를 경감하고 권한을 부여해야 합니다. 교사들은 '내 아이, 네 아이'를 가르는 칸막이를 허물고, 동료의 어려움에 함께 손 내미는 연대의 문화를 만들어 가야 합니다. 학생맞춤통합지원법은 그 자체로 완성된 희망이 아닙니다. 우리가 함께 성공시켜야만 하는 비로소 희망을 틔우는, 고통스러운 과제에 가깝습니다.

한 걸음 더 – 두 개의 교실: 같은 교사, 다른 시스템

2023년의 교실, 홀로 짊어진 짐

5년 차 교사 김 선생은 요즘 민수 때문에 밤잠을 설친다. 수업 시간에 갑자기 소리를 지르거나 친구와 시비가 붙는 일이 잦아졌다. 어제는 복도에서 다른 학생과 몸싸움을 벌였다. 김 선생은 두 학생을 겨우 떼어 놓고 학생들을 다독이며 중재를 시도했다.

그날 오후, 전화가 걸려 왔다. 민수 어머니였다.

"우리 애 말만 들으면, 선생님이 처음부터 저희 애만 나쁘게 몰아붙이셨다면서요? 이건 명백한 정서적 아동 학대 아닌가요?"

가슴이 철렁 내려앉았다. 학생을 위한 개입이 아동 학대라는 비수가 되어 돌아올 수 있다는 공포가 온몸을 덮쳤다. 그날 이후, 김 선생은 더 이상 민수의 문제에 깊이 개입하지 않았다. 문제가 생기면 못 본 척하거나 원칙적인 거리 두기로 일관했다. '내가 할 수 있는 일은 아무것도 없다.' 김 선생은 무력감 속에서 하루하루를 버텨 냈고, 민수의 문제는 점점 더 깊어졌다.

2030년의 교실, 함께 나누는 과제

교권보호법과 학생맞춤통합지원법이 안착된 2030년. 8년 차가 된 김 선생은 다시 민수와 비슷한 어려움을 겪는 준서를 만났다. 준서가 다른 학생과 갈등을 빚었을 때 김 선생은 망설이지 않았다.

그는 먼저 두 학생을 분리해 진정시킨 뒤, 교내 민원 대응팀에 상황을 알리고 공식적으로 학부모 상담을 요청했다. 학부모의 항의는 민원 대응팀이라는 기구를 거쳐 감정이 아닌 사실관계 전달 중심으로 이루어졌다.

더 중요한 변화는 그다음이었다. 김 선생은 준서의 문제를 혼자 짊어지지 않았다. 그는 학교 통합지원팀에 준서에 대한 지원을 공식적으로 요청했다.

다음 주 열린 회의에서 김 선생은 교감, 상담 교사, 교육복지사와 머리를 맞대고 준서를 도울 방법을 논의했다. 김 선생의 역할은 더 이상 외로운 해결사가 아니었다. 그는 팀의 일원으로서 준서의 교실 속 모습을 가장 잘 아는 현장 전문가의 역할을 수행했다. 준서의 문제는 더 이상 김 선생 개인의 짐이 아닌, 학교 시스템 전체가 함께 풀어야 할 '공동의 과제'가 되었다.

질서와 연대, 희망을 틔우기 위한 두 개의 씨앗

5장에서 진단한 교육의 사법화에 대한 응답인 교권보호법이 최소한의 질서를 회복하는 방패라면, 6장에서 지적한 정책의 파편화에 대한 해답인 학생맞춤통합지원법은 흩어진 힘을 모으는 연대의 구심점입니다. 질서와 연대는 건강한 교육 생태계를 만드는 데 필수적인 두 개의 바퀴와 같습니다. 질서 없는 교실에서는 어떤 의미 있는 배움도 일어날 수 없으며, 연대 없는 시스템에서는 어떤 학생도 지원받을 수 없습니다.

우리는 이 두 법을 별개의 것으로 보아서는 안 됩니다. 교권보호법이 교실이라는 밭의 돌을 골라내고 최소한의 울타리를 치는 '경작'의 과정이라면, 학생맞춤통합지원법은 그 밭에 씨앗을 심고, 물을 주며, 여러 전문가가 함께 가꾸어 나가는 '재배'의 과정입니다. 울타리 없는 밭은 망가지기 쉽고, 가꾸지 않는 밭은 황무지가 될 뿐입니다.

두 가지 법은 미완의 상태입니다. 교권보호법은 법적 보호를 넘어선 신뢰의 회복이라는 과제를 남겼고, 2026년 3월부터 시행하는 학생맞춤통합지원법은 훌륭한 비전에도 불구하고 현실의 벽에 부딪혀 휘청거릴 수도 있습니다. 두 법은 완벽하지 않습니다. 여전히 많은 빈틈과 과제를 안고 있습니다. 하지만 중요한 것은 우리 사회가 마침내 올바른 방향으로 고개를 돌리기 시작했다는 사실입니다. 우리는 이제 '교사의 권리'와 '학생의 권리'가 제로섬 게임이 아님을 압니다. 우리는 이제 '학교 혼자'가 아니라 '지역사회와 함께' 아이를 키워야 함을 압니다. 법은 단지 황무지를 갈아엎는 쟁기일 뿐입니다. 그 밭에 어떤 씨앗을 심고, 어떻게 물을 주어 가꿀 것인지는 온전히 우리들의 몫입니다.

어쩌면 척박한 토양 자체를 바꾸지 않는 한, 씨앗은 결코 거대한 숲으로 자랄 수 없을지도 모릅니다. 이제 우리는 법과 제도를 넘어 교육을 바라보는 생각과 관점 자체를 바꾸는 근본적인 질문, 즉 '패러다임의 대전환'과 마주해야 합니다. 다음 장에서는 바로 그 새로운 땅을 향한 여정을 시작합니다.

훌륭한 법이라는 씨앗이 뿌려졌다면, 이제 그 씨앗에 물을 주고 싹을 틔우는 것은 우리 모두의 몫입니다.

교사라면

시스템이 갖춰지길 기다리기 전에 먼저 '내 교실의 벽'을 허물어 보세요. 오늘, 가장 마음이 쓰이는 학생 한 명에 관해 그를 가르치는 다른 교과 선생님 또는 이전 학년 담임 선생님을 찾아가 이렇게 말해 보는 것입니다. "선생님, 혹시 ○○이(가) 미술 시간(혹은 작년 수업시간)에는 어떤 모습인가요(혹은 모습이었나요)? 제 교실에서는 이런 어려움을 겪고 있는데, 조언을 주시면 좋겠습니다." 학생 한 사람에 관한 고민을 동료와 나누는 이 작은 행동이, 법률 조문을 넘어 연대의 심장을 뛰게 하는 시작입니다.

학부모라면

학교의 통합지원 시스템이 아직 불완전하다고 느끼신다면, 시스템이 완벽해지기를 기다리기보다 먼저 자녀에 대한 '사용 설명서'를 담임 선생님께 제공해 보세요. "아이가 실수에 대한 불안이 높아서 자신을 다그치는 경향이 있습니다", "새로운 환경에 적응하는 데 시간이 조금 걸리는 편입니다"와 같이 부모만이 아는 아이의 특성을 전달하는 것입니다. 학교가 불완전한 시스템 속에서도 자녀를 더 깊이 이해하고 맞춤형 지원을 시작하게 하는 효과적인 방법입니다.

8장

소방 모델에서 화재 예방 모델로

패러다임의 대전환

성공이라는 이름의 실패

고등학교 2학년 민지는 '문제 학생'이었다. 잦은 결석, 학교 폭력 연루, 자해 시도. 학교의 위(Wee) 클래스는 즉시 움직였다. 지역 위(Wee)센터와 정신건강복지센터, 청소년상담복지센터가 연계되었고, 최고의 상담사와 의사가 투입되었다. 몇 달 후, 민지의 문제 행동은 눈에 띄게 줄었다. 시스템은 성공했다고 안도했다. 담임 교사는 "민지요? 요즘 있는 듯 없는 듯 조용해요"라고 근황을 이야기했다. 예전의 가시 돋친 반항기는 사라졌지만, 그 자리에 어떤 생기도 남아 있지 않았다.

아무도 알아채지 못했다. 민지가 초등학교 5학년 때부터 지금까지 줄곧 '나는 투명인간 같다'라고 일기장에 써 왔다는 사실을. 사실은 민지가 고통을 외치는 것을 포기한 채 생존을 위해 '정상'이라는 무거운 가면을 쓰는 법을 새로이 배웠을 뿐이라는 것을. 이미 불길이 집 전체를 삼킨 뒤에 도착한 소방관처럼 '문제 행동'이라는 불길은 잡았지만, 잿더미가 된 그의 '마음'은 구하지 못했다.

이것이 우리 교육 시스템이 지금까지 고수해 온 '위기 개입 모델'의 비극적인 자화상입니다. 우리는 불길이 집 전체를 삼킨 뒤에야 도착했고, 학생은 이미 마음의 문을 닫아 버린 뒤였습니다. 이제 질문을 바꿔야 합니다. 최고의 응급실을 넘어, 응급 상황으로 치닫기 전에 마음의 문제를 살피고 돌보는 학교는 어떻게 만들 수 있을까요?

우리는 지금껏 '불 끄는 데'에만 모든 힘을 쏟아 왔습니다. 문제가 터진 학생이 발생하면 위(Wee) 센터, 정신건강복지센터, 청소년상담복지센터라는 소방서가 출동해 상담과 치료라는 소화기를 뿌리는 데 급급했습니다. 이것이 성공이며 최선이라고 믿어 왔습니다. 하지만 불길은 잦아들지 않고 오히려 온 도시로 번져 나가고 있습니다. 1부에서 확인했듯, 이제는 소수의 '문제 학생'뿐만 아니라 대다수의 '정상군' 학생들의 마음속에서 동시다발적으로 화재가 발생하고 있습니다. 우리의 소방 시스템은 이미 과부하 상태에 있습니다.

지금 필요한 것은 더 많은 소방차가 아니라 도시 전체의 설계를 바꾸는 발상의 전환입니다. 이 장에서는 2부의 결론으로서 위기 개입이라는 소방 모델의 한계를 명확히 하고, '마음 성장'이라는 화재 예방 모델, 즉 새로운 패러다임으로의 전환을 공식적으로 제안하고자 합니다. 이것은 3부에서 제시할 구체적인 해법들의 철학적 토대가 될 것입니다. 우리는 이제 '부서진 학생들을 고치는 기술자'가 아니라, '마음의 근력을 키우는 학교를 만드는 설계자'가 되어야 합니다.

소방 모델의 한계, 왜 우리는 실패하는가

"제가 교직에 처음 왔던 20년 전에도 문제 학생은 있었어요. 그때는 저희가 윽박지르거나, 상담실에 보내면 해결될 거라고 믿었죠. 지금 와서 보면 그게 얼마나 순진한 생각이었는지…… 요즘은 문제 학생뿐만 아니라 그냥 모든 아이가 아파 보여요. 해마다 위기 학생 수는 폭발적으로 늘어나는데 상담실은 항상 포화 상태고, 교사들은 지쳐서 나가떨어지죠. 하루하루 위기 학생들 지도하는 데 정신이 없지만, 솔직히 밑 빠진 독에 물 붓는다는 느낌이 들어서 교사로서 자괴감이 들어요."

교직 경력 25년 차 중학교 생활 지도 부장의 이야기입니다. 이 소방 모델은 지난 수십 년간 우리 교육 현장을 지배해 왔습니다. 위(Wee) 프로젝트, 정신건강복지센터, 청소년상담복지센터 등 우리가 보유한 대부분의 시스템은 이 모델의 철학 위에 자리 잡고 있습니다. 물론 이 모델은 심각한 위기 상황에 처한 학생들에게 전문적인 도움을 제공하는 데 중요한 역할을 해 왔습니다.

하지만 지금까지 고수해 온 소방 모델은 왜 실패할 수밖에 없을까요? 여기에는 네 가지 구조적인 이유가 있습니다.

첫째, 이 모델은 본질적으로 '반응적'이기에 언제나 너무 늦게 도착합니다. 불길이 치솟은 후에야 출동하는 것처럼, 학생의 문제가 심각해진 뒤에야 개입하기에 이미 잿더미가 된 마음을 구하기는 어렵습니다. 한 학생이 자해를 시도하거나, 학교 폭력의 가해자가 되거나, 등교를 완전히 거부하는 문제 행동을 보일 때 그 이면에는 이미 수개월 혹은 수년에 걸쳐 누적된 상처와 고통이 존재합니다. 뒤늦은 개입은 이미 타 버린 마음의 잿더미를 확인하는 것에 그칠 수 있으며, 훨씬 더 많은 시간과 비용 그리고 노력을 요구합니다.

둘째, 표적화된 접근은 침묵하는 다수를 놓칩니다. 문제를 표출하는 소수의 관심군에게 집중하는 동안, 조용히 타들어 가고 있는 대다수의 정상군 학생은 시스템의 시야에서 벗어납니다. 이들은 도움이 필요한 학생으로 분류되지 않기에 예방적인 지원을 받을 어떠한 기회도 얻지 못합니다. 결국 이 조용한 불씨들이 모여, 어느 날 시스템 전체를 위협하는 거대한 화마가 됩니다.

셋째, 이 시스템은 지속 불가능합니다. 화재의 원인을 그대로 둔 채 불 끄는 데에만 집중하면 화재 건수가 늘어날 수밖에 없습니다. 지금 학교 현장이 그렇습니다. 마음이 아픈 학생들의 수는 폭발적으로 증가하는데, 이들을 감당해야 할 상담 인력과 예산은 턱없이 부족합니다. 상담 대기는 몇 달씩 밀리고, 전문가들은 소진되며, 시스템은 마비 직전에 이릅니다. 밑 빠진 독에 물 붓기 식의 대응으로는 결코 근본적인 문제를 해결할 수 없습니다.

넷째, 이 시스템은 낙인을 생산합니다. 학생들을 '문제가 있는 학생'과 '없는 학생'으로 구분하기에, 도움을 요청하는 행위가 치유의 시작이 아닌 문제아임을 증명해 버리는 역설이 발생합니다. 이러한 낙인이 두려워 학생과 학부모는 도움이 필요한데도 상담실의 문을 두드리기를 주저합니다.

이처럼 위기 개입에만 의존하는 소방 모델은 필연적으로 실패할 수밖에 없는 구조를 바탕으로 하고 있습니다. 이제 우리에게는 불을 끄는 기술 연마 대신 불이 나지 않는 환경을 만드는 새로운 상상력이 필요합니다.

새로운 상상력, 화재 예방 모델로의 전환

"저희 학교는 3년 전부터 '문제 학생'이라는 말 대신 '도움이 필요한 학생'이라는 말을 써요. 그리고 그 소수의 학생에게 집중하기보다, 모든 학생이 서로의 감정을 존중하고 갈등을 해결하는 법을 배우는 관계 중심 수업을 매주 한 시간씩 의무적으로 하고 있습니다. 처음엔 다른 선생님들이 그 시간에 국영수 문제 하나 더 푸는 게 낫지 않냐고 반대도 하셨죠. 그런데 1~2년 지나니까 놀라운 변화가 생겼어요. 학교 폭력 신고 건수가 눈에 띄게 줄었고, 학생들 표정이 밝아졌어요. 무엇보다 교사들이 '이 학생을 어떻게 통제할까'가 아니라 '어떻게 도울까'를 먼저 고민하게 되었고요. 아직 갈 길은 멀지만 확신이 생겼습니다. 모든 학생의 마음 밭에 미리 거름을 주고 물을 주는 것이, 나중에 시든 몇 송이 꽃을 살리려고 애쓰는 것보다 훨씬 지혜로운 길이라는 걸요."

어느 중학교 교장 선생님의 이야기입니다. 위기 개입의 대안으로 제안하는 새로운 패러다임은 바로 '마음 성장 지원 모델'입니다. 이는 공중보건학(Public Health)의 예방 모델과 긍정 심리학의 성장 모델에 이론적 기반을 둡니다.

이 모델의 핵심 가정은 학생의 정신 건강 문제를 개인의 나약함이나 병리가 아닌, 그를 둘러싼 환경과의 상호작용 속에서 발생하는 문제로 바라본다는 점입니다. 따라서 문제 학생을 '고치는' 데 집중하기보다 모든 학생이 건강하게 성장할 수 있도록 '보호 요인'을 강화하고, 정신 건강을 위협하는 '위험 요인'을 제거하는 환경을 만드는 데 정책의 우선순위를 둡니다.

보호 요인 안정적인 애착 관계, 또래의 지지, 교사와의 긍정적 관계, 학교 소속감, 자기 효능감 등

위험 요인 학업 스트레스, 경쟁적인 학교 문화, 가정불화, 또래 괴롭힘, 사회경제적 어려움 등

새로운 패러다임의 전환

구분	소방 모델(문제 중심 접근)	화재 예방 모델(마음 성장 접근)
관점	질병, 결핍, 문제	건강, 강점, 성장
대상	5%의 관심군 학생	모든 학생
목표	문제 행동의 감소 및 제거	문제의 조기 발견 및 마음 성장
주요 활동	위기 상담, 치료, 선별 검사	사회정서학습(SEL), 긍정적 학교 문화 조성, 교사·학부모 교육
교사의 역할	문제 학생 식별자, 통제자	관계 촉진자, 마음 성장 코치·모델
성공의 척도	문제 학생 수의 감소	학생 삶의 만족도, 회복 탄력성, 사회적 유능감의 증가

이 새로운 화재 예방 모델의 특징은 기존 모델과 정확히 대척점에 있습니다.

선제적 문제가 발생하기 전에 모든 구성원의 건강과 역량을 키우는 예방 활동에 집중합니다.

보편적 소수의 위기군만이 아닌, 모든 학생을 대상으로 합니다.

통합적 전문가뿐만 아니라 모든 교사, 학부모 그리고 학생 자신이 마음 건강을 증진하는 주체입니다.

목표는 '최상의 상태' 단순히 문제가 없는 상태를 넘어, 모든 학생이 자신의 잠재력을 최대한 발휘하고 행복한 삶을 살아가는 '최상의 행복 상태'에 도달하도록 돕는 것을 목표로 합니다.

이 패러다임 전환은 단순히 구호에 그치는 것이 아니라, 학생 지원 시스템 전체를 재설계하는 구체적인 청사진을 담고 있습니다. 그 핵심적인 설계도가 바로 공중보건학의 '3단계 예방 모델'입니다.

3단계 예방 모델이라는 시스템 설계도

전통적인 소방 모델이 오직 진화에만 집중했다면, 공중보건학의 예방 모델은 '예방-조기 발견-치료'의 전 과정을 체계적으로 관리합니다. 이를 학생 지원 시스템에 적용하면 다음과 같은 피라미드 구조를 만들 수 있습니다.

1단계 예방(피라미드 하층부): **전체 학생 대상 보편적 교육**

대상 모든 학생

내용 모든 학생이 정규 교육과정에서 자신의 감정을 조절하고, 스트레스에 대처하며, 친구와 건강한 관계를 맺는 법을 배우는 사회정서학습(SEL)을 실시합니다. 또한 모든 교사와 학부모를 대상으로 마음 건강에 관한 교육을 실시하고, 학교 전체의 문화를 상호 존중과 지지가 넘치는 긍정적인 분위기로 조성합니다.

역할 건물 전체를 불에 타지 않는 재료로 짓고, 모든 사람에게 소화기 사용법을 가르치는 '화재 예방 설계' 및 '화재 예방 교육'의 역할을 합니다.

2단계 예방(피라미드 중간부): **선별적·소그룹 지원**

대상 현재는 괜찮지만, 위기 징후를 보이거나 위험 요인을 내포한 학생(전체 약 15~20%)

내용 정기적인 정서행동 검사, 교사의 세심한 관찰 등을 통해 어려움을 조기에 발견하고, 사회성·분노 조절·학습 동기와 같은 특정 주제에 관한 소그룹 상담이나 멘토링 프로그램 등을 제공합니다.

역할 작은 연기가 피어오를 때 즉시 감지해 큰불로 번지기 전에 진압하는 '화재 감지기' 및 '초기 소화기' 역할을 합니다.

3단계 예방(피라미드 상층부) **집중적·개인별 개입**

대상 이미 심각한 어려움을 겪고 있는 소수의 고위험군 학생(전체

약 5%)

내용 위(Wee) 프로젝트, 정신건강복지센터, 청소년상담복지센터, 병의원 등 전문가에 의한 심층 상담, 약물 치료, 위기 개입, 대안 교육 등 기존의 위기 개입 모델이 집중했던 영역입니다. 이 기능은 앞으로도 반드시 필요하며, 오히려 더 전문화되어야 합니다.

역할 이미 번져 버린 불길 속으로 뛰어드는 '최정예 소방수'의 영역입니다. 화재 예방 시스템을 구축한다고 해서 소방서를 없앨 수는 없습니다. 불은 언제든 날 수 있기 때문입니다.

이 모델이 전하는 중요한 통찰은 다음과 같습니다. 우리는 지금까지 피라미드를 거꾸로 세우려고 했다는 것. 전체 예산과 인력의 90%를 피라미드의 꼭대기인 3단계에 쏟아부으면서, 정작 가장 넓고 중요한 기반인 1단계와 2단계 예방은 소홀히 해 왔습니다. 튼튼한 기반 공사 없이 꼭대기 층만 화려하게 지으려고 했던 것입니다. 그 결과, 기반이 부실한 건물은 계속해서 흔들리고 균열이 생길 수밖에 없었습니다.

새로운 패러다임은 이 피라미드를 바로 세우는 것에서부터 시작합니다. 자원의 대부분을 1단계 보편적 예방에 투자해 '정상'이라는 이름 뒤에 숨어 조용히 무너져 가던 95%의 가면 쓴 아이들이 애초에 불이 나지 않는 튼튼한 마음의 내화벽을 키울 수 있도록 돕는 것입니다. 1단계 예방이 성공적으로 이루어지면 자연스럽게 2단계와 3단계로 넘어가는 학생의 수가 줄어들고, 시스템은 한정된 전문 인력을 정말 도움이 필요한 소수의 학생에게 집중할 수 있게 되어 전체 시스템의 효율성이 극대화됩니다.

마음 성장 지원 모델의 목표

그렇다면 1단계 예방을 통해 우리가 모든 학생에게 길러 주고자 하는 '마음 성장(Well-being)'이란 구체적으로 무엇일까요? 단순히 '문제가 없는 상태'를 넘어, 우리가 지향해야 할 긍정적인 목표는 무엇일까요?

긍정 심리학의 창시자인 마틴 셀리그만(Martin Seligman)은 행복하고 번영하는 삶을 구성하는 다섯 가지 핵심 요소를 제시하고, 이를 'PERMA 모델'이라고 명명했습니다. 이는 우리가 학생들에게 무엇을 가르치고, 어떤 환경을 제공해야 하는지에 관한 훌륭한 나침반입니다.

P(Positive Emotion, 긍정 정서)

기쁨, 감사, 희망, 즐거움과 같은 긍정적인 감정을 자주 경험하는 것.

학교 적용 학생들이 배움 자체에서 즐거움을 느끼고, 친구와의 관계에서 기쁨을 얻으며, 자신의 성장에 감사하고 미래에 대한 희망을 품는 학교 분위기를 조성하는 것. 민호가 게임이 아닌 교실에서 즐거움을 느끼게 할 수 있습니다.

E(Engagement, 몰입)

자신이 하는 활동에 시간 가는 줄 모를 정도로 깊이 빠져드는 경험.

학교 적용 학생들이 수동적으로 지식을 주입받는 것이 아니라 강점과 흥미를 발휘해 도전적인 과제에 깊이 몰입할 수 있는 프로젝트 기반 학습, 토론 수업, 동아리 활동 등을 활성화하는 것. 유나가 타인의 시선이 아닌, 자신이 좋아하는 활동에 깊이 빠져들게 할 수 있습니다.

R(Relationships, 관계)

타인과 긍정적이고 지지적인 관계를 맺고, 사랑하고 사랑받는 경험.

학교 적용 교사와 학생, 학생과 학생 간의 신뢰와 존중을 기반으로 한 '관계 중심의 학교 문화'를 만드는 것. 모든 학생에게 최소 한 명 이상의 믿고 의지할 수 있는 어른(교사)과 친구가 생기도록 돕는 것입니다.

M(Meaning, 의미)

자기 자신보다 더 큰 무언가에 소속되어 기여하고 있다고 느끼는 경험.

학교 적용 학생들이 단순히 성적을 위한 공부가 아니라, 자신의 배움이 우리 사회와 공동체에 어떻게 기여할 수 있는지 고민하고, 봉사활동이나 공공 문제 해결 프로젝트 등을 통해 의미와 목적의식을 찾도록 돕는 것입니다.

A(Accomplishment, 성취)

스스로 목표를 세우고, 이를 달성해 나가는 과정에서 유능감과 자기효능감을 느끼는 경험.

학교 적용 1등만이 인정받는 성적 중심의 평가에서 벗어나, 학생 개개인의 성장 과정과 노력을 인정하고, 예술·체육·봉사 등 다양한 분야에서의 작은 성공 경험을 축하하고 격려하는 문화를 만드는 것. 수진이 100점이 아닌, 자신의 작은 성장에서도 성취감을 느낄 수 있도록 하는 것입니다.

마음 성장 패러다임의 목표는 우리 학교를 모든 학생이 이 PERMA의 다섯 가지 요소를 일상적으로 경험하고 체득하는 '삶의 훈련장'으로 만드는 것입니다.

학교 환경이 마음을 결정한다

마음 성장 패러다임이 불러일으키는 또 하나의 중요한 관점의 전환은, 마음 건강의 책임을 더 이상 학생 개인에게만 돌리지 않는다는 것입니다. 전통적인 의학 모델에서는 우울과 불안을 개인의 뇌나 심리의 문제로 보고, 상담이나 약물을 통해 개인을 '고치는' 데 집중했습니다. 하지만 공중보건학에서 말하는 건강의 사회적 결정 요인 모델은 어떤 환경에서 살아가는지가 개인의 건강을 좌우하는 요소라고 봅니다. 소득, 교육 수준, 거주 지역, 사회적 지지망 등의 영향을 고려하는 것입니다.

이를 학생 마음 건강에 적용해 '학교 마음 건강의 사회적 결정 요인'이라는 개념을 생각해 볼 수 있습니다. 즉, 한 학생의 마음 건강은 기질이나 심리 상태뿐만 아니라, 그가 속한 '학교 환경'에 의해 결정적인 영향을 받는다는 것입니다. 여기에는 다음과 같은 요인들이 포함됩니다.

안전하고 지지적인 학교 풍토

학생들이 신체적·정서적 위협 없이 안전하다고 느끼는가? 학교의 규칙이 공정하고 일관되게 적용되는가? 학생들 사이에 따돌림이나 폭력이 만연하지는 않는가?

소속감과 연결감

학생들이 학교 공동체의 일원으로서 환영받고 존중받는다고 느끼는가? 교사나 친구 들과 긍정적인 유대감을 형성하고 있는가?

교사의 심리적 안녕

학생을 가르치는 교사들 자신이 소진 상태에 빠져 있지는 않은가? 교사들이 서로를 지지하고 협력하는 문화를 이루고 있는가?

학부모와의 파트너십

학교가 학부모를 교육의 동반자로 존중하고, 적극적으로 소통하고 협력하는가?

이러한 관점의 전환은 문제 해결의 방향을 완전히 바꾸어 놓습니다. 이제 우리의 질문은 "이 문제 학생을 어떻게 고칠 것인가"가 아니라, "이 학생이 건강하게 성장하는 것을 가로막는 학교의 환경적 요인은 무엇인가?"가 되어야 합니다.

문제의 원인을 '결함 있는 학생'에게서 찾는 대신, '결함 있는 학교 환경'에서 찾는 것입니다. 이는 학교의 모든 구성원, 즉 교원, 행정 직원 그리고 학부모까지 모두가 학생 마음 성장에 책임이 있는 공동 주체임을 의미합니다. 이것이 바로 '전체 학교 접근'의 핵심 철학입니다.

이러한 패러다임 전환에 대해 누군가는 이렇게 반문할지도 모릅니다. "모든 학생을 대상으로 마음 성장 교육을 하는 것은 너무 이상적이고, 비용이 많이 들지 않는가? 한정된 예산으로는 당장 문제가 심각한 학생에게 집중하는 것이 더 효율적이지 않은가?"

이는 단기적으로는 합리적으로 들릴 수 있지만, 장기적으로는 완전히 잘못된 계산입니다. WHO가 2022년 발표한 〈세계 정신건강 보고서〉에 따르면, 정신건강 문제에 있어 예방과 조기 개입은 치료보다 압도적으로 비용 효과적입니다. 보고서는 정신건강 시스템에 1달러를 투자할 때마다 약 4달러의 경제적 이익(ROI)이 발생한다고 분석하며, 사후 대처 중심에서 예방 중심으로의 대전환을 강력히 권고합니다.[2]

한 명의 청소년이 심각한 우울증으로 학업을 중단하고 성인이 되어서도 만성적인 정신 질환으로 고통받으며 사회생활에 적응하지 못할 경우, 우리 사회가 평생에 걸쳐 지불해야 하는 사회적 비용은 상상을 초월합니다. 그가 어린 시절 학교에서 사회정서학습을 통해 스트레스 관리법을 배우고, 힘들 때 교사에게 쉽게 도움을 요청할 수 있는 환경이었다면, 이 모든 비용을 절약할 수 있었을 것입니다.

학생들의 마음 성장에 투자하는 것은 단순히 '비용'이 아니라, 우리 사회의 미래 인적 자본을 키우는 가장 확실하고 수익률 높은 '투자'입니다. 건강한 마음을 가진 어린이와 청소년이 건강한 시민으로 성장하고, 그들이 만들어 갈 사회는 더 안정되고 생산적이며 행복한 사회가 될 것입니다. 돈이 없어서 예방을 못 한다는 변명은 더 이상 통하지 않습니다. 오히려 '예방하지 않기 때문에 밑 빠진 독에 더 많은 돈을 쏟아붓고 있는 것'이 진실에 가깝습니다.

실패한 시스템을 넘어, 희망의 재건축으로

8장의 긴 여정을 통해 낡은 패러다임을 떠나 새로운 패러다임으로 나아갈 이유와 방향을 확인했습니다. 낡은 위기 개입 패러다임은 우리를 '부서진 학생들을 고치는 기술자'의 역할에 머무르게 했습니다. 늘 문제의 뒤꽁무니를 쫓아다녔고, 밑 빠진 독에 물을 부으며 소진되었으며, 학생들을 '정상'과 '비정상'으로 나누는 낙인을 생산했습니다.

새로운 마음 성장 지원 모델은 '마음 근력을 키우는 학교를 만드는 설계자'의 역할을 요구합니다. 우리는 문제의 근원을 찾아 선제적으로 대응하고, 모든 학생의 잠재력을 키우는 보편적 시스템을 구축하며, 개인의 문제가 아닌 공동체의 환경을 변화시키는 일에 집중하게 될 것입니다. 이것은 단순히 접근법의 변화가 아니라 학생을, 교육을 그리고 학교를 바라보는 근본적인 관점, 즉 '철학의 전환'입니다. 더 이상 "무엇이 문제인가?"라고 묻지 않고, "무엇이 필요한가?"라고 물을 것입니다. 학생의 결핍에 집중하지 않고, 강점에 집중할 것입니다. 목표는 문제 행동의 제거가 아니라, 회복 탄력성의 함양이 될 것입니다.

2부의 여정은 절망적인 시스템의 실패를 진단하는 것으로 시작해 새로운 희망의 철학을 만나는 것으로 마무리되었습니다. 학교는 무너졌고(5장), 정책은 흩어졌으나(6장), 그 폐허 속에서 법적 전환점이라는 희망의 씨앗이 발견되었고(7장), 마침내 그 씨앗을 키워 낼 마음 성장이라는 새로운 토양을 찾아냈습니다(8장).

이제 우리는 '왜 안 되는가'를 묻는 비판자가 아니라, '어떻게 가능하게 할 것인가'를 묻는 설계자가 되어야 합니다. 3부에서는 그 구체적인 설계도를 펼쳐 보일 것입니다.

오늘 당장 시작할 수 있는 실천 한 가지

'불이 나지 않는 튼튼한 집'을 짓는 일은, 관점을 바꾸는 작은 노력에서 시작됩니다.

교사라면

오늘 하루, 학생들의 '결핍'을 찾아내는 대신 모든 학생의 '강점'을 발견하고 증폭시키는 시간을 5분만 가져 보세요. 수업이 끝날 때 오늘 해결하지 못한 문제를 복습하는 대신 "오늘 수업에서 내가 잘한 점 혹은 친구에게 고마웠던 점"을 한 가지씩 이야기하고 나누게 하는 것입니다. 문제 학생을 줄이는 소방관의 역할을 넘어, 모든 학생의 마음 성장을 돕는 정원사의 역할로 전환하는 첫걸음입니다.

학부모라면

저녁 식사 시간에 온 가족이 오늘 있었던 좋은 일 세 가지를 돌아가며 이야기하는 시간을 가져 보세요. 거창한 일이 아니어도 좋습니다. "오늘 하늘이 예뻤다", "친구가 웃겨 줬다"와 같은 사소한 긍정을 나누는 것입니다. 문제 행동을 '끄는' 데 급급했던 관점에서 벗어나, 아이의 마음에 긍정 정서와 감사함이라는 '불이 잘 붙지 않는 내벽'을 쌓아 올릴 수 있는 방법입니다.

클로즈업

아무도 잘못하지 않았다

기획 의도

학교에서 벌어진 하나의 사건. 하지만 그 안에는 서로 다른 다섯 개의 진실이 있다. 다음 시나리오는 같은 시간을 각기 다른 시선으로 통과한 다섯 명의 내면 기록이다. 이들의 엇갈리는 목소리 속에서, 우리는 질문하게 될 것이다. 이 비극은 과연 '누구'의 잘못일까, 아니면 '무엇'의 잘못일까?

등장인물

김 선생(1학년 담임 교사)

준호 母(가해 학생 학부모)

지민 母(피해 학생 학부모)

박 교감(학교 관리자)

이 상담(위(Wee)클래스 상담 교사)

시간 및 장소

2025년 9월, 새움중학교

S#1. 학교 복도(낮)

점심시간의 소음. 복도를 뛰어가던 준호가 맞은편에서 걸어오던 지민과 부딪힌다. 지민, 넘어지며 무릎이 까져 피가 살짝 맺힌다.

준호 (당황하며) 어? 야, 괜찮아? 미안해, 내가 못 봤어.

준호가 황급히 지민을 일으켜 준다. 지민은 울상을 지으면서도 괜찮다고 고개를 끄덕인다. 복도를 지나가던 김 선생이 이 모습을 발견하고 다가온다.

S#2. 1학년 교무실(저녁)

텅 빈 교무실. 김 선생, 홀로 책상에 앉아 멍하니 창밖을 본다.

김 선생 **(독백)** 분명히 내 눈으로 봤다. 준호는 바로 사과했고, 지민이도 괜찮다고 했다. 예전 같았으면 친구끼리 조심하자고 훈육하고 끝났을 일이다. 하지만 지금 나는 학생들의 관계 회복을 생각하는 게 아니라, CCTV 각도부터 확인하고 있다. 지민이 부모님이 학폭위를 열자고 하면 어떡하지? 준호 부모님은 내가 편파적이라고 민원을 넣지 않을까? 머릿속으로 최악의 시나리오를 그리며 방어 논리를 만들고 있는 내 모습이 비참하다. 나는 교육자가 아니라 예비 소송을 준비하는 변호사가 되어 있었다.

S#3. 준호네 집 거실(밤)

준호 母, 초조한 얼굴로 거실을 서성인다. 남편에게 하소연하듯 말한다.

준호 母 (독백) 아니, 애가 일부러 그런 것도 아니고 바로 사과까지 했다는데……. 담임 전화는 꼭 우리 애를 가해자 취급하는 것 같아 기분이 나쁘더라고. 안 그래도 소심한 아이인데, 이번 일로 학교에서 문제아로 찍힐까 봐 잠이 오지 않아. 만약 학교가 이걸 공정하게 처리하지 않는다면, 나는 내 아들을 지키기 위해 뭐든지 할 거야.

S#4. 지민이네 집 부엌(밤)

지민 母, 약상자에서 연고를 꺼내 잠든 아이 무릎에 발라 준다.

지민 母 (독백, 분노가 섞인 목소리로) 이번에도 준호야? 준호 부모는 아이를 어떻게 키우는 건지. 학교도 마찬가지야. 애초에 학교가 복도에서 뛰는 애들을 제대로 관리 안 해서 벌어진 일이잖아. 담임은 사소한 일이라고 하는데, 우리 아이가 겪었을 공포와 충격은 전혀 헤아리지 못하는 것 같아. 학폭 신고를 해야 할까? 도대체 학교 측에서 안전 관리와 아이들 관리를 어떻게 하고 있는지……. 내일 교육청에 민원이라도 넣을까?

S#5. 교감실(다음 날 아침)

박 교감, 책상 위 수북이 쌓인 서류를 앞에 두고 심각한 표정으로 김 선생의 보고를 듣고 있다. 피곤한 기색이 역력하다.

박 교감 (독백) 또 시작이군. 담임은 겁에 질려 있고, 양쪽 부모는 이미 감정싸움으로 번졌다. 나의 최우선 목표는 학생들의 교육적 성장이 아니다. 이 문제가 언론에 나가지 않게 막고, 소송으로 번지지 않게 하는 리스크 관리다. 일단 양쪽을 모두 진정시키고, 서류상 절차에 하자가 없도록 준비하라고 지시해야만 하겠지. 교육이라는 이상적인 단어는, 이런 현실 앞에서 너무나 무력하다. 교육자로서 자괴감이 든다.

S#6. 위(Wee) 클래스 상담실(다음 날 오후)

이 상담, 창밖을 보며 깊은 한숨을 쉰다.

이 상담 **(독백)** 나는 준호와 지민이 둘 다 간다. 준호는 충동성이 높고, 지민이는 불안감이 높다. 이번 일은 가해와 피해의 문제가 아니라, 두 아이의 결핍과 상처가 우연히 부딪힌 사건이다. 하지만 지금 누구도 학생들의 마음을 들여다보지 않는다. 어른들은 '학폭위', '민원', '증거'라는 자신들의 언어로 전쟁을 치르고 있다. 이 전쟁 속에서, 두 학생 모두 회복할 수 없는 '진짜' 상처를 입고 있다.

S#7. 다시 학교 복도(밤)

모두가 떠난 텅 빈 복도. 희미한 비상등 불빛만이 길게 그림자를 드리우고 있다.

(화면 위로 떠오르는 자막)

이 비극은 과연 누구의 잘못일까, 아니면 무엇의 잘못일까?

토론하기

1. 학교에서 학생 간에 일어나는 사소한 일들도 갈등으로 치닫는 이유는 무엇일까요?

2. 이러한 갈등을 슬기롭게 해결해 나가기 위해 교육 공동체는 각각 어떤 노력을 해야 할까요?

3부

함께 만드는
새로운 길

9장

세계는 이미 답을 알고 있다

세 나라의 교실에서 찾은 열쇠

어느 학생맞춤통합지원팀의 막막함

새움중학교의 통합지원팀 회의실에는 무거운 침묵이 흘렀다. 법에 따라 야심 차게 팀을 꾸렸지만, 현실의 벽은 높았다.

상담 교사 2학년 영희요, 제가 보기엔 단순한 교우 관계 문제가 아니라 우울 증세가 심각해요. 그런데 부모님은 병원 연계를 완강히 거부하시고, 우리 상담만으로는 한계가 있습니다.

특수 교사 3학년 철수는 경계선 지능이 의심되는데, 학습 부진이 심해지면서 아예 수업을 포기해 버렸어요. 우리가 해 줄 수 있는 게 뭐가 있을까요?

담임 교사 담임으로서 매일 학생들을 보지만, 이런 복합적인 문제 앞에서 제가 할 수 있는 게 없다는 무력감을 느낍니다. 우리에게 뭔가 체계적인 매뉴얼이 있긴 한가요?

모두가 선한 의지를 가졌지만, 무엇을 어떻게 해야 할지 몰랐다. 데이터도, 체계도, 외부와의 연결 고리도 없었다. 회의는 결국 "조금 더 지켜보자"는 막연한 결론으로 끝났다. 팀장인 교감은 막막했다. '분명 다른 나라들은 우리보다 먼저 이 길을 걸었을 텐데……. 그들은 막다른 길에서 어떻게 출구를 찾았을까?'

이 절박한 질문에 대한 답을 찾기 위해, 이제 절망의 지도를 내려놓고 희망의 증거를 찾아 세계의 교실로 떠나는 탐험을 시작하려 합니다. 학생 지원이 더 이상 헌신적인 개인의 '예술'이 아니라, 데이터와 시스템에 기반한 '과학'이 되어야 한다고 증명하고 있는 곳들로 말입니다.

이 여정의 목표는 해외의 제도를 맹목적으로 모방하는 것이 아닙니다. 그들의 성공과 실패 속에서 현실에 적용할 수 있는 핵심 원리와 통찰을 우리 것으로 만드는 것입니다. 이들의 사례는 앞으로 만들어 갈 '한국형 마음 성장 모델'의 뼈대가 될 귀중한 자산입니다. 이제, 첫 번째 여행지인 미국으로 떠날 시간입니다.

첫 번째 열쇠, 체계로 움직이는 MTSS

미국 일리노이주의 한 초등학교. 2학년 담임 교사인 스미스 씨는 스크린에 뜬 데이터 그래프를 보며 동료들에게 말한다. "케빈은 읽기 능력은 괜찮은데, 사회성 점수가 위험 수준입니다. 제 관찰 기록과도 일치해요. 2단계 소그룹 지원이 필요합니다." 회의에 참석한 교감과 상담 교사, 특수 교사는 고개를 끄덕이며 케빈을 위한 지원 계획을 함께 짜기 시작한다.

미국 교육부가 2021년 발간한 가이드라인 〈학생의 사회·정서·

행동 및 정신건강 요구 지원〉에서 핵심 대안으로 제시한 다층적 지원 시스템(Multi-Tiered System of Supports, MTSS)은 '문제 행동이 겉으로 드러나지 않는 희수 같은 학생을 어떻게 미리 찾아낼 것인가?'라는 질문에 관한 과학적인 대답입니다. 이것은 교사의 직감이나 헌신에만 의존하던 '실패 대기 모델'을 넘어, 모든 학생의 상태를 정기적으로 점검하는 '데이터 기반 예방 모델'로의 전환을 의미합니다.

스미스 씨와 동료들이 케빈을 도울 수 있었던 비결은 바로 다층적 지원 시스템이라는 학교 운영체제 덕분입니다. 다층적 지원 시스템은 특정 프로그램의 이름이 아니라, 학교의 모든 자원과 노력을 학생 지원이라는 단일한 목표 아래 체계적으로 통합하는 학교 경영 철학에 가깝습니다. 앞서 본 사례는 이 운영체제의 네 가지 핵심 원칙이 어떻게 작동하는지를 명확히 보여 줍니다.

보편적 선별

모든 학생을 정기적으로 살핍니다. 케빈이 '문제아'로 드러나기 전에, 학교는 정기 건강검진처럼 모든 학생의 데이터를 확인해 겉으로 보이지 않는 어려움을 조기에 식별했습니다.

데이터 기반 의사결정

감이 아닌 데이터로 말합니다. 스미스 씨는 "케빈이 힘들어 보여요"라는 막연한 느낌 대신, "사회성 점수가 위험 수준입니다"라는 객관적인 증거를 팀 회의에 제시했습니다.

증거 기반 실천

검증된 방법으로 돕습니다. 케빈에게 제공될 소그룹 지원은 그 효과가 과학적으로 검증된 전문 프로그램입니다. '좋은 게 좋은 거'라는 식의 비전문적인 접근을 배제한 것입니다.

팀 기반 문제 해결

혼자가 아닌 팀으로 움직입니다. 케빈을 돕는 책임은 스미스 씨 혼자만의 몫이 아니었습니다. 교감, 상담 교사, 특수 교사가 하나의 팀이 되어 데이터를 분석하고 공동으로 지원 계획을 수립했습니다.

이 네 가지 원칙이 유기적으로 작동하면서 8장에서 보았던 3단계 예방의 피라미드가 비로소 생명력을 갖고 움직이게 되는 것입니다. 다층적 지원 시스템은 단지 학생을 분류하는 시스템이 아니라, 각 단계의 학생들에게 가장 효과적인 지원을 제공하는 것을 목표로 합니다. 이때 활용되는 것이 바로 그 효과가 과학적으로 검증된 '증거 기반 실천(Evidence-Based Practices)'입니다.

1단계는 보편적 지원입니다. 모든 학생의 건강한 발달을 위해 학교가 추구하는 긍정적 가치를 명확히 합니다. 이를 실천했을 때 보상하는 긍정적 행동 지원(Positive Behavioral Interventions and Supports, PBIS)과 모든 학생이 정규 교육과정 안에서 마음의 근력을 키우는 사회정서학습(SEL)을 핵심 전략으로 삼습니다.

긍정적 행동 지원은 '떠들지 마라', '뛰지 마라'와 같이 부정적인 규칙을 나열하는 대신, '존중', '책임', '안전'과 같이 학교가 추구하는 긍정적인 가치를 정의하고, 학생들이 이러한 행동을 했을 때 적극적으로 칭찬하고 보상하는 시스템입니다. 이는 처벌 중심에서 예방과 교육 중심으로 학교 문화를 바꾸는 역할을 합니다.

사회정서학습은 모든 학생이 정규 수업 시간을 활용해 감정 조절, 공감, 문제 해결, 건강한 관계 맺기 등 마음의 근력을 키우는 방법을 배우는 교육과정입니다. 한국의 교육과정에 대입하면 학교자율교육과정 시간이나 창의적 체험활동 시간에 이 교육이 이루어진다고 할 수 있습니다(사회정서학습에 대해서는 11장에서 더 자세히 다룰 예정입니다).

2단계는 선별적 지원입니다. 1단계 지원만으로 어려움이 해결되지 않는 학생들에게는 불안 다루기, 사회성 기술 훈련 등 특정 주

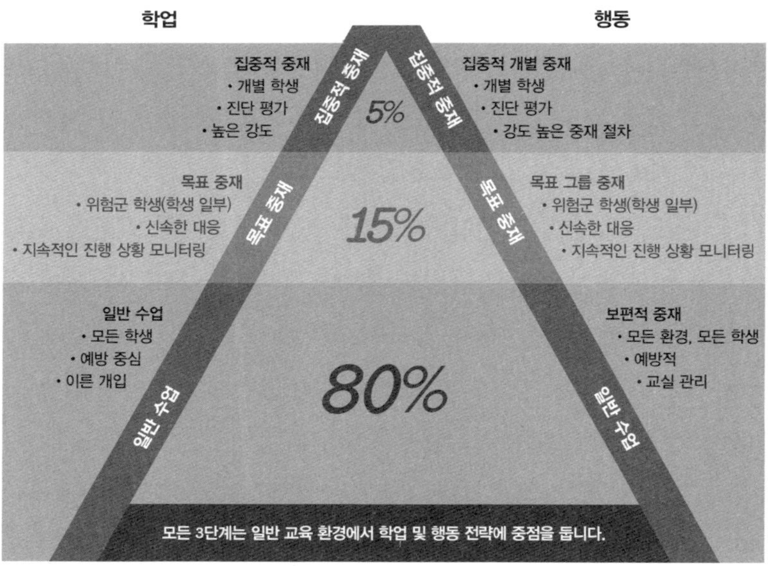

제에 대한 소그룹 프로그램을 제공하거나, 멘토 교사와 매일 아침저녁으로 만나 목표를 확인하고 격려받는 체크인-체크아웃(Check-In Check-Out, CICO)과 같은 신속하고 표적화된 지원을 제공합니다.

CICO는 교사의 관심과 격려가 더 필요한 학생들을 위한 간단하면서도 매우 효과적인 프로그램입니다. 학생은 아침에 등교해 상담 교사 혹은 학생이 좋아하는 교사 등 지정된 멘토 교사에게 가서 오늘 하루의 목표를 확인합니다(Check-In). 이후 각 수업 시간마다 교사에게서 자신의 목표 달성 여부에 대해 간단한 피드백을 받습니다. 그리고 하교 시 다시 멘토 교사를 만나 하루를 돌아보고 격려를 받으며 집으로 갑니다(Check-Out).

3단계는 집중적 지원입니다. 먼저, 심각하고 만성적인 어려움을 겪는 소수의 학생에게는 학교 심리학자 등 전문가가 문제 행동의 원인을 분석하는 기능적 행동 평가(Functional Behavioral Assessment, FBA)를 실시합니다. 그 결과를 바탕으로 긍정적 행동을 교육하는 개별화된 행동 지원 계획(Behavior Support Plan, BSP)을 수립해 실행합니다. 이 과정에는 외부 병의원이나 복지 기관과의 긴밀한 협력이 필수적으로 포함됩니다.

다층적 지원 시스템 모델은 우리에게 무엇을 말해 줄까요?

첫째, 학생 지원은 '과학'이 되어야 한다는 것입니다. 우리는 더 이상 '사랑'과 '헌신'이라는 추상적인 구호에만 의존해서는 안 됩니다. 학생들의 상태를 객관적인 데이터로 진단하고, 효과가 검증된 방법으로 개입하며, 그 결과를 다시 데이터로 평가하는 과학적이고 체계적인 접근이 필요합니다.

둘째, '팀'이 '영웅'보다 강하다는 것입니다. 한 명의 뛰어난 상담 교사나 헌신적인 담임 교사가 모든 것을 해결할 수 있다는 환상에서 벗어나야 합니다. 교장(감), 담임·상담·특수·보건 교사, 복지 전문가 등 각자의 전문성을 갖춘 구성원들이 정기적으로 모여 머리를 맞대는 '팀 접근'만이 복합적인 어려움이 있는 학생을 제대로 지원할 수 있습니다. 통합지원팀이 형식적인 회의체가 아니라, 학교의 가장 중요한 문제 해결 엔진이 되어야 한다는 것입니다.

셋째, '보편적 예방'이 모든 것의 시작입니다. 소수의 문제 학생을 지원하는 데 힘쓰기 전에, 모든 학생이 건강하게 성장할 수 있는 긍정적인 학교 문화를 만드는 것(1단계)이 훨씬 더 중요하고 효과적입니다. 처벌과 통제 중심의 생활 지도에서 벗어나, 긍정적 행동 지원과 사회정서학습을 모든 학교의 기본값으로 설정해야 합니다.

물론 다층적 지원 시스템이 만병통치약은 아닙니다. 과도한 데이터 수집과 회의로 인해 교사들이 소진되거나, 시스템이 관료주의적 형식으로만 흐를 수 있다는 위험은 중요한 교훈을 줍니다. 시스템을 도입하되, 그것이 교사들을 옥죄는 또 다른 통제의 도구가 아니라 그들의 전문적 판단을 돕는 지원 도구가 되도록 설계해야 합니다. 하지만 다층적 지원 시스템이 던지는 '데이터 기반의 체계적 예방 시스템'이라는 화두는, 주먹구구식 대응에서 벗어나지 못하고 있는 우리 교육계에 매우 중요한 성찰의 지점을 제공합니다. 이제 두 번째 여행지, 핀란드로 떠날 시간입니다.

두 번째 열쇠, 통합의 디지털 신경망 윌마

핀란드의 어느 중학교. 수학 교사는 오늘따라 유난히 지쳐 보이는 학생 마티에 관해 스마트폰 앱 '윌마(Wilma)'에 짧은 메모를 남긴다. "오늘 수학 시간에 마티가 계속 창밖만 보고 있었음. 집중하는 데 어려움을 보임" 오후에 체육 교사도 "마티가 친구들과 어울리지 않고 혼자 앉아 있었음"이라고 기록하고, 다음 날 담임 교사도 마티에 대한 걱정을 윌마에 남긴다. 흩어져 있던 정보 조각들이 하나의 패턴을 그리자 시스템은 '마티에게 도움이 필요하다'는 조기 경보를 울리기 시작한다.

핀란드의 윌마는 서준과 같이 '시스템의 균열 사이로 추락하는 학생을 어떻게 구할 것인가?'라는 질문에 관한 혁신적인 대답입니다. 6장에서 보았던 부처 간의 높은 칸막이와 데이터 장벽을 교사와 학부모, 전문가를 잇는 디지털 신경망으로 허물 수 있다는 가능성을 보여 줍니다. 윌마는 학생들이 부처 간의 칸막이 사이, 즉 '책임의 블랙홀'로 추락하지 않도록 단단히 엮어 낸 디지털 안전 그물입니다.

핀란드 교육의 숨겨진 힘은 학생 한 명 한 명을 놓치지 않는 촘촘한 학생 복지 시스템에 있습니다. 핀란드에서 학생 복지는 단순히 어려운 학생을 돕는 개념을 넘어, 모든 학생의 신체적·정신적·사회적 건강을 보장하고 학습을 지원하기 위한 '보편적 권리'로 인식됩니다. 그리고 이 학생 복지 시스템의 기술적인 신경망 역할을 하는 것이 바로 윌마라는 디지털 플랫폼입니다.

윌마는 단순한 알림장 앱이 아닙니다. 윌마의 진정한 힘은 학생 복지에 관한 정보를 실시간으로 공유하고 학생, 학부모, 교사, 교장, 상담사, 학교 간호사 등 모든 관련 주체가 하나의 플랫폼에서 협력하도록 하는 '통합 소통 허브'라는 점에 있습니다. 윌마 시스템의 핵심은 교사가 학생의 사소한 변화나 걱정스러운 점을 즉시 기록하고 공유하는 '메모(note)' 기능입니다. 이는 공식적인 보고서가 아니라, 교사의 관찰과 염려를 담은 낮은 문턱의 개입입니다.

앞서 본 마티의 사례처럼 수학 교사의 작은 걱정이 윌마에 기록되면, 그것은 더 이상 흩어지는 공기가 아닌 의미 있는 데이터가 됩니다. 여기에 체육 교사의 관찰과 어머니의 메시지가 더해지면서, 시스템은 분산된 정보 조각들 속에서 '마티에게 도움이 필요하다'라는 명확한 패턴을 발견하게 됩니다. 이 패턴을 인지한 담임 교사는 윌마를 통해 학교의 학생복지팀에 공식적으로 사례를 의뢰하고, 팀은 축적된 모든 정보를 바탕으로 회의를 소집해 마티를 도울 방법을 논의합니다. 이처럼 윌마는 학생의 상태에 관한 교사의 포착을 사소한 걱정으로 치부하지 않고 전문가의 개입으로 연결하는 조기 경보 시스템 역할을 합니다.

핀란드의 윌마는 우리에게 '통합'이라는 두 번째 열쇠를 쥐어 줍니다. 이는 10장에서 제안할 'K-에듀케어' 플랫폼이 단순한 행정 시스템(NEIS)을 넘어, 학생-학부모-교사-전문가를 잇는 '디지털 신경망'이 되어야 함을 의미합니다. 물론, 윌마 역시 '디지털 주홍 글씨'가 될 수 있다는 개인정보보호의 딜레마를 안고 있습니다. 핀란드 사회는 이러한 위험보다 정보를 공유하지 않아 위기 아동을 놓치는 위험이 더 크다는 사회적 합의를 이루었습니다. 이는 우리가 K-에듀케어를 설계할 때 기술적 완벽성뿐만 아니라 사회적 신뢰를 구축하는 과정이 얼마나 중요한지를 알려 주는 예방주사와 같습니다.

그럼에도 학교 안의 완벽한 통합만으로 해결되지 않는 문제가 있습니다. 바로 학교 담장 밖, 전문 의료 시스템과의 단절입니다. 이 경계를 허문 영국의 실험실로 마지막 여정을 떠납니다.

세 번째 열쇠, 학교로 들어온 전문가 MHST

영국의 한 고등학교. 시험 불안으로 힘들어하는 학생 사라는 학교에 파견된 국민보건서비스(NHS) 소속의 전문가 데이비드와 6주간의 상담을 진행한다. 사라는 막연한 위로를 전달받는 것이 아니라, 불안을 다루는 구체적인 인지행동치료 기술을 배우며 자신의 문제를 해결하는 힘을 키워 간다.

영국의 사례는 '지현처럼 학교와 병원 사이의 벽에 가로막힌 학생을 어떻게 도울 것인가?'라는 질문에 대한 담대한 대답입니다. 이것은 교육과 의료가 서로의 경계를 허물고, 전문가가 직접 학교로 찾아가 학생들을 만나는 협력의 새로운 모델입니다.

영국 역시 우리처럼 학교 안의 상담 시스템(교육부)과 학교 밖의 전문 정신 건강 서비스(보건부)가 분리되어 발생하는 치료의 공백 문제를 심각하게 겪고 있었습니다. 경미한 불안이나 우울 증세를 보이는 학생들은 병원의 높은 문턱을 넘지 못하고 상태가 심각해질 때까지 방치되는 경우가 많았습니다.

이 문제를 해결하기 위해 영국 정부가 2003년 발표한 가이드라인 〈학교 및 대학 내 정신건강·웰빙 지원〉에서 핵심적으로 강조한 것이 바로 '정신 건강 지원팀(Mental Health Support Teams, 이하 MHST)'이라는 야심 찬 실험입니다. 이 모델의 핵심은, 보건부 소속의 정신 건강 전문가팀이 학교 안팎에 상주하며 교육 시스템과 보건 시스템 사이의 다리 역할을 하는 것입니다.

정신 건강 지원팀 모델의 혁신적인 지점은 바로 '교육 정신 건강 전문가(Educational Mental Health Practitioner, EMHP)'라는 새로운 직종의 인력을 양성했다는 점입니다. 과거에는 학생 정신 건강 문제가 '교사(교육 전문가)' 혹은 '의사(임상 전문가)'라는 양극단의 전문가에 의해서만 다루어졌습니다. 교사는 전문성이 부족했고, 의사는 너무 만나기 어려웠습니다. 교육 정신 건강 전문가는 바로 이 간극을 메우기 위해 탄생했습니다.

교육 정신 건강 전문가는 1년간의 집중적인 훈련을 통해 배치됩니다. 이들의 역할은 대다수의 경미한 문제는 신속히 해결하고 더 심각한 문제는 전문의에게 안전하게 인계하는, 시스템의 혈액순환을 돕는 '마음 건강 코디네이터'에 가깝습니다. 이들이 학교에 상주하며 하는 일은 명확합니다. 첫째, 사라와 같은 학생들에게 신속하게 조기 개입합니다. 둘째, 교사와 학부모를 위한 정신 건강 교육 그리고 자문으로 학교 전체의 예방 역량을 키웁니다. 셋째, 자신들의 역량을 넘어서는 심각한 문제에 대해서는 상급 의료 기관으로 안전하게 연결하는 길잡이 역할을 합니다.

영국의 정신 건강 지원팀 모델은 '협력'이라는 세 번째 열쇠를 안겨 줍니다. 교육과 의료는 서로 결코 넘지 못할 성벽이 아니며, 그 경계에서 역할을 할 새로운 전문가를 양성할 때 비로소 장벽을 허물 수 있음을 시사합니다. 이는 12장에서 제안할 '학교-의료 연계 코디네이터'와 같은 전문가 양성의 필요성을 강력하게 뒷받침합니다. 물론 영국의 실험도 인력난과 지역별 불균형이라는 현실적 과제에 직면해 있습니다. 이 지점은 새로운 제도를 도입할 때 지속가능성과 형평성에 대한 고민 없이 성급하게 추진해서는 안 된다는 사실을 명백히 보여 줍니다.

새로운 패러다임의 전환

국가	핵심 시스템	세 개의 열쇠	우리의 참조점
미국	MTSS	체계(System)	정상군의 조용한 위기 발견
핀란드	Wilma	통합(Integration)	데이터 공유를 통한 통합적 대응
영국	MHST	협력(Collaboration)	학교와 의료 시스템의 연결

만약 미국, 핀란드, 영국에서 발견한 세 가지 열쇠가 모두 모여 하나의 문을 연다면, 교실은 어떤 모습일까요? 막막함에 한숨 쉬던 새움중학교의 2030년, 어느 평범한 하루를 상상해 봅니다.

오전 10시, 2학년 3반 교실

김 선생은 수업 중 유독 창밖만 보며 멍하니 있는 소영이가 마음에 걸립니다. 예전 같았으면 혼자 끙끙 앓았겠지만, 이제 그는 주저 없이 교내 통합 플랫폼 희망톡(윌마 방식)에 짧은 메모를 남깁니다.

"소영, 최근 수업 집중도 저하 및 교우 관계 위축 관찰됨."

오후 1시, 통합지원팀 주간 데이터 미팅

소영의 담임인 김 선생의 메모는 단순한 걱정으로 끝나지 않습니다. 매주 열리는 데이터 미팅(다층적 지원 시스템 방식)에서, 통합지원팀은 희망톡에 기록된 소영의 최근 2주간의 데이터를 함께 들여다봅니다.

"보건 선생님 기록을 보니, 최근 두통으로 보건실 방문이 잦았네요."

"작년 상담 기록에도 친구 관계에 대한 불안이 높다고 되어 있습니다."

흩어져 있던 정보 조각들이 모여, 팀은 '소영에게 조기 개입이 필요하다'는 과학적 결론에 도달합니다.

오후 2시, 위(Wee) 클래스 상담실

통합지원팀의 결정에 따라 학교에 상주하는 마음 건강 전문가(정신 건강 지원팀 방식)가 소영과 초기 상담을 진행합니다. 전문가는 소영의 문제가 심각한 우울증이 아니라 친구 관계에서 비롯된 일시적인 불안임을 파악하고, 6주간의 불안 다루기 단기 상담 프로그램을 시작하기로 합니다.

오후 4시, 교무실

김 선생은 희망톡을 통해 통합지원팀의 결정 사항과 소영을 위한 교실 내 지원 방안을 전달받습니다. 더 이상 혼자가 아니라는 안도감과 함께, 그는 내일 아침 소영에게 어떤 따뜻한 말을 건넬지 즐겁게 고민합니다.

2030년 새움중학교에서, 한 학생을 위한 촘촘한 안전망은 이렇게 작동하고 있습니다.

세 개의 거울, 하나의 길

미국, 핀란드, 영국으로의 긴 여행이 끝났습니다. 우리는 이 여정을 통해 앞서 새움중학교 통합지원팀이 느꼈던 그 막막함에 대한 구체적인 답을 찾았습니다. "무엇을 어떻게 해야 할지 모르겠다"는 절망적인 질문 앞에, 세계의 교실들은 "다른 길이 분명히 있다"고 명확하게 증언하고 있습니다. 그들의 이야기는 각기 다른 모습을 하고 있지만, 이 세 개의 거울에 비춰볼 때 우리가 가야 할 길은 놀라울 정도로 하나의 방향을 가리키고 있습니다.

미국의 다층적 지원 시스템은 과학이라는 나침반을 제시합니다. 학생 지원은 더 이상 헌신적인 개인의 선의에 의존하는 예술이 아니라, 데이터와 증거 그리고 팀워크에 기반한 '체계'여야 한다고 말입니다.

핀란드의 윌마는 흩어진 정보를 하나의 플랫폼으로 모으고 모든 주체가 소통할 수 있을 때, 비로소 학생 한 명 한 명을 놓치지 않는 촘촘한 '통합'의 그물망을 만들 수 있음을 증명합니다.

영국의 정신 건강 지원팀은 '협력'이라는 다리를 놓아 주었습니다. 새로운 전문가를 양성해 교육과 보건의 협업 시스템을 구축함으로써 더 많은 학생을 구할 수 있다는 가능성을 확인했습니다.

체계, 통합 그리고 협력. 이 세 가지 키워드는 앞으로 '한국형 학생 마음 성장 모델'을 설계할 때 반드시 붙들어야 할 핵심 기둥입니다. 물론, 앞서 살펴본 제도가 완벽한 것은 아닙니다. 다층적 지원 시스템은 관료주의의 함정에 빠질 위험이 있고, 윌마는 개인정보 보호와 기술 격차의 문제를 안고 있으며, 정신 건강 지원팀은 여전히 부족한 예산과 인력으로 어려움을 겪고 있습니다.

하지만 중요한 것은 그들의 완성된 모습이 아니라, 더 나은 시스템을 만들기 위해 끊임없이 고민하고 실험하며 나아가고 있는 과정입니다. 그들의 노력은 "어쩔 수 없다"는 체념 대신, "새로운 길은 가능하다"는 용기를 줍니다. 이 희망의 조각들을 모아, 이제 우리만의 지도를 그려야 합니다. '학생맞춤통합지원법'은 다층적 지원 시스템의 체계성을 담아낼 수 있을까? 우리의 정보 시스템은 윌마처럼 소통의 허브가 될 수 있을까? 우리의 기관들은 정신 건강 지원팀처럼 손을 맞잡을 수 있을까?

다음 장부터는 이 질문에 대한 구체적인 답을 찾아 항해를 시작할 시간입니다.

오늘 당장 시작할 수 있는 실천 한 가지

다른 나라의 훌륭한 시스템을 부러워하는 것을 넘어, 오늘 우리 교실과 가정에서 그 원리를 작게나마 실천해 볼 수 있습니다.

교사라면

오늘, 마음이 쓰이는 학생 한 명에 대해 혼자 고민하는 대신 성적 하락, 보건실 방문 횟수, 무단 조퇴 기록 등 객관적으로 확인할 수 있는 지표를 수집해 동료 교사 한 명에게 데이터를 제시하며 의논해 보세요. "제가 보기엔 OO가 힘들어 보여요"라는 막연한 느낌 대신, "OO가 최근 쪽지 시험에서 세 번 연속으로 점수가 떨어졌고, 체육 시간에도 계속 앉아만 있다고 합니다. 선생님 생각은 어떠세요?"라고 구체적인 관찰 사실을 공유하는 것입니다. 학생 지원을 한 사람의 '감'에 의존하는 고립된 방식에서, 동료와 함께 증거를 분석하는 '팀'의 방식으로 바꾸는 작은 시도입니다.

학부모라면

오늘 하루, 내 아이의 '전담 연구원'이 되어 보세요. 아이의 문제에 관해 바로 조언하거나 개입하는 대신, 딱 하루만 조용한 관찰자가 되어 보는 것입니다. 아이가 언제 웃고, 언제 짜증을 내며, 어떤 이야기를 할 때 눈을 반짝이는지, 스마트폰을 볼 때와 책을 볼 때 표정이 어떻게 다른지 작은 수첩에 데이터처럼 기록해 보세요. 막연한 걱정이 구체적인 데이터가 될 때, 우리는 아이를 돕기 위한 훨씬 더 정확하고 지혜로운 나침반을 갖게 됩니다.

10장

우리 학교 마음 응급실

학생맞춤통합지원팀,
어떻게 세울 것인가

마음이 부러진 학생을 위한 응급 시스템

병원 응급실. 한 소년이 팔이 부러져 울며 들어온다. 접수처는 즉시 환자를 등록하고, 간호사는 활력 징후를 체크하며, 의사는 X-레이를 처방한다. 영상의학과 기사는 사진을 찍고, 정형외과 의사는 그 사진을 판독해 진단을 내리고 깁스 처치를 한다. 이 모든 과정은 분초를 다투며 일사불란하게 진행된다. 누구도 "이건 내 일이 아닌데요?"라고 말하지 않는다. '환자의 회복'이라는 명확한 목표 아래, 각자의 전문성을 갖춘 이들이 하나의 시스템으로 작동하기 때문이다.

이제 학교를 상상해 보자. 한 학생의 마음이 부러졌다. 겉으로는 아무 상처도 보이지 않지만, 학생은 내면의 고통으로 비명을 지르고 있다. 그를 위한 학교의 응급 시스템은 작동하고 있는가? 담임 교사는 어디에 도움을 요청해야 하는가? 상담 교사는 누구와 협력해야 하는가? 우리는 지금껏 마음이 아픈 학생들을 위한 체계적인 응급실 없이, 교사 개인의 헌신이라는 민간요법에만 의존해 왔다.

9장에서는 세계의 교실을 탐험하며 희망의 재건축을 위한 '체계, 통합, 협력'이라는 열쇠를 손에 쥐었습니다. 이제 그 열쇠들을 힌트로 삼아 우리 학교 안에 멈춰 버린 학생들의 마음을 다시 뛰게 할 '마음 건강 응급실', 즉 마음 건강 지원 시스템을 구축할 시간입니다. 다행히 학생맞춤통합지원법이라는 법적 토대가 마련되었습니다. 이

법은 학교 안에 통합지원팀을 만들어 학생 지원의 중심, 즉 컨트롤 타워 역할을 하도록 규정하고 있습니다. 법 제정은 흩어진 조각들을 모을 수 있는 좋은 기회입니다.

하지만 법 시행 초기의 학교 현장은 혼란스럽습니다. 이름만 만들어진 위원회, 책임만 있고 권한과 자원은 없는 담당자, 무엇을 어떻게 해야 할지 몰라 우왕좌왕하는 구성원들. 훌륭한 설계도가 있어도 그것을 현실에 구현할 역량과 자원이 부족한 상황입니다.

이 장의 목표는 바로 이 지점에서 시작합니다. '학생맞춤통합지원팀'이라는 이름뿐인 위원회를, 어떻게 학교의 심장이자 두뇌 역할을 하는 실질적인 컨트롤 타워로 만들 수 있는지에 대한 구체적이고 실천적인 청사진을 제시하고자 합니다. 이것은 단순히 제도를 소개하는 것을 넘어 학교라는 시스템의 운영체제를 업그레이드하는 작업입니다. 통합지원팀 운영은 또 하나의 새로운 위원회를 만드는 것이 아니라, 학교를 '협력과 연대에 기반한 치유 공동체'로 바꾸는 문화 혁신의 과정입니다.

> "사람들은 담임 교사가 만능인 줄 알아요. 반에 마음이 아픈 학생이 한 명 있으면, 사실상 제 모든 에너지가 그 학생에게 쏠려요. 그런데 저는 상담 전문가가 아니잖아요. 어설프게 개입했다가 학생에게 더 상처를 줄까 봐 두렵고, 부모님께 연락드리면 왜 우리 애만 문제아 취급하냐고 항의하실까 봐 또 무서워요. 상담실에 의뢰해도 상담은 밀려 있고, 행정 서류는 산더미죠. 결국 제가 할 수 있는 건 그냥 '버티는

것'밖에 없어요. 혼자서 이 모든 걸 감당해야 한다는 게 …… 가끔은 교실이라는 섬에 저 혼자 표류하고 있는 기분이에요."

초등학교 2학년 담임 교사의 이야기입니다. 현재 대부분의 학교에서 구성된 통합지원팀은 교장(감), 교육복지사(지역사회 전문가), 전문 상담(교)사, 보건·진로·특수 교사, 학년 부장 등으로 이루어져 있습니다. 모두 기존 업무에 더해 새로운 책무를 부여받은 형태입니다. 이는 시작일 수는 있으나 지속 가능한 모델은 아닙니다. 항공모함의 관제탑을, 전투기 조종사들이 비행이 없는 시간에 돌아가면서 겸임으로 운영하라는 것과 같습니다.

진정한 컨트롤 타워는 명확한 역할과 전문성을 갖춘 핵심 인력들로 구성되어야 합니다. 다음과 같은 '5인 핵심팀(Core Team) 모델'을 모든 학교에 의무적으로 구축할 것을 제안합니다.

1. 지휘관: 교장·교감

통합지원팀의 공식적인 리더. 팀의 최종 의사결정을 책임지고, 교내외 자원을 배분하며, 팀의 활동이 학교장의 전폭적인 지지를 받을 수 있도록 보장합니다. 교장·교감의 리더십은 팀의 성패를 좌우하는 가장 중요한 변수입니다.

2. 항공 교통 관제사: 교육복지사

통합지원팀의 실질적인 운영자이자 심장. 이 역할의 신설 및 의무 배치가 이 모델의 성패를 가르는 핵심입니다. 교육복지사는 학생을 직접 상담하는 상담 교사와는 달리, 학생을 둘러싼 생태계에 개입하는 시스템 설계자입니다.

역할	기존(담임 교사 혼자)	개선(교육복지사 중심의 팀)
사례 관리	모든 과정을 홀로 책임지며 소진	팀 회의 조직, 진행 과정 관리
자원 연계	개인적 네트워크에 의존	지역사회 자원 지도 구축 및 연결
소통 허브	모든 이해관계자와 개별 소통	모든 주체를 잇는 중심축 역할

3. 심리 분석가: 전문 상담(교)사

학생의 심리·정서적 문제에 관한 최고의 교내 전문가로서 다음과 같은 역할을 맡습니다.

심층 진단

심리검사를 통해 학생의 어려움을 심층적으로 진단하고, 팀이 데이터에 기반한 결정을 내릴 수 있도록 전문적인 소견을 제공합니다.

교내 개입 실행

2단계 선별 지원의 핵심 실행자로서 사회성 그룹, 불안 대처 그룹 등 다양한 소그룹 상담 프로그램을 직접 운영합니다. 또한, 3단계 고위험군 학생에 대한 개별 집중 상담과 외부 기관 연계를 담당합니다.

4. 특수 임무 전문가: 특수 교사 및 보건 교사

특정 영역의 전문성을 바탕으로 팀에 필수적인 자문을 제공합니다.

특수 교사

학습장애나 발달장애 등 특수교육 대상 학생의 문제에 대해 진단하고, 해당 학생을 위한 개별화 교육 계획과 통합 지원 계획이 어떻게 연계될 수 있는지 전문적으로 조언합니다.

보건 교사

학생의 신체적 건강 문제, 약물 복용, 위생 습관 등이 심리·정서 문제와 어떻게 관련되어 있는지 파악하고, 의료적 지원이 필요한 경우 외부 병의원 연계에 대한 자문을 제공합니다.

5. 현장 정보 분석가: 담임 교사 및 교과 교사

학생의 일상적인 모습을 가장 가까이서 관찰하는 최일선 전문가로서 다음과 같은 역할을 맡습니다.

1차 식별자

도움이 필요한 학생을 가장 먼저 발견하고 팀에 공식적으로 지원을 요청하는 핵심 역할을 합니다.

정보 제공자

팀 회의에서 학생의 교실 내 행동, 교우 관계, 학습 태도 등에 관한 생생하고 구체적인 정보를 제공해 팀이 현실에 기반한 진단을 내리도록 돕습니다.

핵심 실행자

교실 내에서의 행동 중재, 긍정적 피드백 제공 등과 같이 팀에서 결정한 지원 계획을 교실 현장에서 직접 실행합니다. 또한, 그 변화를 모니터링해 팀에 다시 피드백하는 역할을 합니다.

이처럼 각자의 전문성과 역할이 명확히 정의된 5인 핵심팀이 유기적으로 협력할 때, 통합지원팀은 비로소 이름뿐인 위원회를 넘어 학생 지원을 위한 강력한 '문제 해결 엔진'으로 작동할 수 있습니다.

한 명의 학생을 살리는 5단계 작전 지도

그렇다면 이 컨트롤 타워는 실제로 어떻게 작동할까요? 미국의 다층적 지원 시스템을 우리 현실에 맞게 변용한 '한국형 통합지원 프로세스'를 민석의 사례를 통해 단계별로 따라가 봅시다.

중학교 1학년 민석은 초등학교 때까지 활발하고 성적도 좋았으나 중학교 입학 후 점차 말이 없어지고 수업 시간에 멍하게 있는 모습이 자주 관찰된다. 최근 중간고사에서는 초등학교 때에 비해 성적이 크게 떨어졌고, 조별 과제에도 거의 참여하지 않으며 친구들과 어울리지 않으려고 한다.

1단계: 식별 및 지원 요청

컨트롤 타워의 작동은 조기 경보 시스템이 울리는 것에서 시작됩니다. 민석에 대한 경보음은 여러 채널을 통해 울릴 수 있습니다. 이 조기 경보 시스템이 있었다면, 우리는 침묵하던 희수의 작은 신호를 놓치지 않았을 것입니다. 그의 위축된 모습은 담임 교사 혼자만의 걱정이 아니라 팀 전체가 응답해야 할 공식적인 구조 신호가 되었을 것입니다.

채널1 보편적 선별 검사

3월 초, 학교에서는 모든 1학년 학생을 대상으로 정서, 교우 관계, 학습 태도 등에 관한 '학교생활 적응도 검사'를 실시합니다. 민석은 검사의 '정서적 위축'과 '학습 무기력' 척도에서 '주의 요망' 수준으로 나타납니다. 이 데이터를 통해 통합지원팀의 1차적인 관심 대상자 목록에 민석의 이름을 올립니다.

채널2 교사의 관찰 및 기록

4월 내내, 담임 교사는 민석의 변화를 유심히 관찰합니다. 그는 핀란드의 윌마를 벤치마킹한 교내 학생 지원 시스템(가칭 'K-에듀케어')에 민석에 대한 관찰 기록을 간략하게 남깁니다. "4/15: 민석, 하루 종일 한마디도 하지 않음.", "4/22: 체육 시간에 혼자 앉아 있었음.", "4/30:

수학 쪽지 시험 백지 제출."

채널3 공식 지원 요청

중간고사 이후, 담임 교사는 더 이상 혼자 지켜볼 수 없다고 판단합니다. 그는 K-에듀케어 시스템을 통해 통합지원팀에 공식적으로 민석에 대한 지원을 요청합니다. 요청서에는 선별 검사 결과, 담임의 관찰 기록, 성적 데이터 등을 첨부합니다. ○ 요청서는 자동으로 통합지원팀의 실무 운영자인 교육복지사에게 전달됩니다.

2단계: 팀 회의 및 다각적 진단

지원을 요청받은 교육복지사는 즉시 행동에 나섭니다. 그는 다음 주 정기 통합지원팀 회의의 정식 안건으로 민석의 사례를 상정하고, 회의 전에 관련 자료들을 수집해 팀원들과 미리 공유합니다.

회의 준비(교육복지사)

담임 교사의 요청서 외에 민석의 초등학교 생활기록부, 보건실 이용 기록, 상담 교사와의 초기 면담 기록 등을 종합해 사례 개요를 작성합니다.

팀 회의(모든 팀원 참여)

회의는 교장·교감의 주재로 시작됩니다. 먼저 담임 교사가 민석의 현재 상황에 관해 구체적으로 발표합니다. 다음으로 상담 교사가 초기 면담 결과, "민석이는 '중학교 공부는 너무 어렵고, 친구 사귀는 것도 힘들다'며 높은 불안감과 낮은 자기효능감을 보였다"라는 전문적인 소견을 제시합니다. 특수 교사는 민석의 학습 부진이 혹시 경계선 지능이나 특정 학습장애와 관련이 있을 가능성은 없는지 검토 의견을 냅니다.

이 모든 정보를 종합해, 팀은 민석의 어려움에 대한 가설을 세웁니다. "민석은 중학교라는 새로운 환경에 대한 적응 스트레스와 초등학교 때와 달라진 학습 방식에 대한 어려움이 겹치면서, 심리적 위축과 학습된 무기력을 함께 경험하고 있는 것으로 보인다."

중요한 것은 이 단계에서 민석을 '문제아'로 낙인찍는 것이 아니라, 그의 어려움을 이해하고 돕기 위한 가설을 세우는 것입니다.

3단계: 맞춤형 지원 계획 수립

가설을 바탕으로, 통합지원팀은 다층적 지원 시스템의 3단계 모델에 따라 민석을 위한 맞춤형 지원 계획을 수립합니다. 이 계획은 여러 단계의 지원이 동시에 이루어지는 패키지의 형태를 띱니다.

1단계 보편적 지원(담임 교사와 교과 교사)

1학년 담임 교사는 학년 전체 학생을 대상으로 '중학교 생활 스트레스 관리법'이라는 주제로 학급 회의를 진행합니다. 또한, 민석의 담임 교사는 모든 교과 교사에게 '민석의 작은 노력이나 성공에 대해 구체적으로 칭찬하고 격려해 줄 것'을 요청합니다. 이는 민석뿐만 아니라 모든 학생에게 긍정적인 교실 환경을 제공하는 효과가 있습니다.

2단계 선별적 지원(상담 교사와 담임 교사)

상담 교사는 민석을 포함해 비슷한 어려움을 겪는 1학년 학생 여섯 명을 대상으로, 주 1회 8주간 진행되는 '학교 적응력 향상' 소그룹 상담을 시작합니다. 이 프로그램에서는 친구 사귀는 기술, 시간 관리법, 시험 불안 대처법 등을 구체적으로 훈련합니다.

담임 교사는 민석과 합의해 체크인-체크아웃 프로그램을 시작합니다. 민석은 아침마다 담임 교사에게 와서 '수업 시간에 질문 한 번 하기'처럼 그날의 작은 목표를 정하고(Check-In), 하교 시 목표 달성 여부를 함께 이야기하며 격려를 받습니다(Check-Out).

3단계 집중적 지원(교육복지사)

교육복지사는 민석의 부모님과 심층 상담을 진행합니다. 상담 결과, 부모님 역시 민석의 변화를 걱정하고 있었으나 어떻게 도와야 할지 몰라 답답해하고 있었다는 것을 알게 됩니다. 사회복지사는 부모님에게 가정에서 민석을 지지하고 격려하는 구체적인 대화법에 관한 정보를 제공하고, 필요할 경우 지역 청소년상담복지센터의 부모 교육 프로그램에 참여할 것을 권유합니다.

이러한 맞춤형 지원 패키지는 완벽주의에 시달리는 수진에게는

'실패해도 괜찮다'는 사실을 배우는 소그룹 상담을, 가면 뒤에 숨어 있던 유나에게는 부모님과의 관계를 회복하는 가족 상담을 선물했을 것입니다. 모든 학생에게 똑같은 약을 처방하는 대신, 각자의 상태에 맞는 정확한 처방전을 적용할 수 있게 되는 것입니다.

4단계: 실행 및 과정 점검

지원 계획은 서류로만 존재해서는 안 됩니다. 가장 중요한 것은 실행과 과정 점검입니다.

실행 주체

단계별 지원 활동은 담임 교사, 상담 교사, 교육복지사 등 각 단계의 담당자가 책임지고 실행합니다.

과정 기록

모든 실행 내용은 K-에듀케어 시스템에 날짜별로 간략하게 기록해 팀원 전체가 진행 상황을 공유합니다. 예를 들어, 상담 교사는 "5/12: 2회차 그룹 상담 진행. 민석, 처음으로 자기 고민을 이야기함"과 같이 기록합니다.

진행 상황 점검

통합지원팀은 매주 정기 회의에서 민석의 사례를 5분 정도의 짧은 시간이라도 꾸준히 검토하며 계획이 예정대로 잘 진행되고 있는지, 예상치 못한 어려움은 없는지를 확인합니다.

이러한 과정 점검을 통해 지원 계획이 한 번 결정되고 잊히는 것이 아니라 살아 있는 유기체처럼 계속해서 관리될 수 있습니다.

5단계: 성과 평가 및 피드백

지원 계획을 수립할 때 팀은 반드시 '성공의 기준'과 '평가 시점'을 명확히 설정해야 합니다.

목표 설정

"8주 후, 민석은 수업 중 발표 횟수가 월 1회 이상으로 늘어날 것이다.", "기말고사에서 주요 과목의 성적이 10% 이상 향상될 것이다.", "교우 관계 만족도 설문 점수가 5점 만점에 3점 이상으로 올라갈 것이다."와 같이, 측정 가능한 형태로 목표를 설정합니다.

성과 평가 회의

8주 후, 통합지원팀은 다시 민석의 사례를 공식 안건으로 상정하고 그동안 수집된 성적, 출석률, 교사 관찰 기록, 설문 결과 등의 데이터를 바탕으로 지원 계획의 성과를 객관적으로 평가합니다.

향후 계획 결정

만약 목표가 성공적으로 달성되었다면 팀은 민석에 대한 집중 지원을 종결하고, 담임 교사를 통한 일상적인 관찰 및 지지 체계로 전환합니다. 목표 달성이 미흡하다면 '왜 계획이 효과가 없었는가?'에 대한 원인을 다시 분석하고, 지원 계획을 수정합니다(예: 다른 종류의 그룹 상담으로 변경). 혹은 더 강력한 3단계 개입으로 전환할 것을 결정합니다(예: 지역 정신건강의학과 전문의에게 자문을 구하고 병원 치료 연계).

이처럼, '요청 → 진단 → 계획 → 실행 → 평가 및 환류'로 이어지는 순환적 과정은, 단 한 명의 학생도 시스템의 균열 사이로 빠져나가지 않도록 돕는 촘촘한 그물망이 됩니다. 이것이 바로 학교 컨트롤 타워가 작동하는 방식입니다.

위기 수준은 어떻게 판단하는가?

병원 응급실에서 가장 먼저 하는 일은 환자의 위급 정도를 분류하는 '트리아지(Triage)'입니다. 학교의 마음 응급실 역시 마찬가지입니다. 모든 학생에게 똑같은 지원을 제공할 수는 없으며, 각 학생의 필요와 위기 수준에 맞는 최적의 지원을 연결하는 것이 핵심입니다.

통합지원팀은 9장에서 살펴본 미국의 다층적 지원 시스템 모델처럼, 학생들을 위한 3단계 지원 체계를 바탕으로 위기 수준을 판단하고 개입합니다.

1단계 학생(보편적 지원)

특별한 어려움을 보이지 않는 대다수의 학생입니다. 이들에게는 11장에서 다룰 사회정서학습과 같은 보편적 예방 교육을 통해, 애초에 마음 감기에 잘 걸리지 않는 튼튼한 심리적 면역력을 기르도록 하는 것을 목표로 합니다.

2단계 학생(선별적 지원)

이 장의 사례였던 민석처럼 조기 경보 신호를 보이는 학생들입니다. 이들에게는 통합지원팀이 즉시 개입해 단기 상담, 소그룹 활동, 학습 부진 클리닉 등 표적화된 지원을 제공합니다. 대부분의 역치하 학생은 이 단계에서 도움을 받고 회복할 수 있습니다.

3단계 학생(집중적 지원)

자해, 등교 거부 등 심각하고 만성적인 어려움을 겪는 소수의 학생입니다. 이들에게는 통합지원팀이 학교 내 자원만으로는 부족한지 여부를 판단하고 12장에서 다룰 병원, 상담 센터 등 외부 전문 기관과 즉시 연계해 집중적인 치료와 지원이 이루어지도록 돕습니다.

이처럼 마음 응급실은 모든 학생을 문제아로 만드는 곳이 아니라, 각자의 필요에 맞는 최적의 처방을 내리는 컨트롤 타워입니다. 과학적인 분류와 지원 체계가 있을 때 한정된 자원으로 많은 학생을 효과적으로 도울 수 있습니다.

심장을 뛰게 할 세 가지 조건

"제 역할은 한마디로 교통정리 전문가이자 연결의 허브예요. 담임 선생님이 '민석이가 요즘 이상해요' 하고 저에게 신호를 주시면, 그때부터는 제가 움직이죠. 상담 선생님한테 심리검사를 부탁하고, 보건 선생님한테 건강 기록을 확인하고, 필요하면 제가 직접 부모님과 상담해서 외부 복지관이나 병원까지 연결해요. 담임 선생님은 아이를 가르치는 일에만 집중할 수 있도록, 나머지 복잡한 연결망을 제가 다 책임지는 거예요. 예전엔 선생님 혼자서 해결사, 탐정, 상담사 역할을 다 하셨다면, 이젠 저는 허브가 되고, 모든 전문가가 팀이 되어 함께 움직이는 거죠. 한 명의 학생을 위해 학교 전체가 하나의 뇌처럼 움직이는 거예요."

학생맞춤통합지원 시범학교에 배치된 교육복지사의 이야기입니다. 지금까지 우리가 그린 청사진은 매우 이상적으로 보일 수 있습니다. 이 훌륭한 시스템이 현실에서 제대로 작동하려면 반드시 전제해야 할 세 가지 조건이 있습니다. 바로 사람, 도구 그리고 문화입니다.

첫 번째 조건은 '사람'입니다. 아무리 좋은 자동차라도 엔진이 없으면 굴러갈 수 없습니다. 통합지원팀이라는 자동차의 엔진은 바로 교육복지사입니다. 7장에서 지적했듯, 현재 이 법의 성패를 좌우할 가장 큰 요인은 통합지원팀의 실무를 전담할 전문 인력이 있느냐 없느냐의 차이라고 할 수 있습니다. 상담 교사는 이미 상담 업무만으로도 포화 상태이며, 부장 교사들은 행정 업무와 수업으로 사례 관리의 실무를 챙길 여력이 없습니다.

교육복지사는 단순히 '착한 일 하는 사람'이 아닙니다. 이들은 학생 개인의 심리 문제뿐만 아니라 그를 둘러싼 가족, 친구, 지역사회라는 생태계 전체를 조망하고, 그 안의 자원들을 연결해 문제를 해결하는 고도의 전문성을 갖춘 '시스템 디자이너'입니다.

따라서 정부와 교육 당국은 더 이상 시범 사업이라는 이름 뒤에 숨지 말고, 모든 학교에 교육복지사 한 명 이상 의무 배치를 최우선 국정 과제로 삼아야 합니다. 물론 막대한 예산이 필요할 것입니다. 하지만 이는 한 명의 학생이 사회 부적응으로 평생에 걸쳐 유발하는 막대한 사회적 비용(의료, 복지, 범죄 등)을 예방하는 가장 확실한 '투자'입니다. 엔진을 설치하지 않고 자동차를 굴리려는 어리석음을 범해서는 안 됩니다.

두 번째 조건은 '도구'입니다. 핀란드의 윌마가 주는 교훈은 명확합니다. 수많은 정보가 흩어져 있고 소통이 단절된 환경에서는 그 어떤 협력도 불가능합니다. 컨트롤 타워가 정확한 결정을 내리려면, 모든 관련 정보를 실시간으로 수집하고 공유하는 디지털 신경망이 필수적입니다.

현재의 교육행정정보시스템(NEIS)은 성적과 출결 중심의 행정 기록 시스템일 뿐, 학생의 성장과 위기를 지원하는 복지 지원 시스템의 역할을 하지 못합니다. 따라서 교육부는 학생의 기본 정보, 상담 기록(위(Wee) 클래스 시스템), 복지 지원 이력(통합지원팀) 그리고 교사의 관찰 기록과 학부모와의 소통 내용까지 안전하게 통합 관리할 수 있는 새로운 '학생 마음 성장 정보 플랫폼(가칭 K-에듀케어)'을 시급히 개발하고 보급해야 합니다.

이 플랫폼은 다음과 같은 기능을 갖추어야 합니다.

보안성

학생의 민감한 정보가 유출되지 않도록 접근 권한을 담임 교사, 상담 교사, 교육복지사, 학부모 등 역할에 따라 철저히 통제해야 합니다.

편의성

교사들이 복잡한 절차 없이 스마트폰 앱 등으로 손쉽게 학생의 관찰 내용을 기록하고, 팀 회의를 소집하며, 지원 이력을 확인할 수 있어야 합니다.

연계성

장기적으로는 보건복지부와 성평등가족부의 관련 시스템과도 안전한 방식으로 연동되어, 외부 기관으로 학생을 연계할 때 불필요한 서류 작업 없이 원클릭으로 정보 이관이 가능하도록 설계되어야 합니다.

디지털 신경망 없는 컨트롤 타워는 현장의 결정적 신호가 닿지 않는 사령부와 같습니다. 제대로 된 도구를 갖추는 것이 시스템 성공의 두 번째 열쇠입니다.

한 걸음 더 – 지금 당장 실천할 수 있는 K-월마

학생 마음 건강 정보 플랫폼이 구축될 때까지 우리는 손 놓고 있어야만 할까요? 거창한 플랫폼은 아니지만, 현재 학교에서 나름대로 시스템을 구축하여 운영하고 있는 사례도 있습니다.

서울 Y중 학생맞춤통합지원 학생 관리 시스템

학생 관리 엑셀 활용(예시)

	학년-반	위기군	가족 관계	정서 위기 여부	경제 위기 여부	학업 위기 여부	학생 상황
홍길동	2-5	A	한 부모(모)	○	○	○	심한 우울, 주거 복지 대상, 기초학력 미도달(영, 수) 점심 먹지 않고 학급 내 교우 관계 매우 빈약함.
김철수	3-4	B	다문화	○	×	○	ADHD, 부의 잦은 체벌, 초등학교 5학년 수준의 문해 능력, 병원에서 1년간 약물 치료 중
박영미	1-7	C	-	○	×	×	잦은 욕설로 친구 관계 어려움, 초등학교 5학년 때 미술 치료 경험

학생 성장 기록지 활용(예시)

업무 관리 시스템에 구축되어 있는 '센클라우드'를 활용하여(서울이 아닌 다른 지역의 경우 구글 드라이브도 활용 가능) K-윌마를 구축한 사례입니다. 시스템은 학생 관리 엑셀, 학생 성장 기록지 두 가지 문서로 구성되어 있습니다. 학생 관리 엑셀은 학생맞춤통합지원 시스템을 전체적으로 한눈에 보도록 하는 역할을 하고, 학생 성장 기록지는 학생 한 명에 대해 현재 겪는 문제, 가족력, 위기 사건, 지원 내용, 변화 및 평가 등을 기록하여 학생을 보다 효과적으로 관리할 수 있도록 돕는 역할을 합니다.[1]

2025 학맞통 대상 학생 명단 ▼ 위기군 분류 ▼ 2025 정행 관심군 ▼ 2025 복지 명단 ▼ 2025 기초학력 진단검사 ▼

<table>
<tr><th colspan="6">연희중 학생 성장 기록지</th></tr>
<tr><td>성명(대상자)</td><td>홍길동</td><td>학년 / 반</td><td>1-1</td><td>성별</td><td>남</td></tr>
<tr><td>보호자(관계)</td><td colspan="2">홍철수 (부)</td><td>연락처</td><td colspan="2">010 - ○○○○ - ○○○○</td></tr>
<tr><td>주소</td><td colspan="2">서울시 서대문구 증가로 ○○○</td><td>가족 형태</td><td colspan="2">□ 일반 □ 조손 V 한 부모
□ 다문화 □ 소년·소녀 가장</td></tr>
<tr><td>가정 형편</td><td colspan="5">V 기초생활수급 □ 차상위 □ 기타 ( )</td></tr>
<tr><td>지원 분야</td><td>교내</td><td>V 경제
□ 학습
V 심리·정서
□ 기타 ( )</td><td>외부기관 연계</td><td colspan="2">□ 경제
V 학습
V 심리·정서
□ 기타 ( )</td></tr>
<tr><td>사례 개요</td><td colspan="5">학교 내에서 우울하고 무기력, 수업 따라가기 버거워하고 교우 관계 빈약
초등학교 5학년 때까지 1주일에 2~3번 도래놀이 치료, 미술 치료 등 다양한 심리 치료 진행
부가 일로 자녀 돌봄이 어려워 지역아동센터에서 저녁 식사 및 활동 후 귀가 (17:00~20:00)
작년 복지관 연계하여 책상 지원(65만 원) 및 ○○재단 장학금 받음.
이혼 가정이나 종종 모가 가정에 방문하여 자녀와 자주 교류함.</td></tr>
</table>

<table>
<tr><th colspan="3">통합지원 사례 관리</th></tr>
<tr><td>년 월 일</td><td>기록자</td><td>지원 내용 / 해결 방안</td></tr>
<tr><td>2025. 1</td><td>상담 교사</td><td>웩슬러 지능검사 프로그램 연계(결과 - 경계선 지능)
인지치료 및 병원 약물 치료 6개월 지원</td></tr>
<tr><td>2025. 3</td><td>복지사</td><td>복지실 3월 텃밭 가꾸기 프로그램 참여
티머니 장학금 명단 등록</td></tr>
<tr><td>2025. 5</td><td>복지 부장</td><td>부장 회의에서 학생 ○○재단 장학금 추천
담임 교사 통해 학급 내 모범 학생 도우미 매칭</td></tr>
</table>

마지막으로, 가장 중요하고도 어려운 조건은 바로 '문화'의 변화입니다. 통합지원팀이 '나와는 상관없는 소수 위원들만의 업무' 혹은 '매뉴얼에 따라 마지못해 처리해야 하는 행정 업무'로 인식되는 한, 이 시스템은 결코 학교에 뿌리내릴 수 없습니다.

시스템이 정착하려면 학교 구성원 모두의 인식이 전환되어야 합니다. 교장, 교감 등 관리자는 통합지원팀의 활동을 학교 운영 최우선 순위에 두어야 합니다. 팀 회의 시간을 정규 업무 시간으로 보장하고, 회의에 참여하는 교사들의 다른 업무를 경감하는 등 실질적인 지원을 제공해야 합니다. 또한 팀의 전문적인 결정을 존중하고, 그 결정이 학교 전체에서 힘을 얻을 수 있도록 지지해야 합니다.

교사들은 '내 반 학생'과 '남의 반 학생'을 구분하는 칸막이 의식에서 벗어나야 합니다. '모든 아이는 우리 모두의 아이'라는 공동체 의식을 바탕으로, 동료 교사가 어려움을 겪고 있을 때 기꺼이 자신의 전문성을 나누고 협력하는 문화를 만들어 가야 합니다. 통합지원 활동은 자신의 핵심적인 교육 활동을 방해하는 잡무가 아니라, 모든 학생의 성장을 돕는 교육의 본질 그 자체임을 인식해야 합니다.

학부모와 학생 들에게는 통합지원팀의 역할과 기능을 적극적으로 홍보해야 합니다. 이것이 문제아를 색출하는 위원회가 아니라, '모든 학생의 성장을 돕는 든든한 지원군'임을 인식할 수 있도록 하는 것입니다. 도움이 필요할 때는 언제든 그리고 최대한 빨리 요청하는 것이 가장 현명하다는 신뢰의 문화가 자리 잡아야 합니다.

이 장에서 우리는 통합지원팀을 학교의 명실상부한 컨트롤 타워로 구축하기 위한 구체적인 청사진을 그려 보았습니다. 그것은 명확한 역할이 있는 전문가들로 팀을 재설계하고(사람), 디지털 플랫폼이라는 효율적인 도구의 지원을 받아 데이터 기반의 체계적인 프로세스에 따라 움직이며(도구·운영), 공동체적 책임 속에서 작동하는(문화) 시스템입니다.

이 세 가지 조건이 모두 충족될 때 통합지원팀은 더 이상 법률 조문에 박제된 위원회가 아니라, 학교 전체에 자연스럽게 퍼져 나가 모든 학생을 지지하고 응원하는 살아 숨 쉬는 문화가 될 것입니다. 학교가 중심이 된다는 것은 학교가 모든 책임을 떠안는다는 뜻이 아닙니다. 학교가 지역사회와 전문가 그리고 가정을 연결하는 허브가 되어 '한 아이를 키우기 위해 온 마을이 나서는' 연대의 중심에 서는 것을 의미합니다.

이처럼 마음이 부러진 학생을 위한 학교의 응급실, 즉 통합지원팀이라는 하드웨어가 제대로 구축될 때 비로소 그 안에서 어떤 소프트웨어를 실행할 것인지를 이야기할 수 있습니다. 다음 장에서는 이 응급실이 모든 학생의 마음 근력을 키우기 위해 실행해야 할 가장 핵심적인 소프트웨어, 사회정서학습에 대해 본격적으로 논의할 것입니다.

오늘 당장 시작할 수 있는 실천 한 가지

학교의 컨트롤 타워는 저절로 움직이지 않습니다. 우리 모두가 각자의 자리에서 신호를 주고받을 때 비로소 작동하기 시작합니다.

교사라면

오늘, 혼자 감당하기 벅찬 학생이 있다면 그 학생에 대한 걱정을 공식적인 기록으로 남겨 상담 선생님이나 교감 선생님에게 전달해 보세요. 속으로만 끙끙 앓던 것을 'OO 학생에 대한 지원 요청'이라는 제목의 짧은 메모로 구체화하는 것입니다. 이는 교사 개인의 짐을 학교의 공식적인 과제로 전환하는 첫 단계이며, 멈춰 있던 컨트롤 타워에 도움이 필요하다는 첫 번째 구조 신호를 보내는 행동입니다.

학부모라면

학교의 컨트롤 타워가 내 아이를 제대로 돕게 하려면, 부모님이 가장 중요한 정보 제공자가 되어야 합니다. 오늘, 학교 공식 소통 앱이나 자녀의 알림장을 통해 담임 선생님한테 학업과 상관없는 사소한 정보를 전달해 주세요. "아이가 요즘 잠을 잘 못 자는 것 같아요" 혹은 "최근에 가장 친한 친구와 다퉈서 힘들어합니다"와 같은 정보는, 학교가 아이의 교실 속 행동을 더 깊이 이해하는 결정적인 단서가 됩니다. 선생님의 개인 번호를 통하지 않는 공식적인 소통이 학교와 가정이 신뢰 속에서 협력하는 첫걸음입니다. 학교와 가정이 정보를 공유할 때, 컨트롤 타워는 비로소 온전한 지도를 그릴 수 있습니다.

11장

마음에도 근력이 필요하다

교실에서 시작하는 심리적 면역 훈련

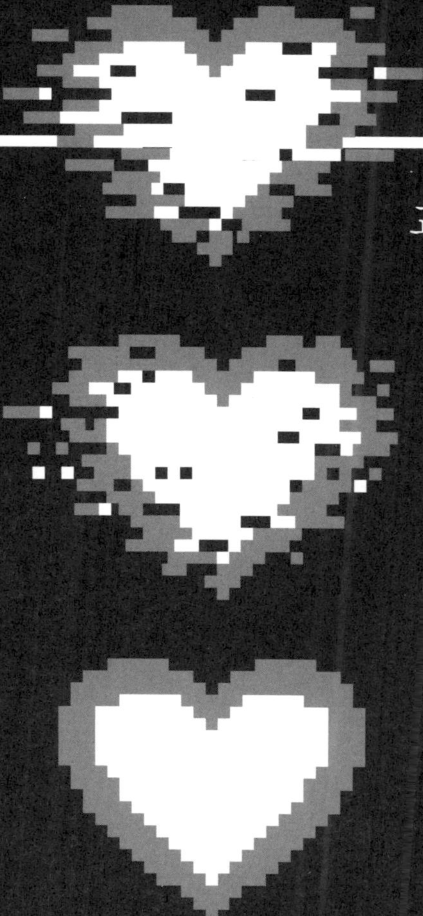

지우의 마음 감기

초등학교 2학년 지우는 오늘 아침 이불을 뒤집어쓴 채 학교에 가기 싫다고 했다. 열도 없고 기침도 하지 않았지만, 배가 살살 아프다고 했다. 어머니는 어제 단짝 친구와 사소한 말다툼을 했다는 사실을 알고 있었다. 지우는 어떻게 화해해야 할지 몰라 밤새 끙끙 앓았던 것이다. '먼저 사과하면 지는 것 같아. 친구가 나를 영원히 미워하면 어떡하지?' 온갖 부정적인 생각에 사로잡힌 아이는 결국 몸의 통증이라는 언어로 소리 없는 비명을 내뱉고 있었다.

지우가 앓고 있는 것은 단순한 배앓이가 아니었습니다. 자신의 감정을 다루고 관계의 갈등을 해결하는 방법을 배우지 못해 생긴 마음의 감기였습니다. 우리는 아이의 몸이 아플 때는 즉시 병원으로 달려가지만, 마음이 아플 때는 어떻게 해야 할지 몰라 속수무책일 때가 많습니다. 더 큰 비극은, 이 마음의 감기를 방치하면 '심리적 골절'로 이어질 수 있다는 사실입니다. 이 장은 우리 학생들이 마음의 감기를 이겨 낼 튼튼한 면역력을 기를 수 있도록 돕는 방법에 관한 이야기입니다.

학교에서는 학생들의 신체가 건강해지도록 매주 정해진 시간을 체육 교육에 할애합니다. 달리기, 구기 종목, 체조 등을 통해 학생들은 심폐 지구력을 키우고, 근력을 단련하며, 협동의 즐거움을 배웁니다. 입시에 포함되는 과목이 아니라고 해서 체육 교육을 '시간 낭비'라고 말하지 않습니다. 건강한 신체가 행복한 삶과 성공적인 학업의 필수적인 토대임을 모두가 알고 있기 때문입니다.

그렇다면 마음에 관해서는 어떤가요? 하루에도 수십 번씩 감정의 롤러코스터를 타고, 복잡한 친구 관계의 스트레스를 견디며, 불확실한 미래에 대한 불안과 싸워야 하는 학생들의 마음을 위해 무엇을 가르치고 있나요? 우리는 미적분은 가르치면서 분노를 조절하는 법은 가르치지 않고, 윤동주의 시는 가르치면서 갈등을 해결하는 대화법은 가르치지 않습니다.

10장에서는 학생 지원을 위한 튼튼한 하드웨어, 즉 학생맞춤통합지원팀이라는 컨트롤 타워를 설계했습니다. 이제 이 훌륭한 하드웨어 위에서 어떤 소프트웨어를 실행할 것인지 이야기할 차례입니다. 마음 성장이라는 새로운 패러다임이 학교 현장에 뿌리내리려면 반드시 필요한 핵심 교육과정, 즉 학생들의 마음 근력을 키우는 '마음 건강 교육'에 대한 이야기입니다.

이 장에서는 마음 건강 교육의 두 가지 핵심 구성 요소를 제안하고자 합니다. 첫째는 모든 마음 교육의 기반이 되는 운영체제, '사회정서학습'입니다. 둘째는 학생들이 살아가는 핵심 공간인 온라인에서의 생존법을 가르치는 필수 보안 프로그램, '디지털 시민교육(Digital Citizenship Education)'입니다. 이 두 가지는 더 이상 선택 사항이 아닌, 국영수만큼이나 중요한 21세기의 핵심 생존 교과입니다. 진정한 교육은 학생들을 온실에 가두는 것이 아니라 어떤 세균과 바이러스가 들끓는 세상에 나가더라도 건강하게 살아남을 수 있도록 튼튼한 면역 체계를 길러 주는 것이어야 합니다.

사회정서학습이라는 마음 운영체제

"솔직히 처음에 학교에서 사회정서학습을 연수한다고 했을 때, 또 뜬구름 잡는 소리인 줄 알았어요. '애들 감정 가르칠 시간에 수학 문제 하나 더 풀어 줘야 하는 거 아닌가?' 싶었죠. 그런데 저희 반에서 1년 동안 꾸준히 감정 일기 쓰기랑 '나-전달법' 대화를 연습해 봤거든요? 정말 놀라워요. 예전엔 애들끼리 조금만 부딪혀도 서로 소리 지르고 울고불고 난리였는데, 요즘은 '네가 그렇게 말해서 내가 속상했어'라고 자기 감정을 이야기하더라고요. 교실 분위기가 훨씬 차분해지고, 제가 아이들 싸움 말리느라 뺏기는 시간이 줄어드니까 수업에 더 집중할 수 있게 되었어요. 마음을 가르치는 게 결국 공부를 돕는 가장 빠른 길이라는 걸 이제야 깨달았습니다."

사회정서학습을 시범 운영하고 있는 초등학교 4학년 담임 교사의 이야기입니다. 10장에서 우리는 학생 지원을 위한 튼튼한 구조를 세웠습니다. 이제 그 집의 내부를 채울 시간입니다. 사회정서학습은 어떤 외부의 충격에도 집이 흔들리지 않도록 하는 강력한 내진 설계와 같습니다. 학생들 내면에 지진이 발생할 때 스스로를 보호하고 붕괴를 막는 힘을 기르는 핵심 기술입니다.

사회정서학습이라는 용어는 다소 생소하게 들릴 수 있습니다. 많은 사람이 이를 과거의 인성 교육이나 도덕 교육과 비슷한 것이라고 생각하기도 합니다. “착하게 살아라”, “친구와 사이좋게 지내라”와 같은 당위적인 구호를 가르치는 것 아니냐는 오해도 있습니다.

하지만 사회정서학습은 이러한 도덕적 훈육과는 근본적으로 다릅니다. 그 핵심은 ‘가치’를 주입하는 것이 아니라, 성공적이고 행복한 삶을 살아가는 데 필요한 구체적인 ‘기술’을 가르치고 훈련하는 것이기 때문입니다. 세계적인 사회정서학습 연구 기관인 CASEL(The Collaborative for Academic, Social, and Emotional Learning)은 사회정서학습을 “자신의 감정을 이해하고 관리하며, 타인에 대한 공감과 긍정적 관계 형성을 바탕으로 책임 있는 의사 결정을 내리는 데 필요한 지식, 태도, 기술을 습득하고 적용하는 과정”이라고 정의하고 있습니다.

이는 마치 ‘마음의 운전면허’를 따는 것과 같습니다. 도로에 나가기 전에 핸들 조작법, 브레이크 밟는 법, 신호 보는 법을 배워야 하듯, 인생이라는 도로 위에서 내 감정의 핸들을 잡고, 분노의 브레이크를 밟으며, 타인과의 관계 신호를 읽는 법을 배우는 것입니다. CASEL은 이 마음의 운전 기술을 다섯 가지 핵심 역량으로 정의합니다.

1. 마음 근력을 키우는 다섯 가지 핵심 역량

그렇다면 사회정서학습을 통해 우리가 길러야 할 마음의 근육은 구체적으로 무엇일까요? CASEL은 수많은 연구를 통해 사회정서적 역량을 다섯 가지 핵심 영역으로 정리했습니다.

① 자기 인식(Self-Awareness): 내 마음의 계기판 읽기

'지금 내 기분은 어떻지?' 하고 자신의 감정 상태를 정확히 아는 능력입니다. 계기판을 볼 줄 모르면 차가 고장 났는지 알 수 없듯, 감정을 모르면 스스로를 돌볼 수 없습니다. 내 마음이 현재 어떤 상태인지 알아야 비로소 그 마음을 다스릴 수 있습니다. 내 감정의 주인이 되는 첫걸음입니다. 이는 침묵 속에 자신을 감추던 희수에게 불안과 마주할 첫 용기를 주는 처방전입니다.

'감정 일기 쓰기'가 교실 활동 예시가 될 수 있습니다. 학생들은 하루 동안 느꼈던 다양한 감정을 기록하고, 그 원인과 그때의 생각을 성찰해 보는 활동으로 자신의 감정 패턴을 파악하며 감정 어휘력을 키웁니다.

② 자기 관리(Self-Management): 감정의 브레이크 밟기

화가 나거나 불안한 감정이 폭주할 때 마음의 브레이크를 밟고 잠시 멈추는 능력입니다. 단순히 무조건 참는 인내심이 아니라, 스트레스 상황에서 평정심을 유지하고 자신을 건강하게 돌보는 감정 조절력을 뜻합니다. 이는 '100점이 아니면 실패'라며 스스로를 끝없이 몰아세우던 수진에게 과열된 불안의 엔진을 멈춰 숨 쉴 틈을 만드는 소중한 브레이크가 되어 줄 처방전입니다.

'마음챙김 호흡'이 한 예입니다. 시험을 앞두고 불안하거나 친구와 다퉈 화가 날 때, 잠시 눈을 감고 호흡에 집중하는 훈련으로 고조되었던 감정을 가라앉히고 이성적인 판단을 내리는 심리적 공간을 확보할 수 있습니다.

③ 사회적 인식(Social-Awareness): 타인의 신호등 읽기

'저 친구 표정이 왜 저럴까?' 타인의 감정을 읽고 공감하는 능력입니다. 도로 위의 다른 차들을 살피듯, 나와 다른 사람을 이해하는 힘입니다. 자기중심적인 관점에서 벗어나 더불어 살아가는 공동체의 일원으로 성장하려면 필수적인 역량입니다. 이는 게임 세계에만 빠져 있던 민호가 현실 속 친구의 표정을 읽고 다시 관계를 맺도록 돕는 처방전입니다.

'관점 바꾸어 생각하기'를 예로 들 수 있습니다. 학급 내 갈등 상황에서 역할을 바꾸어 상대방 입장에서 상황을 설명해 보거나, 역사나 문학 속 인물의 입장을 상상하고 토론하는 활동이 대표적입니다.

④ 관계 기술(Relationship Skills): 안전하게 차선 변경하기

갈등 상황에서 '사고'를 내지 않고 대화로 풀어 가는 능력입니다. 건강하게 거절하고, 사과하고, 협력하는 구체적인 대화 기술입니다. 좋은 친구를 사귀고 팀의 일원으로 협력하는 것은 개인의 행복과 사회적 성공의 중요한 예측 변인입니다. 이는 늘 가면을 쓰고 타인을 맴돌던 유나가 진짜 자기 모습으로 친구에게 다가갈 수 있게 하는 처방전입니다.

'나-전달법(I-Message)' 훈련이 좋은 예입니다. 상대방을 비난하는 '너-전달법(You-Message)' 대신, 자신의 감정과 필요를 솔직하게 표현하는 나-전달법을 역할극을 통해 연습하는 활동이 대표적입니다.

⑤ 책임 있는 의사결정(Responsible Decision-Making): 목적지 설정하기

'이 선택이 나에게 그리고 우리에게 어떤 결과를 가져올까?'를 생각하는 능력입니다. 충동적인 선택이 아닌, 윤리적이고 안전한 선택을 하는 힘입니다. 자신의 행동이 불러일으킬 결과를 예측하고 공동체에 미칠 영향을 고려하는 성숙한 민주 시민으로 성장하는 데 핵심적인 역량입니다. 이는 모든 학생이 더 이상 충동적인 회피나 극단적인 선택이 아닌, 자신과 공동체를 위해 건강한 선택을 하도록 돕는 최종 처방전입니다.

'윤리적 딜레마 토론'이 교실 활동 예시가 될 수 있습니다. '친한 친구가 시험에서 부정행위를 하는 것을 목격했다. 나는 어떻게 해야 할까?'와 같이 정답이 없는 상황을 제시하고, 각각의 선택에 따른 결과를 분석하며 토론하는 활동입니다.

이 다섯 가지 역량은 서로 분리된 것이 아니라 유기적으로 연결되어 한 개인의 '사회정서적 지능'을 구성합니다. 학교는 모든 학생이 다섯 가지 마음 근육을 골고루 단련할 수 있는 마음 건강 피트니스 센터가 되어야 합니다.

2. 마음의 근육, 어떻게 키울 것인가?

그렇다면 이 중요한 사회정서학습을 어떻게 학교 현장에 구현할 수 있을까요? 단순히 새로운 교과목 하나를 추가하는 것만으로는 충분하지 않습니다. 사회정서학습이 진정한 효과를 발휘하려면 학교생활의 모든 측면에 자연스럽게 스며드는 'SAFE' 원칙에 따른 통합적 접근이 필요합니다.

S(Sequenced, 체계성)

교육과정은 일회성 특강이 아니라 학년 수준에 맞게 체계적으로 연계되고, 단계적으로 심화되어야 합니다.

A(Active, 활동 중심)

지루한 강의식 수업이 아니라 역할극, 토론, 프로젝트 등 학생들이 적극적으로 참여하고 연습하는 활동 중심으로 이루어져야 합니다.

F(Focused, 집중성)

사회정서적 기술 함양이라는 명확한 목표에 집중하는 시간을 정기적으로 확보해야 합니다.

E(Explicit, 명시성)

우리가 지금 배우고 있는 기술이 무엇인지 명시적으로 알려 주어야 합니다(예: 오늘은 '공감적 경청'을 배울 거예요).

이 SAFE 원칙을 바탕으로, 다음과 같은 3단계 실행 전략을 제안합니다.

1단계 명시적 교육

주 1회, 창의적 체험활동이나 학급 자치 시간 등을 마음 건강 시간으로 지정해 사회정서학습 5대 역량을 체계적으로 교육하는 시간을 확보합니다. 이때 효과가 검증된 전문 커리큘럼(예: 세컨드 스텝(Second Step)◆, 룰러(RULER)◆◆ 등)을 한국 현실에 맞게 도입하거나, 국가 수준의 표준화된 프로그램을 개발해 보급해야 합니다.

2단계 교과 통합

사회정서학습은 별도의 시간을 두어 구분하지 않고 모든 교과 수업에 자연스럽게 통합될 수 있습니다. 국어 시간에는 소설 속 인물의 감정 변화를 분석하며 자기 인식과 사회적 인식을 배웁니다. 역사 시간에는 역사적 갈등의 원인을 다양한 관점에서 토론하며 관점 수용 능력과 책임 있는 의사결정 능력을 기릅니다. 수학·과학 시간에는 어려운 문제에 도전하고 함께 해결하는 프로젝트를 통해 자기 관리(인내심)와 관계 기술(협력)을 훈련합니다.

◆ 미국의 비영리 단체 Committee for Children이 개발한 사회정서학습 프로그램. 전 세계적으로 널리 사용되는 프로그램 중 하나로 유치원부터 중학교까지 발달 단계에 맞춰 공감 능력, 감정 조절, 문제 해결 기술 등을 체계적으로 가르친다.

◆◆ 예일대학교 감성지능센터(Yale Center for Emotional Intelligence)에서 개발한 감성 지능 향상 프로그램. 감정을 인식하고(Recognizing), 이해하며(Understanding), 이름을 붙이고(Labeling), 표현하고(Expressing), 조절하는(Regulating) 다섯 가지 핵심 기술을 담고 있다.

3단계 학교 문화

사회정서학습의 최종 목표는 학교의 '문화' 그 자체가 되는 것입니다. 교사와 학생이 서로의 감정을 존중하며 소통하고, 처벌보다는 회복적 생활 교육을 통해 갈등을 해결하며, 모든 학생이 소속감과 안전함을 느끼는 학교 풍토를 조성해야 합니다. 고장 선생님의 훈화부터 급식실의 질서 지도까지, 학교의 모든 상호작용이 사회정서학습의 가치를 반영할 때 학생들은 비로소 배움을 삶으로 살아 낼 수 있게 됩니다.

3. 사회정서학습 교육의 효과

사회정서학습은 단순히 '좋은 교육'이라는 당위적인 차원을 넘어, 그 효과가 수많은 연구를 통해 과학적으로 입증되었습니다.

항목	이수 학생의 향상/감소율
학업 성취도	11퍼센타일(percentile)✦ 포인트 향상
긍정적 사회적 행동 (친절, 나눔, 공감 등)	10퍼센타일 포인트 향상
사회정서 기술 (감정 인식, 스트레스 관리 등)	22퍼센타일 포인트 향상
문제 행동 (교칙 위반, 공격성 등)	9퍼센타일 포인트 감소
정서적 고통 (불안, 우울 등)	10퍼센타일 포인트 감소

✦ 전체 중에서 해당 값의 위치가 어디쯤인지를 알려 주는 숫자로 전체 중 몇 퍼센트보다 높은가를 보여 주는 지표. 10퍼센타일이 향상되었다는 것은 전체를 100명이라고 가정하면 등위가 10등 향상된 것을 의미한다.

사회정서학습이 성적에 걸림돌이 될까 봐 걱정하는 분들도 있습니다. 하지만 연구 결과는 정반대의 사실을 보여 줍니다. CASEL의 지원으로 유치원부터 고등학교까지 27만 명 이상의 학생을 대상으로 한 213개 학교 기반 사회정서학습 프로그램을 분석한 결과는 놀랍습니다.[2] 체계적인 사회정서학습 교육을 받은 학생들은 그렇지 않은 학생들에 비해 학업 성취도가 평균 11퍼센타일 포인트나 높게 나타났습니다. 사회정서학습이 단순히 '마음이 건강한 아이'를 넘어, '학업에도 유능한 아이'를 길러 내는 과학적인 방법임이 입증된 것입니다. 또한, 사회정서학습 교육을 받은 학생들은 긍정적 사회적 행동이 크게 증가한 반면, 문제 행동과 정서적 고통은 현저하게 줄어드는 효과를 보였습니다. 이처럼 사회정서학습은 우리 학생들과 학교 그리고 사회 전체를 위한 확실하고 수익률 높은 투자임이 실증적으로 증명된 셈입니다.

한 걸음 더 – 같은 갈등, 다른 해결을 마주한 두 개의 교실

어느 5학년 교실, 모둠 과제를 두고 민준과 서현이 크게 다퉜습니다. 똑같은 갈등 상황을 마주한 두 교실의 풍경을 들여다봅시다.

사회정서학습이 없었던 교실: 상처만 남은 봉합

민준 (소리치며) "너 때문에 다 망했어! 네가 자료 조사만 제대로 했어도!"

서현 (울먹이며) "나도 열심히 했거든? 네가 잘난 척하면서 무시했잖아!"

갈등을 지켜보던 김 선생이 버럭 화를 내며 아이들을 떼어 놓습니다.

김 선생 "시끄러워! 둘 다 복도로 나와! 뭐가 잘났다고 큰소리야? 당장 서로 사과 못 해?"

두 아이는 마지못해 "미안해"라고 웅얼거립니다. 사건은 그렇게 일단락되었습니다. 하지만 그날 이후 민준은 '까칠한 애'로, 서현은 '잘 우는 애'로 친구들 사이에 낙인찍혔습니다. 둘은 졸업할 때까지 서로 한마디도 하지 않았고, 모둠 과제는 모두에게 피하고 싶은 '벌칙'이 되었습니다. 김 선생은 문제를 해결했다고 믿었지만, 사실은 학생들의 마음에 더 깊은 상처를 남기고 관계를 단절시킨 '실패한 개입'이었습니다.

사회정서학습이 스며든 교실: 함께 성장하는 배움

똑같은 상황. 하지만 사회정서학습 교육을 1년간 꾸준히 훈련해 온 박 선생의 교실은 달랐습니다.

박 선생 (두 아이를 조용한 곳으로 데려가) "둘 다 많이 속상했겠다. 선생님이 도와줄 테니, 우리 나-전달법으로 한번 이야기해 볼까? 서현이 먼저, 민준이의 어떤 말 때문에 마음이 상했는지 '나'를 주어로 말해 줄 수 있겠니?"

서현 (숨을 고르며) "민준이가 너 때문에 다 망했다고 소리쳤을 때, 나는 내 노력을 무시당한 것 같아서 너무 속상하고 억울했어요."

박 선생 "그랬구나. 민준이는 서현이의 마음을 알겠니? 그럼 이번엔 민준이가 어떤 마음 때문에 그렇게 화가 났는지 말해 줄래?"

민준 "나는 우리 모둠이 1등 하기를 바랐는데, 서현이가 가져온 자료가 부족한 것 같아서 너무 불안하고 초조했어요. 그래서 나도 모르게 화부터 냈어요."

박 선생의 중재 아래 두 사람은 비난 대신 감정과 욕구를 이야기했습니다. 서로의 마음을 이해하게 된 학생들은 '그럼 지금부터 우리가 어떻게 다시 협력할 수 있을까?'라는 다음 단계로 나아갔습니다.

그날 오후 둘은 그 어느 때보다 멋진 결과물을 함께 만들어 냈습니다. 이 교실에서 갈등은 피해야 할 문제가 아니라, 서로를 더 깊이 이해하고 함께 성장하는 '위대한 배움의 기회'였습니다.

온라인 세상의 생존법, 디지털 시민교육

"작년에 우리 아이가 단톡방 감옥에 갇혔었어요. 반 아이들 몇몇이 애만 빼고 단톡방을 만들어서 몇 달 동안 욕설을 퍼부은 거죠. 아이는 집이라는 가장 안전한 공간에서조차 24시간 내내 공격을 받았던 거예요. 스마트폰만 보면 얼굴이 하얗게 질리는데, 부모인 저는 아무것도 몰랐어요. 나중에 아이가 겨우 이야기했을 때 하늘이 무너지는 것 같았죠. 학교에 스마트폰 가져가지 말라고, SNS 하지 말라고 하는 게 해결책이 아니더라고요. 그건 아이를 그냥 고립시키는 거였어요. 아이에게 진짜 필요했던 건 금지가 아니라 온라인 세상의 위험을 정확히 알고 자신을 보호하는 법, 힘들 때 어른에게 도움을 요청하는 법을 배우는 거였어요. 우리 어른들이 아이들 손에 세상과 연결된 도구를 쥐어 주기만 했지, 그걸 안전하게 사용하는 법은 전혀 가르쳐 주지 않았던 거죠."

사이버 불링 피해 경험이 있는 한 중학생의 학부모 이야기입니다. 학생들의 마음을 '집'이라고 생각해 봅시다. 사회정서학습이라는 튼튼한 내진 설계를 마쳤다면, 이제 외부의 침입자로부터 집을 보호할 최첨단 보안 시스템을 설치할 차례입니다. 3장에서 보았듯 디지털 팬데믹이라는 바이러스는 24시간 아이들의 마음을 공격합니다. 우리는 디지털 팬데믹이 어떻게 뇌를 하이재킹하고, 자아를 파편화하며, 관계를 사막화하는지 살펴보았습니다. 디지털 시민교육은 바로 이 보이지 않는 바이러스에 맞서 싸울 수 있게 하는 백신이자 방화벽입니다.

많은 사람이 디지털 시민교육을 '미디어 리터러시'와 혼동합니다. 미디어 리터러시가 주로 온라인 정보의 허위를 판별하고 비판적으로 해석하는 '정보 해독 능력'에 초점을 맞춘다면, 디지털 시민교육은 그보다 훨씬 더 넓고 깊은 개념입니다. 디지털 시민교육은 '디지털 기술을 책임감 있고 윤리적이며 안전하게 사용해 사회 구성원으로서 배우고, 소통하고, 참여하는 능력'을 의미합니다. 즉, 단순히 정보를 소비하는 능력을 넘어 온라인 공간에서 다른 사람들과 더불어 살아가는 성숙한 시민으로서의 태도와 기술 그리고 지혜를 가르치는 것입니다.

이는 기술 사용법(how-to)에 대한 교육이 아니라, 올바른 사용 철학(why-to & should-to)에 대한 교육입니다. 우리는 지금껏 아이들에게 최신형 스마트폰을 마련해 줄 줄은 알았지만, 그 강력한 도구를 책임감 있게 사용하는 지혜를 가르치는 데는 실패했습니다. 디지털 시민교육은 바로 그 실패를 만회하기 위한 우리 세대의 최소한의 책무입니다.

디지털 정글에서 살아남는 법

디지털 시민교육의 세계적인 권위자인 마이크 리블(Mike Ribble)은 디지털 시민성의 핵심 요소를 아홉 가지로 정리했습니다. 이를 한국 현실에 맞게, 학생들이 이해하기 쉬운 세 가지 핵심 영역—존중, 교육, 보호—으로 재구성한 교육과정을 제안하고자 합니다.

① 존중: 나를 존중하고 타인을 존중하기

이 영역은 온라인이 익명의 공간이 아니라 감정을 가진 실제 사람들이 만나는 '사회'임을 인식하고, 그 안에서 지켜야 할 기본적인 예의와 법규를 배우는 것을 목표로 합니다.

디지털 에티켓(네티켓)

악성 댓글, 혐오 발언, 신상 털기 등이 왜 온라인 예절에 어긋나는지 배우고, '내가 현실에서 못 할 말은 온라인에서도 하지 않는다'는 황금률을 내면화합니다.

디지털 접근권

모든 사람이 정보와 기술에 동등하게 접근할 권리가 있음을 이해하고, 디지털 격차로 소외되는 사람들을 배려하는 태도를 기릅니다.

디지털 법과 제도

저작권, 개인정보보호법 등 온라인 활동에 적용되는 법적 책임을 이해합니다. 불법 다운로드나 타인의 사진을 무단으로 공유하는 행위가 범죄가 될 수 있음을 명확히 배웁니다.

② 교육: 스스로 배우고 현명하게 소통하기

이 영역은 온라인의 무한한 정보를 활용해 성장하고, 타인과 건설적으로 소통하는 능력을 기르는 것을 목표로 합니다.

디지털 리터러시

가짜 뉴스, 허위 정보 등을 판별하고 정보의 출처를 비판적으로 확인하는 능력을 훈련합니다.

디지털 커뮤니케이션

다양한 디지털 도구를 활용해 생각을 명확하게 표현하고 효과적으로 협력하는 법을 배웁니다.

디지털 상거래

온라인 금융 거래 시 발생할 수 있는 사기, 피싱 등의 위험을 이해하고 자산을 안전하게 관리하는 법을 배웁니다.

③ 보호: 나를 보호하고 타인을 보호하기

이 영역은 온라인 세상의 다양한 위험으로부터 자기 자신을 지키고, 위험에 처한 다른 사람을 돕는 방법을 배우는 것을 목표로 합니다.

디지털 권리와 책임

온라인에서 표현의 자유를 누림과 동시에 자신의 발언에 책임을 져야 함을 배웁니다.

디지털 안전과 보안

사이버 불링 대처법, 개인정보 설정 등 구체적인 자기 보호 기술을 습득합니다.

디지털 건강과 마음 성장

과도한 스크린 타임이 몸과 마음에 미치는 영향을 이해하고, 스스로 사용 시간을 조절하며 균형 잡는 법을 배웁니다.

이 세 가지 영역, 아홉 가지 핵심 요소는 학생들이 온라인 세상이라는 거친 바다를 항해하는 데 필요한 지도이자 나침반이며 구명조끼가 될 것입니다.

사회정서학습과 디지털 시민교육, 어떻게 통합할 것인가?

"처음엔 저도 두 가지가 별개라고 생각했어요. 학생들은 창의적 체험 활동 시간에는 '감정 조절'을, 정보 시간에는 '악플 달지 말자'고 배우죠. 근데 별로 효과가 없었어요. 따로 가르치니 그냥 또 하나의 잔소리로 듣더라고요. 그러다 결국 같은 문제라는 걸 깨달았어요. 악플을 다는 학생은 자기 분노를 조절하는 법을 못 배우고 댓글 너머의 사람을 상상하는 힘이 부족한 거잖아요.

작년 교원학습공동체에서 이 문제를 논의했고 올해부터는 시범적으로 융합 수업을 진행하고 있어요. 예를 들어, '관계 맺기' 단원에서는 친구와 직접 갈등을 푸는 나-전달법을 연습한 바로 다음 차시에 게임하다가 팀원과 분쟁이 생길 때 어떻게 채팅해야 하는지를 역할극으로 배워요. 오프라인에서의 존중과 온라인에서의 존중이 다르지 않다는 걸 몸으로 깨닫게 하는 거죠. 사회정서학습으로 마음 근력을 먼저 키워서 디지털 세상이라는 새로운 운동장에서도 다치지 않고 건강하게 뛰어놀게 해 주는 것. 그게 진짜 통합 교육인 것 같아요."

교직 경력 5년 차 중학교 교사의 이야기입니다. 여기서 우리가 주목해야 할 매우 중요한 지점이 있습니다. 바로 사회정서학습과 디지털 시민교육이 결코 분리된 과목이 아니라는 것입니다. 디지털 시민교육의 모든 핵심 요소는, 사실상 사회정서학습의 5대 역량이 온라인 공간으로 확장된 것이라고 할 수 있습니다.

디지털 에티켓을 지키려면 타인의 감정을 이해하는 사회적 인식과 충동적인 댓글을 참고 한 번 더 생각하는 자기 관리 능력이 필수적입니다. 가짜 뉴스를 판별하는 데는 비판적 사고력이 필요하며, 이는 책임 있는 의사결정의 핵심 요소입니다. 사이버 불링에 대처하려면 자신의 감정을 인식하고, 친구에게 도움을 요청하며, 가해자에게 단호하게 거부 의사를 표현해야 합니다.

즉, 사회정서학습이 마음의 기본 근력이라면, 디지털 시민교육은 그 근력을 온라인이라는 특수한 환경에서 응용하는 방법입니다. 기초 근력이 없는 사람이 고난도 기술을 배울 수 없듯, 사회정서학습 역량이 부족한 학생에게 디지털 안전 수칙만 가르쳐 봐야 소용이 없습니다.

따라서 가장 이상적인 교육 모델은 이 두 가지를 유기적으로 통합하는 것입니다. 예를 들어, '관계 기술' 단원에서는 오프라인에서의 갈등 해결법(나-전달법)과 온라인에서의 갈등 해결법(악플 대처법)을 함께 배우고, '책임 있는 의사결정' 단원에서는 현실의 윤리적 딜레마와 함께 '좋아요'를 누르기 전에 생각해야 할 것들에 관해 토론하는 식입니다. 이러한 과정에서 학생들은 온라인과 오프라인이 분리된 세상이 아니며 건강한 시민으로서의 책임과 윤리는 모든 공간에 동일하게 적용된다는 통합적인 가치관을 형성할 수 있습니다.

심리적 면역 체계를 구축하는 교육

11장의 논의를 통해 우리는 마음 성장이라는 새로운 패러다임을 학교 현장에 구현할 두 가지 핵심적인 교육과정, 즉 사회정서학습과 디지털 시민교육을 살펴보았습니다. 이 두 교육의 최종 목표는 무엇일까요?

단순히 몇 가지 지식이나 기술을 가르치는 것을 넘어, 학생들이 내면에 강력한 '심리사회적 면역 체계'를 구축할 수 있도록 하는 것입니다. 눈에 보이지 않는 세균과 바이러스에 맞서 싸우는 생물학적 면역 체계가 우리 신체에 있듯이, 마음 역시 심리적 바이러스인 스트레스, 불안, 좌절, 유해 정보, 온라인상의 혐오와 공격 등에 맞서 싸울 수 있는 면역 체계가 필요합니다.

사회정서학습은 이 면역 체계의 기초 체력을 기르는 마음의 백혈구와 같습니다. 자기 인식, 자기 관리, 공감 등의 능력은 외부의 스트레스 요인이 침투했을 때 이를 이겨 내고 회복하는 힘을 제공합니다. 디지털 시민교육은 이 면역 체계가 온라인이라는 새로운 환경에 적응하도록 돕는 예방 백신과 같습니다. 사이버 불링, 가짜 뉴스 등 특정 바이러스의 유형을 미리 알려 주고, 이에 대항할 항체를 형성하도록 돕습니다.

단순히 새로운 교과목 하나를 추가하는 것을 넘어, 학교생활의 모든 측면에 이 교육 철학이 스며들도록 해야 합니다. 주 1회 마음 건강 시간을 명시적으로 운영하고, 모든 교과 수업에 사회정서학습을 통합하며, 학교 전체가 존중과 공감의 문화를 만들어 가는 '전체 학교 차원의 접근'이 필요합니다. 물론 이 모든 것을 위해서는 교사가 먼저 이러한 철학을 깊이 이해하고, 자신의 마음을 돌볼 수 있어야 합니다. 교사를 위한 체계적인 연수 시스템 구축이 위대한 전환의 성패를 가르는 열쇠가 될 것입니다.

하지만 아무리 튼튼한 면역 체계를 갖추고 있더라도 때로는 전문가의 도움이 필요한 심각한 질병에 걸릴 수 있습니다. 학생의 마음 감기가 학교의 힘만으로는 감당할 수 없는 심리적 골절로 이어질 때, 우리는 어디로 가야 할까요? 바로 이 지점에서 시스템의 높고 두꺼운 벽, 즉 학교와 병원 사이의 거대한 경계와 마주하게 됩니다. 다음 장에서는 이 단절의 벽을 허물고 두 기관이 하나의 팀이 되어 학생들을 구하는 담대한 청사진을 그려 보고자 합니다.

오늘 당장 시작할 수 있는 실천 한 가지

마음 근력은 특별한 훈련이 아닌, 일상 속 작은 습관과 대화를 통해 길러집니다.

교사라면

오늘 수업 시작종이 울리면 바로 진도를 나가는 대신 2분만 투자해 '마음 날씨 묻기'를 해 보세요. 학생들에게 "오늘 너의 마음 날씨는 어떤 것 같니? 활짝 맑음? 조금 흐림? 아니면 천둥 번개?"처럼 묻고, 몇몇 학생이라도 자기 감정을 간단히 표현할 수 있게 기회를 주는 것입니다. 학생들이 자신의 감정에 이름을 붙이고 교사가 그 감정을 수용해 주는 이 작은 시도는 교실을 안전한 공간으로 만드는 첫걸음입니다.

학부모라면

오늘 아이와 작은 갈등이 생긴다면, "너는 왜 맨날 그러니?"라는 너-전달법 대신, 나-전달법을 딱 한 번만 사용해 보세요. 예를 들어, 아이가 대화 중에 스마트폰만 보고 있다면 "(엄마/아빠가) 너와 이야기하고 싶은데, (네가) 계속 스마트폰 화면만 보고 있으니[사실], (나는) 무시당하는 기분이 들어서 서운하고 속상해[감정]. 하루에 10분이라도 좋으니 폰은 잠시 내려놓고 우리 얼굴 보면서 이야기하는 시간을 가지면 안 될까?[요청]"처럼 말입니다. 비난 대신 나의 마음을 보여 주는 이 대화법은, 아이가 방어적인 태도를 내려놓고 부모의 마음에 귀를 기울이게 하는 기술입니다.

12장

경계를 허물다

학교와 병원이 하나의 팀이 될 때

시후가 흉기를 휘둘러요!

아침 출근길, 최 선생의 마음은 늘 조마조마하다. 1교시, 시후는 괜찮았다. 2교시, 퀴즈 게임에서 자기 모둠이 지자 시후는 폭발했다. "게임 조작이야!" 칠판 점수를 지우고 교실 밖으로 나가 버렸다.

3교시, 미술 시간. 운동장에 나가 사진을 찍자고 했지만 시후가 싫다며 버틴다. 최 선생은 어쩔 수 없이 그를 빼고 나갔다. 교실로 돌아왔을 때 게시판의 미술 작품들은 바닥에 나뒹굴고 있었고 시후는 사라지고 없었다.

점심시간 후, 운동장. 시후는 화단 표지판을 뽑아 들고 친구들을 향해 휘두르기 시작했다. "시후가 흉기를 휘둘러요!"

최 선생은 부리나케 달려가 아이와 대치한다. "괜찮아, 알았어, 내려놓자."

아이들더러 쳐다보지도, 말하지도 말라고 엄포를 놓는다. 이성을 잃은 시후를 자극하지 않기 위해, 말을 들을 수 있는 다른 아이들을 통제해야 한다.

교실 안전을 위협하는 이 문제는 단순한 '행동 문제' 차원이 아니다. 최 선생은 시후의 어머니에게 전화했다. "시후가 집에서는 특별히 문제를 일으키지 않아요. 작년에도 이야기를 들었지만, 크면 나아지겠지 생각했어요. 직장이 바빠서…… 아이와 놀아 줄 시간이 없네요." 부모는 시후의 문제에 관해 무책임한 태도로 일관한다.

최 선생은 이 모든 지도를 홀로 감당하며 영혼이 잠식당하는 기분을 느꼈다. 가정이라는 첫 번째 울타리가 무너진 상태에서 학교가 쏟아붓는 노력은, 깨진 독에 물을 채우려는 시도만큼이나 허망하고 고독했다.[3]

최 선생의 교실은 무너졌습니다. 교사는 학생을 치료할 '의사'도, 부모의 상담을 강제할 '경찰'도 아니었습니다. 이 거대한 벽 앞에서 우리는 무엇을 해야 할까요?

11장에서 제안한 튼튼한 마음 근력과 심리적 면역 체계 구축은 모든 학생을 위한 필수적인 예방 백신입니다. 하지만 시후의 사례는 그 예방만으로는 감당할 수 없는, 이미 '심리적 골절'이나 '심리적 급성 감염' 상태에 이른 학생들이 교실에 존재함을 고통스럽게 증언합니다. 11장이 모든 학생을 위한 보편적 예방에 관한 설계도였다면, 12장은 그 예방의 그물망을 뚫고 나온 학생들, 즉각적인 전문 치료와 시스템 개입이 필요한 학생들을 어떻게 구할 것인지에 관한 응급 매뉴얼입니다.

교사, 사면초가에 놓이다

시후의 이야기는 일부 학교의 특별한 사례가 아닙니다. 2022년 좋은교사운동이 전국 유·초·중·고 교사 681명을 대상으로 한 설문

조사에 따르면 현장 교사의 87%가 정서행동 위기 학생을 지도한 경험이 있으며, 이들의 문제 행동이 '매일 발생한다'는 응답이 80%에 달했습니다.[4]

이는 교실 붕괴가 사건이 아니라 일상이 되었음을 의미합니다. 보건복지부와 국립정신건강센터가 주관하고 서울대학교 김붕년 교수팀이 수행하여 2024년 발표한 대한민국 최초의 전국 단위 조사인 〈2022년 소아·청소년 정신건강 실태조사〉에 따르면, 한국의 소아·청소년 여섯 명 중 한 명(16.1%)은 평생 한 번 이상의 정신장애를 경험한 것으로 나타났습니다. 특히 전문가의 도움이 시급한 '현재 유병률'은 7.1%에 달하며, 이는 한 학급당 평균 두 명꼴로 당장 전문적인 치료나 상담이 절실한 위기 학생이 존재한다는 사실을 방증합니다. 하지만 현장의 교사들은 이 '일상적 재난' 앞에서 사면초가에 놓여 있습니다.

첫째, 교사가 마주하는 것은 단순히 다루기 힘든 행동의 문제가 아니라, 전문적인 개입이 필수적인 임상적 영역의 정서행동장애입니다. 일반적인 행동 문제는 대화로 해결할 수 있지만, 시후의 경우처럼 통제 불가능한 수준의 정서행동장애는 교사의 교육적 역량과는 별개의 문제입니다.

둘째, 법적 딜레마입니다. 시후가 흉기를 휘두를 때 교사가 이를 제어하지 않으면 직무 유기가 될 수 있지만, 제어 과정에서 조금이라도 흠이 잡히면 아동 학대로 신고당할 수 있습니다.

셋째, 나침반 없는 현실입니다. 교실에서 당장 학생을 제지할 수 있는 훈육 체계나 법적 마련이 미비한 상태에서 교사들은 오직 개인의 노하우에 의존해 전쟁을 치르고 있습니다.

이 모든 부담은 교사 개인에게 전가됩니다. 교사는 상담사, 의사, 교사의 역할을 동시에 해내야 합니다. 하지만 교사가 아무리 애를 써도 넘을 수 없는 두 개의 거대한 벽이 존재합니다.

1. 병원의 벽

교사가 학생의 이상행동을 인지하고 전문적 도움을 주려 할 때 가장 먼저 부딪히는 벽은 병원, 즉 의료 시스템과의 단절입니다. 이 벽은 두 부류의 학생 모두를 좌절시킵니다. 시후의 경우처럼 정서행동장애가 있는 학생에게도 효과적인 도움을 주지 못하지만, 더 안타까운 경우는 지현처럼 조용히 무너지는 학생입니다.

> 지현은 겉으로 보기에는 조용하고 문제가 없는 학생이다. 하지만 사실 지현은 만성적인 불안과 싸우고 있다. 담임 교사는 지현이 발표할 때마다 극도로 불안해하고 친구들과 어울리지 못하는 것을 걱정해 위(Wee) 클래스에 상담을 의뢰했다. 상담 교사는 몇 차례 상담을 진행했지만, 지현이 쉽게 마음을 열지 않자 문제의 뿌리가 더 깊다고 판단해 외부 기관 연계를 권고했다. 하지만 여기서부터 시스템의 균열이 드러나기 시작했다.
>
> 지현의 부모님은 정신과에 대한 사회적 편견과 시간적 부담으로 병원 방문을 끝없이 주저했다. "우리 애는 그냥 좀 예민한 것뿐이에

요." 담임 교사가 어렵게 설득해 지역 청소년상담복지센터에 연락했지만, 상담 예약이 3개월 밀려 있다는 답변만 돌아왔다. 기다리는 동안 지현의 불안은 등교 거부로 이어졌다. 뒤늦게 찾아간 동네 소아청소년과에서는 단순 스트레스라는 진단을 받았고, 학교에서는 무단결석으로 처리될 뿐이었다. 학습 부진은 심해지고, 지현의 불안과 가족의 걱정은 갈수록 커져만 갔다.

왜 부모는 병원 방문을 그토록 두려워할까요? 이는 4장에서 다룬 완벽주의 사회의 각본과 연결됩니다. 한국 사회에서 정신과 진료기록은 단순한 의료 기록이 아니라 '성공'이라는 정해진 레이스에서 탈락했음을 알리는 주홍 글씨로 작동하기 때문입니다. 지현의 부모가 주저하는 것은 자녀에 대한 사랑이 없어서가 아니라, 아이의 미래를 망칠지도 모른다는 사회적 공포 때문입니다.

이러한 낙인에 더해 시스템마저 작동하지 않습니다. 현행 정서행동특성검사 역시 이 벽을 넘지 못합니다. 학생들은 문제 학생이라는 낙인이 두려워 솔직하게 응답하지 않고, 검사 이후 관심군 학생이 실제 의료 기관으로 연계되는 비율은 20% 남짓에 불과합니다. 학교는 권고만 할 뿐입니다. 병원 역시 마찬가지입니다. 한 소아청소년정신과 전문의는 이렇게 말합니다.

부모님이 아이를 데리고 병원에 오시면 저희가 볼 수 있는 시간은 일주일에 10분 남짓, 진료실에서의 모습이 전부입니다. 내담자가 겪는 문제의 90%는 학교생활에 원인이 있을 텐데 저희는 그야말로 깜깜이죠. 담임 선생님이 보기에 내담자가 교실에서 어떤 모습인지, 친구 관계는 어떤지 알아야 정확한 진단과 치료 계획을 세울 수 있는데, 정보를 얻을 방법이 없어요. 학교에 요청해도 개인정보보호법 때문에 알려 줄 수 없다는 답변만 돌아옵니다. 결국 저희는 부모님의 제한적인 설명과 내담자의 단편적인 모습만 보고 판단해야 하죠. 이건 마치 안개를 보면서 그림을 그리는 것과 같아요. 내담자를 온전히 돕고 싶은데, 시스템이 의사의 눈과 귀를 가리고 있는 겁니다.

학교는 권고라는 무력한 손길만 내밀고, 병원은 교실의 맥락이라는 정보 없이 어둠 속에서 진단합니다. 학교와 병원 사이를 흐르는 이 단절의 강에 다리가 놓이지 않는 한, 학생들은 시스템의 균열 사이로 조용히 침몰하게 됩니다.

2. 가정의 벽

교사들을 더 절망하게 만드는 것은, 병원의 높은 문턱보다 더 완고한 '가정의 닫힌 문'입니다. 앞서 제시한 좋은교사운동의 설문에서 교사들이 지도 시 어려운 점 두 번째로 꼽은 것은 비협조적인 보호자(31%)였습니다.[5]

최경희의 글 〈정서행동 위기학생 문제 현장 실태〉의 분석은 이 문제의 핵심을 짚습니다.[6] 가장 위험한 부모는 '자녀의 어려움을 인정하지 않는 부모'입니다. 시후의 어머니가 "우리 애는 집에서는 안 그래요"라고 말하는 순간, '크면 나아지겠지'라고 생각하는 순간 학교의 모든 노력은 물거품이 됩니다. 부모는 방어막 뒤에 숨어 버리고, 교사는 학생에게 무방비 상태로 노출됩니다.

또 다른 교사의 사례는 더욱 처참합니다. 학부모는 직장이 바쁘다는 이유로 1학기 내내 학교에 한 번도 오지 않습니다. 교사가 사방으로 뛰어다니며 겨우 병원 진단을 연계했지만, 맞벌이 3교대 근무를 하는 빈곤층 학부모에게는 아이를 데리고 병원에 갈 비용도, 시간도 없었습니다. 교사는 모든 노력이 수포로 돌아가는 것처럼 느낍니다. 자신이 할 수 있는 노력을 다했음에도 교사는 학생이 사고라도 낼까 봐 전전긍긍하며, 오히려 학부모의 눈치를 보며 간절히 매달려야 하는 주객전도의 비극이 벌어집니다.

학교는 부모의 치료 동의 없이는 한 발짝도 나아갈 수 없습니다. 하지만 현재 시스템은 부모의 동의를 강제할 그 어떤 권한도, 나침반도 교사에게 주지 않습니다.

두 개의 벽을 동시에 허무는 열쇠

이 총체적 난국을 해결하기 위해, 우리는 '교육'의 울타리를 넘어 '의료'와 '법'의 영역을 과감하게 끌어들여야 합니다. 병원과 가정 앞에 놓인 벽을 허물기 위한 세 가지 열쇠를 제안합니다.

1. 학생 마음 성장 바우처

첫 번째 벽인 병원 문턱을 낮추기 위해 모든 학생에게 '학생 마음 성장 바우처'를 지급하는 정책을 제안합니다. 이는 신체 건강검진처럼 모든 학생이 연 1회 정신건강 검진 및 초기 상담을 무료로 받을 수 있는 권리입니다. 핵심은 정신과라는 높은 벽이 아니라 동네 단골 소아청소년과를 1차 관문으로 활용하는 것입니다.

> "저는 동네에서 20년째 어린이, 청소년 환자를 보고 있어요. 요즘 감기나 장염으로 오는 아이들보다 원인 모를 두통, 복통, 틱장애 때문에 오는 환자가 훨씬 많아요. 이야기를 들어 보면 90%는 심리적인 문제죠. 학업 스트레스, 친구 관계…… 부모님들께 조심스럽게 정신건강의학과 상담을 권하면 대부분 손사래를 치세요. 우리 애는 문제없다고요.
>
> 만약 정부에서 마음 성장 바우처 같은 걸 지원한다면 상황은 완전히 달라질 거예요. 예방접종 하듯이, 영유아 검진 하듯이, 저희 같은 동네 병원에서 편하게 마음 건강검진을 받을 수 있다면요. 저희가 1차 관문이 되어서 전문 치료가 필요한 경우는 상급 병원으로 연결하고, 가벼운 성장통을 겪는 아이와 부모님들께는 안심과 지지를 전할 수 있죠. 병원의 문턱을 낮추는 것, 이게 모든 해결의 시작입니다."

소아청소년과 전문의의 이야기입니다. 이 바우처는 낙인이 아닌 보편적 권리로 지현 같은 학생의 부모가 느끼는 심리적 저항을 낮추고, 골든 타임을 확보하는 효과적인 다리가 될 것입니다.

2. 학생맞춤통합지원법의 실질적 권한

두 번째 벽인 닫힌 가정의 문을 열기 위해서는 '선의'가 아닌 '권한'이 필요합니다. 현장 교사들이 절실하게 원했던 것은 법적 근거 마련이었습니다. 10장에서 설계한 학생맞춤통합지원법이 단순한 연계에 그쳐서는 안 됩니다.

시후의 사례처럼 학생이 지속적으로 자신이나 타인의 안전을 위협함에도 보호자가 정당한 사유 없이 전문가의 진단과 치료를 거부할 경우, 학교장(통합지원팀)이 보호자에게 전문가 진단을 공식적으로 요구하고, 이에 불응할 시 아동보호전문기관 등 상급 기관에 교육적 방임으로 조사를 의뢰할 수 있는 법적 권한이 명시되어야 합니다. 이는 교사에게 '벌벌 기는' 역할이 아니라, 학생의 치료받을 권리를 지키는 '최후의 보루' 역할을 부여하는 것입니다.

3. 교육-의료-법률 코디네이터

위 두 개의 열쇠를 현장에서 실제로 작동하게 할 연결 고리가 필요합니다. 바로 교육지원청에 소속된 교육-의료-법률 연계 코디네이터입니다. 이 전문가의 역할은 이원적입니다.

지현의 경우

마음 성장 바우처를 통해 얻은 병원의 의료적 소견을 교육적 언어로 번역해 담임 교사가 교실에서 무엇을 해야 할지 구체적인 솔루션을 제공합니다. 동시에, 11장에서 제안한 불안 다루기 사회정서학습 소그룹에 지현이 참여하도록 학교 통합지원팀과 협의합니다.

시후의 경우

부모가 상담을 거부할 때 담임 교사 대신 법적 권한에 따른 조처를 실행합니다. 아동보호전문기관에 공문을 보내고, 가정방문팀을 꾸리는 등 모든 행정적·법적 절차를 전담합니다. 또한 11장의 분노 조절 사회정서학습 프로그램이 약물 치료와 병행되도록 설계합니다.

치료와 교육은 분리된 것이 아니라, 이 코디네이터를 통해 하나의 시스템으로 작동해야 합니다. 교사는 교실의 안전과 교육에만 집중하고, 코디네이터가 학교 밖의 복잡한 시스템을 연결하는 허브가 되어야 합니다. 세 가지 열쇠는 강력하지만, 독자들은 즉각적으로 반론을 떠올릴 수 있습니다.

바우처 쇼핑이나 불필요한 과잉 의료화의 위험성을 지적할 수 있습니다. 그러나 현재의 방치로 인해 발생하는 막대한 사회적 비용이, 과잉 의료화의 위험보다 압도적으로 크다는 점을 직시해야 합니다. 동네 소아청소년과라는 1차 필터가 이 위험을 완충할 수 있습니다.

학교가 부모를 고소하는 기관으로 비칠 위험은 없을지에 대한 염려도 존재합니다. 이 권한은 교사의 '무기'가 아니라 학생의 '방패'임을 명확히 해야 합니다. 이는 부모를 처벌하기 위함이 아니라, 정서장애행동을 보이는 학생 당사자와 교실 내 다른 학생들의 학습권과 안전권을 지키기 위한 최소한의 법적 안전장치입니다.

또 하나의 행정 업무로 전락할 위험은 없을지도 생각해 볼 문제입니다. 그렇기에 코디네이터는 10장의 학교 통합지원팀 담당자가 아니라 교육지원청에 소속된 고도의 의료 및 법률 전문 인력이어야 합니다. 이들은 행정가가 아닌, 시스템을 움직이는 전문가입니다.

한 걸음 더 – 시후를 위한 교육지원청 연계 사례 회의

만약 이 세 가지 열쇠가 있었다면, 시후를 위한 회의는 어떻게 달라졌을까요? 다음은 학교의 의뢰를 받은 교육지원청에서 열린 연계 사례 회의입니다.

2030년 제17차 ○○교육지원청

학생맞춤통합지원센터 연계 사례 회의

일시: 2030년 5월 10일(금) 14:00

안건: ○○초 2학년 학생(정다은 선생님 학급)의 공격 행동 및 보호자 상담 거부에 대한 통합 지원 방안

참석자: 최현주(교육지원청 학생맞춤통합지원센터장·위원장), 이로움(교육지원청 연계 코디네이터), 정다은(새움초 담임 교사), 김 원장(마음튼튼 소아

청소년과 원장/화상으로 참여), 박 팀장(관할 아동보호전문기관 사례관리팀장), 지현 어머니(화상으로 참여)

위원장 정 선생님, 학교 통합지원팀에서 해결이 어려워 저희 센터에 정식으로 의뢰하신 건입니다. 먼저, 현장 상황을 공유해 주시죠.

정 담임 교사 네. 흉기 위협 등 학생의 공격적 행동이 지속되어 교실 안전이 심각하게 위협받고 있습니다. 하지만 학부모님은 경제적·시간적 이유로 2차 상담 및 병원 방문을 모두 거부하고 계십니다.

이 코디네이터 사안의 시급성을 인지했습니다. 학부모님께 마음 성장 바우처를 통한 무료 검진을 최종 안내했으나 이마저 거부하셨습니다. 이에 학생맞춤통합지원법 제○○조에 의거, 학교장 명의로 전문가 진단 의뢰서를 발송하고 아동보호전문기관에 공식 협조를 요청했습니다.

박 팀장 저희도 코디네이터님 요청으로 어제 합동 가정방문을 진행했습니다. 부모님께 필수적인 의료 조치를 지속적으로 거부하는 것은 교육적 방임에 해당할 수 있음을 고지했습니다. 다행히 법적 절차에 부담을 느끼시고, 바우처를 사용한 1차 진료에 동의하셨습니다.

김 원장 네, 어제 1차 검진을 마쳤습니다. 소견은 중증 ADHD 및 적대적 반항장애 공존이 강하게 의심됩니다. 부모님께 약물 치료의 시급성을 설명했고, 바우처 잔액 및 복지 연계를 활용해 상급 병원 정밀 진단을 진행하기로 했습니다.

위원장 감사합니다. 그럼 각 기관의 역할을 명확히 하겠습니다. 코디네이터는 병원의 진단 결과를 바탕으로 정 선생님께 교실 내 행동 중재안을 즉시 마련해 주시고, 아동보호전문기관은 가정이 치료를 중단하지 않도록 모니터링해 주십시오. 정 선생님, 이제 혼자가 아닙니다. 교실 안전은 우리 교육지원청이 팀으로 함께 책임지겠습니다.

모두를 위한 마음 성장 생태계

이 모든 상상은 하나의 분명한 목표를 향합니다. 학생의 마음 문제를 더 이상 개인의 나약함이나 실패 혹은 숨겨야 할 '특별하고 부끄러운 일'이 아닌, 누구나 겪을 수 있는 '자연스러운 성장통'으로 받아들이는 인식의 대전환입니다. 감기에 걸리면 병원에 가듯, 마음에 도움이 필요할 때 전문가를 찾는 것을 당연하게 여기는 문화를 만드는 것입니다. 그리고 이 문화 위에서 가정, 학교, 의료 기관, 지역사회가 유기적으로 연결된 촘촘하고 따뜻한 그물망이 되어 아이들의 성장을 한순간도 놓치지 않고 지원하는 생태계를 구축하는 것입니다.

이 생태계에서 각자의 역할은 명확해집니다. 학교는 정신건강 문제 대응이라는 과도한 부담을 덜고, 학생들의 잠재력을 깨우고 관계 맺는 법을 가르치는 교육 본연의 역할에 집중할 수 있습니다. 의료 시스템은 학교라는 장벽 뒤에 고립되지 않고, 의료적 접근이 가장 필요한 학생들에게 적시에 전문성을 발휘하며 치료의 골든 타임을 확보합니다. 교사가 '밑 빠진 독에 물 붓는' 절망감이 아니라 든든한 '팀'의 지원 속에서 학생들을 가르칠 때, 비로소 어떤 학생도 시스템의 균열 사이로 추락하지 않도록 지켜 낼 수 있을 것입니다.

하지만 이 모든 시스템이 작동한다고 해도 우리는 근본적인 질문을 놓쳐서는 안 됩니다. 흉기를 휘두르는 학생과 대치하며 막아섰던 최 선생님, 부모의 비협조에 '벌벌 기며' 전화를 돌려야 했던 교사, 지현의 등교 거부에 속수무책이었던 담임 교사……. 이 시스템의 가장 앞에서 모든 상처를 온몸으로 받아 내는 교사의 마음이 이미 소진되어 있다면 어떻게 될까요? 이 장에서 설계한 정교한 다리들은, 결국 상처 입은 치유자가 홀로 지탱해야 하는 것은 아닐까요?

학생을 살리는 시스템은 그 지원자를 지원하는 시스템 없이는 완성될 수 없습니다. 이제 이 위대한 과업의 수행자이자 교실의 또 다른 '환자'인 교사의 마음을 들여다볼 차례입니다.

벽을 눕히면 다리가 됩니다. 제도와 시스템을 구축해 나가면 학교와 병원, 학교와 가정 사이의 단절된 강에 다리를 놓을 수 있을 것입니다. 이 모든 일의 시작점은, 서로를 향해 징검돌 하나를 놓는 작은 용기입니다.

교사라면

학부모님께 외부 기관 연계를 권유할 때, 정신건강의학과라는 높은 벽 대신 가까운 소아청소년과라는 낮은 문턱을 먼저 제안해 보세요. "○○이가 요즘 배가 자주 아프다고 하는데요. 혹시 스트레스 때문일 수도 있으니 단골 소아청소년과에 가셔서 의사 선생님과 한번 편하게 이야기 나눠 보시는 건 어떨까요?"라고 말입니다. 부모의 심리적 저항감을 낮추고, 신뢰하는 동네 의사를 통해 의료 시스템으로 안전하게 진입하도록 돕는 지혜로운 첫걸음입니다.

학부모라면

아이의 힘든 마음에 관해 가족과 이야기할 때 '정신과'나 '문제'라는 단어 대신 '마음 감기'나 '두뇌의 성장통'이라는 표현을 의식적으로 사용해 보세요. "우리 ○○이(가) 요즘 마음 감기가 걸려서 힘든가 보다. 같이 병원에 가서 마음의 열을 좀 재 볼까?"처럼 말입니다. 언어를 바꾸는 것은 우리 안에 깊이 박힌 편견과 낙인을 걷어 내는 첫걸음입니다.

13장

상처 입은 치유자

교사가 살아야 교실이 산다

비어 있는 잔

4년 전 처음 교단에 섰을 때, 초임 교사 김 선생의 잔은 가득 차 있었다. 학생들의 눈높이에 맞춰 세상을 설명해 주고 싶다는 열정, 학생들과 함께 웃고 성장하리라는 희망, 더 나은 교실을 만들 수 있다는 자신감으로 잔은 매일같이 넘실거렸다. 하지만 4년이 지난 지금 그의 잔은 바닥을 드러낸 채 바싹 말라붙어 있다.

"어느 날 수업 시간에 한 아이가 갑자기 울음을 터뜨렸어요. 달래줘야 하는데, 제 마음에서 아무런 감정이 일어나지 않는 걸 느꼈습니다. 그냥 '또 시작이구나' 하는 피로감만 밀려왔죠. 아이들에게 웃어줄 수가 없었어요. 아이들의 작은 실수에도 저도 모르게 날카로운 말이 튀어나왔죠. 퇴근하고 집에 돌아오면 녹초가 되어 아무것도 할 수 없었고, 주말 내내 잠만 잤습니다. 그런 제 모습이 너무 혐오스러웠어요. 학생들을 위해서라도 제가 잠시 멈춰야 한다고 생각했습니다."

이 이야기는 김 선생님 개인의 비극이 아닙니다. 이것은 우리 교육 시스템이 어떻게 헌신적인 교사들의 잔을 비워 버리는지에 관한 고발입니다. 그리고 이 장은, 그 비어 있는 잔을 어떻게 다시 채울 수 있는지에 관한 제안입니다. 물이 비어 있는 잔으로는 다른 잔을 채울 수 없습니다. 당연한 이 이치는 교육 현장에서 너무나 오랫동안 외면당해 왔습니다.

지금까지 몇 개의 장에 걸쳐 아픈 학생들을 치유하고 교실을 다시 희망의 공간으로 만들기 위한 거대한 청사진을 그려 왔습니다. 학교에 학생 지원의 컨트롤 타워를 세우고, 그 안에서 모든 학생의 마음 근력을 키우는 사회정서학습과 디지털 시민교육이라는 최신 소프트웨어를 실행하자고 제안했습니다. 이 모든 위대한 과업을 실제로 수행해야 하는 사람은 누구일까요?

바로 교사입니다. 우리는 지금껏 교사들에게 너무나 많은 역할을 요구해 왔습니다. 그들은 지식 전달자이자 상담가여야 하며, 행정가이자 갈등 중재자여야 합니다. 이제 그들에게 '마음 성장 설계자'라는 역할까지 추가하려고 합니다. 여기서 가장 근본적인 질문과 마주해야 합니다. 정작 그 교사들의 잔은 채워져 있는가? 정서적으로 소진되고, 시스템의 압박에 짓눌려 있으며, 전문적 지원의 부재로 고립감 속에서 외로워하는 교사, 즉 '비어 있는 잔'이 과연 학생들의 잔을 채울 수 있는가?

이 장은 책의 마지막 퍼즐 조각입니다. 학생을 지원하는 시스템에 대한 논의는, 그 지원자를 지원하는 시스템에 대한 논의로 완성되어야 합니다. 교사의 마음 건강은 더 이상 교사 개인을 위한 복지나 혜택의 문제가 아닙니다. 그것은 학생 마음 성장 시스템 전체의 성패를 좌우하는 핵심적인 기반 시설입니다. 교육의 질을 좌우하는 가장 중요한 전제 조건입니다. 지원자를 지원하지 않는 시스템은 모래 위에 지은 집처럼 위태로울 수밖에 없습니다. 이제 교실의 '숨은 환자', 지친 교사들의 마음을 들여다보고 그들을 위한 구체적인 생태계적 돌봄 시스템을 제안하고자 합니다.

교사 소진의 민낯

"작년에 3년 만에 교직을 그만뒀어요. 임용고시 합격했을 땐 세상을 다 가진 것 같았는데…… 막상 교실에 들어가니 전쟁터더라고요. 제 마음은 돌볼 틈도 없이 매일 아이들의 상처와 분노를 온몸으로 받아 내야 했어요. 퇴근하면 방전된 배터리처럼 쓰러졌죠. 그런데 저를 더 힘들게 한 건 고립감이었어요. 옆 반 선생님도, 부장님도 다들 너무 바빠 보이고, 힘들다고 말하는 게 제 무능을 인정하는 것 같아서 늘 혼자 끙끙 앓았어요. 아이들이 너무 예뻤지만, 제가 소진되니까 더 이상 사랑을 줄 수가 없더라고요. 아이들에게 미안해서, 그리고 저 자신이 더 망가지기 전에 도망쳐야 했습니다."

3년 차에 학교를 그만둔 전직 초등교사의 이야기입니다. 이러한 교사의 소진은 교실 전체의 근간을 서서히 무너뜨리는 '조용한 붕괴'입니다. 비어 있는 잔을 가진 교사에게는 통합지원팀 회의에 참여할 심리적 에너지가 남아 있지 않습니다. 사회정서학습을 가르칠 공감 능력과 인내심이 바닥나 있습니다. 병원과의 긴밀한 협력을 이끌어 갈 열정이 이미 재가 되어 버렸습니다. 학생들의 마음 건강 위기를 이야기할 때, 우리는 종종 교사 역시 그 위기의 한복판에 서 있는 취약한 존재라는 사실을 잊곤 합니다. 교실의 위기는 학생과 교사 모두에게 깊은 상처를 남깁니다.

2023년 서이초 사건 이후, 교사들의 정신 건강 문제는 더는 외면할 수 없는 사회적 의제로 떠올랐습니다. 교육부와 각종 교원 단체의 실태조사는 충격적인 현실을 보여 줍니다. 2023년 전국교직원노동조합과 녹색병원에서는 전국 교사 3,505명을 대상으로 '교사직무 관련 마음 건강 실태조사'를 실시했습니다. 조사 결과에 따르면, 심한 우울 증상을 보이는 교사의 비율은 38.3%에 달했습니다. 이는 동일한 도구로 조사한 일반 성인의 우울 증상 유병률 8~10%보다 최대 네 배 이상 높은 수치입니다. 교사 열 명 중 예닐곱 명이 심각한 직무 스트레스를 호소하고 있으며, 상당수의 교사가 '기회가 된다면 교직을 떠나고 싶다'고 응답했습니다. 실제로 저연차 교사들의 조기 퇴직률은 해마다 증가하는 추세입니다. 교실을 지키는 교사들이, 사실은 우리 사회에서 마음이 아픈 집단 중 하나가 된 것입니다.

교실은 보람과 성장의 공간이 아니라 하루하루를 버텨 내야 하는 생존의 공간이 되어 버렸습니다. 교사들은 왜 이토록 아플까요? 교사들을 소진으로 몰아가는 구조적인 원인은 크게 세 가지로 분석할 수 있습니다.

첫째, 과도한 감정 노동입니다. 오늘날 교사는 단순히 지식을 가르치는 것을 넘어, 1부에서 분석했던 것처럼 복합적인 어려움이 있는 학생들의 '감정의 쓰레기통' 역할을 감당해야 합니다. 부모의 방임으로 상처 입은 아이, 분노를 조절하지 못하는 아이, 무기력에 빠진 아이 들의 불안과 슬픔, 분노를 온몸으로 받아 내야 합니다. 정작 교사 자신의 감정은 억누른 채 항상 친절하고 이해심 많은 모습을 '연기' 해야 하는 이 과정에서 정서적 에너지는 급격히 고갈됩니다.

둘째, 시스템적 압박입니다. 5장에서 보았듯 교육의 사법화는 교사들을 24시간 감시받는 잠재적 범죄자로 만들었습니다. 정당한 훈육마저 아동 학대로 신고당할 수 있다는 불안감, 끝없이 이어지는 학부모의 민원과 비난 그리고 복잡한 행정 서류와 성과 평가의 압박은 교사들을 만성적인 스트레스와 무력감에 시달리게 합니다.

셋째, 모든 상황에서 전문성을 담보해야 한다는 고립감입니다. '교사는 교실 안에서 모든 문제를 완벽하게 해결해야 한다'는 전문가적 결벽은, 역으로 교사를 교실이라는 고립된 섬에 가두는 창살이 되었습니다. 도움을 요청하는 것을 실력 없음으로 치부하는 문화 속에서 교사는 자신의 상처를 드러내기보다 숨기는 법을 먼저 배웠습니다. 많은 학교에서 교사들은 각자의 교실 문을 닫고 나 홀로 모든 문제를 해결하는 문화에 익숙합니다. 개별 교사는 어려움을 동료에게 털어놓는 것을 자신의 무능함을 드러내는 것이라 여기고, 관리자는 지원보다는 통제와 감독의 역할을 하는 경우가 많습니다. 함께 머리를 맞대고 문제를 해결하는 협력의 경험이 부재한 환경에서 교사들은 깊은 외로움과 고립감을 느낍니다.

교사의 소진은 단지 교사 개인의 불행으로 끝나지 않습니다. 이는 교실 전체의 공기를 오염시키고, 아이들에게 직접적인 피해를 입히는 '조용한 재앙'입니다. 캐나다 브리티시 컬럼비아 대학교(UBC)

연구팀이 《사회과학과 의학(Social Science & Medicine)》에 발표한 연구에 따르면, 교사의 번아웃 수치가 높은 학급의 학생들은 아침 시간대 스트레스 호르몬(코르티솔) 수치가 타 학급보다 유의미하게 높게 측정되었습니다. 선생님의 지친 마음이 보이지 않는 공기를 타고 아이들의 몸속 호르몬까지 바꿔 놓은 것입니다.[7] 소진된 교사는 학생들에게 덜 따뜻하고, 인내심을 덜 발휘하며, 더 비판적이고 통제적인 경향을 보입니다. 학생들의 작은 실수에도 짜증을 내고, 감정적 신호를 무시하거나 오해하기 쉽습니다.

교사가 불안하면 학생들도 불안하기 마련입니다. 교사가 무기력하면 학생들도 배움의 의욕을 잃습니다. 교사가 행복하지 않은 교실에서 학생들이 행복하기를 바라는 것은 어불성설입니다. 결국 교사의 마음 건강은 학생의 마음 성장과 분리될 수 없습니다. 학생을 살리기 위한 모든 노력이 교사를 살리는 것에서부터 시작되어야 하는 이유가 바로 여기에 있습니다.

교사를 위한 생태계적 돌봄 시스템

"교장으로서 제1원칙은 '교사가 행복해야 아이들이 행복하다'입니다. 저희 학교는 외부에서 힐링 연수 강사 부르는 데 돈 안 써요. 대신 매주 수요일 마지막 시간을 동료 교사 지지 모임으로 정해서 아예 시간표에 박아 놨습니다. 대여섯 명씩 짝을 이뤄서 돌아가면서 맡고 있는 반의 힘든 점, 속상했던 일, 보람 있었던 일을 그냥 다 털어놓는 시간이에요. 처음엔 어색해하시더니, 이젠 이 시간을 기다리세요. 나만 힘든 게 아니었구나 하고 공감받는 것만으로도 엄청난 위로가 된대요. 관리자인 제가 교사들을 지켜 주는 울타리가 되고 교사들이 서로에게 기댈 수 있는 어깨가 되어 줄 때, 학교는 비로소 따뜻한 공동체가 됩니다. 교사의 잔은 교장인 제가 그리고 동료들이 함께 채워 주는 겁니다."

교직 경력 30년 차 중학교 교장의 이야기기입니다. 교사 소진 문제가 심각해지자 많은 교육청과 연수 기관들이 '교사 힐링 연수'와 같은 프로그램을 경쟁적으로 내놓았습니다. 명상, 요가, 아로마 테라피 혹은 상담 기법 교육 등을 통해 교사들이 스스로 스트레스를 관리하고 마음을 치유하도록 돕겠다는 것입니다.

물론 '셀프 케어(self-care)' 노력은 그 자체로 의미가 있습니다. 하지만 이는 문제의 본질을 외면한 채, 모든 책임을 다시 교사 개인에게 떠넘기는 기만적인 해결책이 될 수 있습니다. 전쟁터 한복판에 있는 군인에게 "스트레스 받지 않도록 명상을 하라"고 말하는 것과 무엇이 다를까요? 진짜 문제는 군인의 나약한 정신력이 아니라 포탄이 빗발치는 전쟁터라는 환경 그 자체에 있습니다.

교사의 소진은 개인의 스트레스 관리 능력 부족 문제가 아니라, 과도한 감정 노동과 시스템적 압박 그리고 고립된 문화를 만들어 내는 '독성적인(toxic) 학교 환경'의 문제입니다. 따라서 해결책 역시 교사 개인에게 스스로 치유하라고 요구하는 것을 넘어 학교와 교육 시스템 전체가 교사를 보호하고 지지하는 돌봄의 생태계를 구축하는 것이어야 합니다.

미국의 발달심리학자 유리 브론펜브레너(Urie Bronfenbrenner)의 생태학적 체계 이론(Ecological Systems Theory)에서 영감을 얻어, 교사를 둘러싼 여러 수준의 환경이 동시에 변화할 수 있는 4단계 생태계적 돌봄 모델을 제안합니다.

1. 개인을 위한 안전망

가장 기본이 되는 것은 교사 개인이 필요할 때 전문적인 도움을 받고, 재충전할 수 있는 시스템을 마련하는 것입니다.

교원치유지원센터의 실질화

현재 교육청 산하에 설치된 교원치유지원센터의 기능을 대폭 강화해야 합니다. 단순히 몇 차례 상담을 제공하는 수준을 넘어, 교직의 특수성을 깊이 이해하는 정신건강의학과 전문의, 임상심리사, 변호사, 노무사 등이 상주해 심리·법률·행정 문제를 원스톱으로 지원하는 '교원종합지원센터'의 역할을 해야 합니다.

찾아가는 상담 및 비밀 보장 강화

많은 교사가 동료나 관리자의 시선이 두려워 상담 기관 방문을 꺼립니다. 센터가 학교로 직접 찾아가는 이동 상담을 활성화하고, 상담 내용에 대한 철저한 비밀 보장으로 낙인의 두려움 없이 도움을 요청할 수 있는 문화를 만들어야 합니다.

정서적 안식년(마음 방학) 제도의 상설화

교사에게 일반적인 휴가를 넘어, 정서적 고갈 상태를 점검하고 회복할 수 있는 '심리적 재구조화 기간'을 법적으로 보장해야 합니다. 이는 단순한 휴식이 아니라, 교사가 학생들과 깊은 유대 관계를 형성하며 학생의 마음 건강 및 성장을 지원하는 데 필수적인 전문가용 유지보수 시간입니다.

2. 학교라는 울타리

교사가 매일 생활하는 학교가 가장 중요한 지지 기반이 되어야 합니다.

교장의 역할 재정의

학교장의 가장 중요한 역할은 교사들을 외부의 부당한 압력으로부터 보호하고, 학교 내에 심리적으로 안전한 문화를 조성하는 '마음 성장 최고 책임자'가 되는 것입니다. 성과 평가와 통제에 집중하는 관리자가 아니라 교사들의 어려움에 공감하고 지지하며, 그들의 전문성을 신뢰하는 교육적 리더가 되어야 합니다.

구조화된 동료 지원 시스템 구축

비공식적인 수다를 넘어 정기적이고 구조화된 교사 동료 지원 그룹을 모든 학교에서 의무적으로 운영해야 합니다. 주 1회 특정 시간을 확보해 5~7명의 교사가 모여 학생 지도 과정에서의 어려움과 성공 경험 그리고 개인적인 감정들을 안전하게 나누는 것입니다. 이 모임은 상담 교사나 수석 교사가 촉진자 역할을 맡아 전문적으로 운영할 수 있습니다. 교사들의 고립감을 해소하고, 집단 지성을 통해 문제 해결 능력을 키우는 효과적인 방법입니다.

교사 지원을 위한 통합지원팀

10장에서 설계한 학생맞춤통합지원팀은 동시에 '교사 지원팀'의 역할을 수행해야 합니다. 담임 교사가 어려운 사례의 학생을 팀에 의뢰할 때 팀은 단순히 학생을 위한 해결책만 제시하는 것이 아니라, "선생님, 이 문제를 혼자 감당하시느라 정말 힘드셨겠습니다. 이제 이 문제는 우리 팀이 함께 책임지겠습니다"라는 메시지를 전달해야 합니다. 문제의 책임을 교사 개인에게서 시스템으로 이전하는 것만으로도 교사의 심리적 부담은 크게 줄어들 수 있습니다.

3. 시스템이라는 갑옷

학교 밖의 상급 기관은 학교를 통제하는 곳이 아니라, 보호하고 지원하는 든든한 '갑옷'이 되어야 합니다.

법률 및 행정 지원 전담팀 강화

교권보호법이 현장에서 제대로 작동하려면 교육청 내에 변호사와 행정 전문가로 구성된 교권옹호팀을 대폭 강화해야 합니다. 악성 민원이나 아동 학대 신고가 접수될 때 교사 개인이 홀로 대응하는 것이 아니라, 이 전담팀이 모든 법률적·행정적 절차를 대리해 교사가 교육 활동에만 집중할 수 있도록 보호해야 합니다.

신규 교사를 위한 체계적인 멘토링 의무화

교직 첫 3년이 소진과 이탈의 가장 큰 고비입니다. 모든 신규 교사에게 교육 경력과 멘토링 역량이 검증된 수석 멘토 교사를 일대일로 지정해 최소 1년간 정기적인 멘토링 지원을 의무화해야 합니다. 멘토링은 수업 기술뿐만 아니라 학급 경영, 학부모 소통의 방식 그리고 교사로서의 정서적 어려움을 나누는 전인적인 과정이 되어야 합니다.

교사를 살리는 전문적 학습 공동체

보여 주기식, 하향식 연수에서 벗어나 교사들이 자발적으로 자신의 필요에 맞는 주제를 정해 함께 공부하고 성장하는 전문적 학습 공동체(Professional Learning Community, PLC)를 적극 지원해야 합니다. 교육청은 예산과 공간을 지원하되, 그 내용과 방식은 철저히 교사들의 자율에 맡겨야 합니다. '통제'가 아닌 '신뢰'에 기반한 지원만이 교사들의 내적 동기와 전문성을 키울 수 있습니다.

4. 사회적 존중이라는 샘물

궁극적으로, 교사에 대한 사회 전체의 인식과 태도가 바뀔 때 비로소 교사는 마음을 건강하게 가꿀 수 있습니다.

교육의 전문성에 대한 사회적 존중 회복

언론과 미디어는 교사의 부정적인 사례를 자극적으로 보도하는 것을 지양하고, 교육의 중요성과 교사의 헌신적인 노력을 조명하는 공익 캠페인을 확대해야 합니다. 교사는 전문직이라는 사회적 합의를 복원하고, 학부모가 교사를 서비스 제공자가 아닌, '내 아이의 성장을 돕는 파트너'로 인식하도록 문화를 바꾸어 나가야 합니다.

교원 양성 및 임용 제도의 개혁

예비 교사 단계에서부터 지식 전달 능력뿐만 아니라, 학생들의 마음을 이해하고 자신의 스트레스를 관리하는 사회정서적 역량을 선발 및 양성 기준으로 삼아야 합니다.

교사 평가 제도 개선

기존의 경쟁과 서열화 중심 교사 평가에서 협력과 성장 중심으로 전환해 교사들이 불필요한 경쟁 스트레스 없이 교육 본질에 집중할 수 있도록 해야 합니다.

교사 돌봄 생태계 구축을 위한 5개년 계획

교사를 위한 생태계적 돌봄은 단숨에 이룰 수 있는 과제가 아닙니다. 단기적인 응급 처치와 중장기적인 체질 개선을 병행하는 단계적인 로드맵이 필요합니다.

1단계 응급 처치 및 기반 구축기(1년 차)

교원종합지원센터 구축, 찾아가는 상담 확대, 교사 동료 지원 그룹 구성 의무화 등 당장 시급한 안전망부터 구축합니다.

2단계 시스템 통합 및 안정화기(2~3년 차)

마음 방학 제도 법제화, 교사 평가 제도 개편, 신규 교사 일대일 멘토링 의무화 등 제도를 안정적으로 정착시킵니다.

3단계 문화 혁신 및 심화기(4~5년 차)

교원 양성 대학 교육과정 개편, 다양한 교사 경력 경로 개발, 장기적인 교원 복지 및 전문성 신장 기본 계획 수립 등 근본적인 문화 혁신을 추진합니다.

한 걸음 더 – 교사 동료 지원 그룹의 나눔과 돌봄

만약 비어 있는 잔을 안고 교실을 떠나려 했던 김 선생이, 우리가 꿈꾸는 생태계적 돌봄 시스템에 속해 있었다면 어떤 일이 일어났을까요? 다음은 2030년, 어느 학교에서 정기적으로 열리는 교사 동료 지원 그룹의 나눔과 돌봄 장면입니다.

10월 1주 차 2학년 교사 동료 지원 그룹의 나눔과 돌봄

일시: 2030년 10월 16일(수) 16:00

나눔 주제: 교사 소진 및 학생 지도 어려움 나누기

참석자: 박 수석(그룹 리더, 15년 차 교사), 김 선생(2학년 3반 담임, 4년 차 교사), 최 선생(2학년 1반 담임, 5년 차 교사), 이 상담(상담 교사)

박 수석 김 선생님, 지난주부터 표정이 계속 어드우셔서 마음이 쓰였습니다. 괜찮으시다면, 어떤 점이 힘드신지 이야기해 주실 수 있을까요?

김 선생 (한참을 망설이다) …… 솔직히 말씀드리면, 저는 좋은 교사가 아닌 것 같습니다. 저희 반 민준이 아시죠? 그 아이가 오늘도 수업 시간에 소리를 질렀는데, 걱정하는 마음보다 '또 시작이구나' 하는 짜증을 느끼는 저 자신을 보며 소스라치게 놀랐습니다. 퇴근하고 집에 가면 그냥 방전된 배터리처럼 쓰러져요. 학생들을 위해서라도 제가 그만두는 게 맞지 않나 …… 그런 생각까지 듭니다.

최 선생 (김 선생의 손을 잡으며) 선생님, 저도 작년에 똑같았어요. 작년에 맡았던 학생 때문에 매일 밤 울면서 퇴근했어요. 혼자 끙끙 앓다가 결국 교감 선생님께 말씀드렸더니 바로 통합지원팀이 꾸려졌어요. 제가 할 일은 학생을 가르치는 것뿐이었고, 나머지 모든 힘든 일은 팀에서 나눠서 맡아 주셨어요. 김 선생님 잘못이 아니에요. 혼자 감당하려고 하지 마세요.

이 상담 맞아요. 제가 보니 민준이는 단순한 문제 행동이 아니라 틱 증상과 불안 증세가 겹쳐 있는 것 같아요. 제가 통합지원팀에 정식으로 안건을 올려서 다음 주에 교육복지사 선생님과 함께 부모님 상담부터 진행해 볼게요. 그러니 김 선생님은 너무 자책하지 마세요.

박 수석 김 선생님, 우리가 처음부터 완벽한 교사일 수는 없습니다. 중요한 건, 넘어졌을 때 혼자 일어서려고 하지 않고 손을 내밀어 잡아 달라고 말하는 용기입니다. 우리 학교는 선생님 혼자 버티는 곳이 아니라 함께 버텨 주는 곳이니까요.

교사가 살아야, 교실이 산다

이번 장에서 우리는 지원자를 지원하는 것이 왜 중요하며, 그 실행이 어떻게 가능한지에 대한 구체적인 청사진을 그려 보았습니다. 교사 개인에게 스스로 이겨 내라고 말하는 것을 멈추고, 개인-학교-교육청-사회 전체가 겹겹이 교사를 보호하고 지지하는 '생태계적 안전망'을 구축하는 것입니다. 이것은 단순히 교사라는 특정 직업군을 위한 특혜를 요구하는 것이 아닙니다. 우리 아이들의 미래를 위한 현명하고 시급한 투자입니다. 교사는 단순한 지식 전달자가 아니라, 어린이와 청소년이 하루 중 가장 많은 시간을 함께 보내며 세상을 배우는 '살아 있는 환경' 그 자체이기 때문입니다.

건강하고 행복한 교사가 있는 교실, 동료 교사들과 따뜻한 연대 속에서 함께 성장하는 학교, 사회 전체로부터 존중과 신뢰를 받는 교직 문화. 이러한 환경에서 교사들의 비어 있는 잔은 자연스럽게 채워질 것입니다. 오직 그 '채워진 잔'만이, 상처 입고 목말라하는 아이들의 잔에 희망과 용기 그리고 지혜를 채워 줄 수 있습니다.

교사가 살아야 학생이 삽니다. 교사가 살아야 교실이 삽니다. 이 명제는 틀림없는 진실입니다. 하지만 여기서 마지막 질문을 던져야 합니다. 교사의 비어 있는 잔은 단지 한 개인의 고갈을 넘어, 우리 사회가 미래 세대를 위해 마땅히 투여해야 할 정서적 지원을 외면해 왔다는 증거입니다. 이제 그 빈 잔을 채우는 일은 국가와 시스템 그리고 우리 모두 함께 짊어져야 할 시급한 책무입니다. 우리는 그 잔을 함께 채울 준비가 되었을까요?

이것으로 3부 '함께 만드는 새로운 길'의 논의를 마칩니다. 이제 마지막 결론에서는 지금까지의 모든 논의를 종합해 회복 탄력적인 학교를 향한 최종적인 제언을 담고자 합니다.

3부에서 우리는 '마음 성장'이라는 새로운 패러다임을 현실로 만들기 위한 구체적인 설계도를 완성했습니다.

세계의 선진 사례를 통해 체계, 통합, 협력이라는 핵심 원리를 배웠고(9장), 이를 바탕으로 학교 안에 학생맞춤통합지원팀이라는 강력한 하드웨어인 컨트롤 타워를 구축하는 방법을 설계했습니다(10장). 이어서 그 컨트롤 타워가 실행해야 할 핵심 소프트웨어인 사회정서 학습과 디지털 시민교육의 청사진을 그렸습니다(11장). 나아가 학교의 울타리를 넘어 학교와 병원이 하나의 팀이 되어 학생들을 돕는 담대한 연계를 구상했으며(12장), 마침내 이 모든 것을 가능하게 할 근본적인 토대, 즉 상처 입은 치유자인 교사를 지원하는 시스템을 제안했습니다(13장).

이제 설계는 끝났습니다. 우리 앞에는 해야 할 일이 명확하게 놓여 있습니다. 지금부터는 진단과 비판을 넘어, 앞서 그린 설계도에 따라 벽돌 한 장 한 장을 쌓아 올리는 지루하고도 위대한 '건설'의 시간이 시작되어야 합니다.

오늘 당장 시작할 수 있는 실천 한 가지

상처 입은 치유자를 일으켜 세우는 것은 공동체 구성원들이 그의 곁에 함께 있음을 보여 주는 작은 관심과 연대입니다.

교사라면

신뢰하는 동료 교사 한 명에게 '차 한잔하자'고 먼저 말을 건네 보세요. 그리고 "요즘 우리 반 ○○이 때문에 정말 힘든데, 선생님은 이럴 때 어떻게 하세요?"라고 고민 하나를 나눠 보는 것입니다. '힘들다'고 말하는 것은 무능함의 증거가 아니라, 동료와의 연대를 시작하는 용기 있는 행동입니다. 당신의 잔을 채우는 첫 물방울은 동료의 공감일 수 있습니다.

학부모라면

담임 선생님께 아무런 조건이나 요청 없이, 오직 감사의 마음만 담은 짧은 문자를 학교 공식 소통 앱이나 아이의 알림장을 통해 보내 보세요. "선생님, 우리 아이가 좋은 선생님을 만나 참 다행입니다. 늘 애써 주셔서 진심으로 감사합니다"와 같은 메시지를 보낼 수 있습니다. 수많은 요구와 불만 속에 지친 선생님께 부모님의 따뜻한 한마디가 큰 힘이 되어 줄 것입니다.

'유령 위원회'는 어떻게 학교의 심장이 되었나

"솔직히 말씀드리면, 1년 전 저희 학교의 통합지원팀은 서류에만 존재하는 유령 위원회였습니다. 법이니까 만들긴 했는데 다들 새로운 일이 늘었다며 못마땅해했죠. 회의를 소집해도 서로 자기 반 아이가 아니면 무관심하거나, 상담은 상담 선생님 일이라며 책임을 떠넘기기 바빴습니다. 교사들은 각자의 교실이라는 섬에 고립되어 있었고 저 역시 그런 문화를 바꾸지 못하는 무력한 교감이었습니다."

신도시에 위치한 △△중학교. 이 학교의 1년 전 모습은 이 책에서 진단한 우리 교육의 현실과 크게 다르지 않았습니다. 교사들은 소진되었고, 협력보다는 각자도생의 문화가 팽배했습니다. 변화의 시작은 민준의 문제에서 비롯되었습니다.

저항과 갈등 그리고 작은 성공의 경험

민준은 1학년 때까지만 해도 조용하고 눈에 띄지 않는 학생이었습니다. 그런데 2학년이 되면서 수업 시간에 엎드려 있는 것을 깨우면 쌍욕을 하며 소리를 지르거나 물건을 던지는 등 문제 행동을 보이기 시작했습니다. 담임 교사는 혼자 애를 쓰다 지쳐 갔고, 다른 교사들은 '요즘 애들 문제'라며 남의 일처럼 여겼습니다.

> "그러던 어느 날, 한 원로 선생님께서 회의 시간에 그러시더군요. '민준이, 매일 보건실에 와서 배 아프다고 약 타 가는 거 아세요? 작년 담임이었는데 그때도 친구들하고 한마디도 안 해서 걱정했어요.' 그 순간 망치로 머리를 맞은 것 같았습니다. 담임은 아이의 행동을, 보건 교사는 신체 증상을, 이전 담임은 관계의 어려움을 알고 있었죠. 모두 코끼리의 다리 하나씩만 만지고 있었던 겁니다. 그제야 깨달았습니다. 우리에게 필요한 건 민준이를 탓하는 게 아니라, 우리가 가진 정보의 조각들을 모아 민준이의 전체 모습을 그리는 일이라는 걸요."

박 교감은 그날 이후 통합지원팀을 제대로 운영하기로 결심했습니다. 하지만 시작부터 저항에 부딪혔습니다. 교사들은 안 그래도 바쁜데 회의까지 하냐며 노골적으로 불만을 드러냈고, 첫 회의는 서로의 어려움을 토로하는 한탄의 장으로 끝났습니다.

“포기하고 싶었지만, 딱 한 가지만 바꿨습니다. 부담을 줄이고, 성공 경험을 만들자는 거였죠. 매주 수요일 4시를 통합지원팀 공식 회의 시간으로 지정해 시간표에 박아 뒀습니다. 부가적 업무가 아니라 정규 업무로 만든 거죠. 그리고 모든 학생을 다루려 하지 않고, 딱 민준이 한 학생에게만 집중했습니다.”

팀은 각자 수집한 민준의 정보 조각을 맞추기 시작했습니다. 담임은 교실에서의 행동을, 상담 교사는 부모님과의 상담 내용을, 보건 교사는 신체 증상을 공유했습니다. 그리고 놀라운 사실이 드러났습니다. 부모님의 불화로 인해 학생은 극심한 불안을 겪고 있었고, 그 스트레스가 신체적 증상과 문제 행동으로 나타났던 것입니다.

팀은 민준만을 위한 작은 프로젝트를 시작했습니다. 담임 교사는 매일 아침 등교 시 눈을 맞추며 작은 칭찬 한마디를 건넸습니다. 상담 교사는 학부모를 설득해 외부 기관의 가족 상담을 연계했습니다. 체육 교사는 민준이 좋아하는 농구를 할 때 작은 역할을 부여해 성취감을 느낄 수 있도록 했습니다.

“두 달쯤 지났을까요? 민준이가 수업 시간에 엎드려 있지 않고 처음으로 손을 들고 발표를 했습니다. 정말 별거 아닌 일이었는데, 회의에 참여했던 모든 선생님이 자기 일처럼 기뻐했어요. ‘우리 민준이’가 해냈다는 집단적인 성공의 경험. 그게 모든 것을 바꿨습니다. 선생님들이 깨닫기 시작한 거죠. 혼자 끙끙 앓는 것보다 함께 머리를 맞대는 것이 훨씬 더 현명하고 효과적이라는 사실을요."

사회정서학습, '업무'가 아닌 '우군'이 되다

협력의 문화가 싹트자 사회정서학습에 대한 태도도 바뀌었습니다. 처음엔 뜬구름 잡는 소리라며 시큰둥했던 교사들이, 통합지원팀을 통해 학생들의 마음 문제가 얼마나 중요한지 체감하게 된 것입니다.

"이젠 저희 학교 선생님들은 사회정서교육을 추가 업무라고 생각하지 않아요. 학생들의 문제 행동을 줄이고, 교실을 평화롭게 하는 확실한 비결이라고 생각하죠. 나-전달법을 가르쳤더니 아이들 싸움이 줄고, 감정 일기를 쓰게 했더니 자기 마음을 더 잘 표현해요. 교사가 편해지니 수업의 질이 올라가는 건 당연한 결과였죠."

△△중학교의 모든 문제가 해결된 것은 아닙니다. 여전히 예산과 인력은 부족하고, 지도하기 어려운 학생들은 계속해서 나타납니다. 하지만 중요한 한 가지가 바뀌었습니다. 이제 교사들은 어떤 문제가 닥쳐도 '이 학생을 위해 우리가 함께 무엇을 할 수 있을까?'를 먼저 묻게 되었습니다. 유령 위원회는 더 이상 존재하지 않습니다. 그 자리에는 학교의 따뜻한 심장이 뛰고 있습니다.

토론하기

1. 통합지원팀이 서류상의 위원회가 아니라 실제로 살아 숨 쉬는 조직이 되는 데 무엇이 가장 큰 걸림돌이라고 생각하십니까?

2. 학교에서 민준과 같은 학생을 효과적으로 지원하기 위한 방안은 무엇일까요?

결론

학생이 살면, 교사가 살고, 학교가 산다

회복 탄력적 학교를 향해

희수의 두 갈래 길

첫 번째 길

우리가 외면했던 현실에서 희수는 누구에게도 도움을 요청하지 못했다. 그의 고통은 통계상 '정상'이라는 이름 뒤로 숨어 버렸고, 그의 영혼은 교실 구석에서 소리 없이 바스러져 갔다. 담임 교사는 홀로 애썼지만 역부족이었고, 시스템은 움직이지 않았다. 희수는 점차 웃음을 잃었고, 성적은 떨어졌으며, 결국 자신을 고립시키는 길을 택했다.

두 번째길

우리가 만들어 갈 미래에서 희수의 이야기는 달라진다. 그의 작은 신호를 발견한 담임 교사는 혼자 끙끙 앓는 대신 통합지원팀에 도움을 요청했다. 팀은 데이터를 기반으로 희수의 어려움을 입체적으로 분석하고 희수만을 위한 맞춤형 지원을 시작했다. 희수는 상담을 통해 자신의 감정을 표현하는 법을 배웠고, 소그룹 활동으로 다시 친구를 사귀는 용기를 얻었다. 교육복지사는 희수 부모님과의 상담으로 가정의 지지 체계를 강화했다. 희수는 넘어졌지만, 공동체라는 안전망 위에서 스스로 일어서는 법을 배웠다. 그리고 그 경험을 통해 이전보다 더 단단하고 회복 탄력적인 사람으로 성장해 나갔다.

이 책의 서론에서 만났던 희수를 기억하시나요? 겉으로는 아무 문제 없어 보이는 정상군이었지만, 내면은 누구에게도 말하지 못할 고립감과 무기력으로 침식되어 가던 학생. 이 책의 모든 진단은, 바로 희수와 같은 학생들이 어떤 미래를 맞이하게 할 것인가에 관한 응답입니다. 이 책의 모든 제안은, 희수뿐만 아니라 모든 학생이 두 번째 길을 걸을 수 있도록 하기 위한 간절한 외침입니다.

여정의 최종 목적지, 회복 탄력적인 학교

희수의 조용한 눈물은 포스트코로나 시대 학생들이 마주한 마음 건강 위기의 상징이었습니다. 우리는 그 눈물의 근원을 찾아 길고도 깊은 여정을 거쳐 왔습니다.

1부 '보이지 않는 상처'에서는 환자에 대한 정밀 진단을 내렸습니다. 데이터는 정상군이라는 이름 뒤에 숨겨진 거대한 위기를 폭로했고(1장), 학생들의 삶에서 정체성, 안전, 놀이라는 성장의 기둥이 어떻게 사라졌는지(2장), 디지털 팬데믹이 자라나는 세대의 뇌와 마음을 어떻게 공격하는지(3장), 그리고 이 모든 것이 어떻게 불안을 학습하는 뇌를 만들어 내는지(4장)를 해부했습니다. 우리의 진단은 명확했습니다. 환자는 위중한 상태에 놓여 있었습니다.

2부 '실패한 시스템'에서는 시선을 돌려 학생의 마음 건강을 돌봐야 할 학교 시스템을 분석했습니다. 학교는 일상의 외주화와 교육의 사법화로 껍데기만 남은 채 무너지고 있었고(5장), 정부의 정책들은 부처 이기주의의 벽에 막혀 흩어진 조각으로 맴돌았습니다(6장). 하지만 그 폐허 속에서도 교권보호법과 학생맞춤통합지원법이라는 희망의 씨앗을 발견했고(7장), 마침내 위기 개입이라는 낡은 철학을 넘어 마음 성장이라는 새로운 나침반을 손에 쥐게 되었습니다(8장).

3부 '함께 만드는 새로운 길'에서는 이 나침반을 따라 구체적인 항해 지도를 그렸습니다. 세계의 학교들로부터 체계, 통합, 협력의 지혜를 배웠고(9장), 학교의 컨트롤 타워가 될 통합지원팀을 설계했습니다(10장). 그리고 그 컨트롤 타워가 실행할 핵심 소프트웨어인 사회정서학습과 디지털 시민교육(11장), 학교와 병원이 벽을 허물고 하나가 되어 돕는 청사진을 그렸으며(12장), 이 모든 것을 가능하게 할 교사를 위한 생태계적 돌봄이라는 단단한 토대를 제안했습니다(13장).

이제 여정의 끝에서, 다시 희수의 곁으로 돌아와야 합니다. 이 모든 진단과 분석 그리고 제안들이 과연 희수의 눈물을 닦아 줄 수 있을까요? 그동안 그린 수많은 설계도를 하나로 모았을 때, 과연 어떤 모습의 학교가 나타날까요? 우리가 도달할 최종 목적지의 이름은 바로 '회복 탄력적인 학교'입니다.

회복 탄력적 학교란 무엇인가?

"3년 전 저희 학교는 저도, 학생들도 모두 지쳐 있었죠. 그런데 학생맞춤통합지원팀이 진짜로 작동하기 시작하면서 모든 게 달라졌어요. 얼마 전 저희 반 한 학생이 갑자기 무단결석을 했는데, 예전 같으면 저 혼자 발을 동동 구르며 애태웠을 거예요. 지금은 바로 통합지원팀에 알리죠. 교육복지사 선생님이 가정과 연락하고, 상담 선생님이 아이의 마음을 살피는 동안 저는 나머지 스물네 명의 아이들 수업에 집중할 수 있어요. 혼자가 아니라는 느낌, 이게 정말 중요하더라고요. 교사인 제가 무너지지 않으니까 학생들의 작은 신호 하나하나를 더 따뜻하게 바라볼 마음의 여유가 생겼어요. 학생뿐만 아니라 교사인 저에게도 안전한 울타리가 있다는 믿음을 주는 학교, 그게 회복 탄력적인 학교의 진짜 모습인 것 같아요."

학생맞춤통합지원 시범 운영 학교에서 근무하는 교직 경력 10년 차 고등학교 교사의 이야기입니다. 회복 탄력성이란 역경과 시련에 좌절하지 않고, 이를 딛고 일어나 더 높이 도약하는 마음의 힘을 의미합니다. 회복 탄력적인 학교란 문제가 전혀 없는 무균실 같은 학교가 아닙니다. 갈등과 실패, 위기라는 피할 수 없는 세균이 존재함을 인정하되, 그 세균에 감염되더라도 학생과 교사 모두가 함께 이겨 내는 것입니다. 그 과정을 통해 더 단단해지는 강력한 '공동체 면역 시스템'을 갖춘 학교를 의미합니다.

이 책 전체를 통해 설계하고자 했던 회복 탄력적인 학교에는 다음과 같은 특징이 있습니다.

첫째, 반응하기보다 예방하는 학교입니다. 이 학교는 문제가 터지기를 기다렸다가 허둥지둥 불을 끄지 않습니다. 모든 학생을 대상으로 사회정서학습을 정규 교육과정으로 가르쳐 애초에 불이 잘 나지 않도록 마음 근력을 키웁니다. 이곳에서 학생 마음 성장 지원은 소수 문제 학생을 다루는 '비용'이 아니라, 모든 학생의 잠재력을 키우는 '투자'입니다.

둘째, 고립되지 않고 협력하는 학교입니다. 이 학교의 중심에는 통합지원팀이라는 강력한 컨트롤 타워가 있습니다. 담임 교사는 더 이상 혼자서 모든 짐을 지지 않습니다. 문제가 발생하면 교장(감), 상담·특수 교사, 복지·보건 전문가가 즉시 하나의 팀으로 움직입니다. 이 팀은 학교의 문을 활짝 열고 지역사회의 전문가 그리고 학부모와 손을 맞잡습니다. 이곳에서 발생하는 문제는 한 개인의 책임이 아니라, 공동체가 함께 풀어야 할 과제입니다.

셋째, 직감이 아닌 데이터로 움직이는 학교입니다. 이 학교는 모든 학생의 마음 건강 상태를 정기적인 '검진(보편적 선별 검사)'을 통해 과학적으로 점검합니다. 교사의 주관적인 느낌에만 의존하지 않고, 객관적인 데이터를 바탕으로 도움이 필요한 학생을 조기에 발견합니다. 지원을 실행한 뒤에는 그 효과를 평가하며, 끊임없이 시스템을 개선합니다. 이곳에서 학생 지원은 개인 '예술'의 영역을 넘어 공동체 '과학'의 영역으로 나아갑니다.

넷째, 처벌하기보다 가르치는 학교입니다. 이 학교에서 학생의 문제 행동은 '나쁜 인성'의 증거가 아니라, '결핍된 기술'의 신호로 해석됩니다. 갈등이 발생할 때 학교는 가해자를 처벌하고 격리하는 데 집중하기보다 당사자들이 대화로 서로 입장을 이해하고 관계를 회복하도록 돕는 회복적 생활교육을 실천합니다. 이곳의 목표는 문제 학생의 제거가 아니라 책임 있는 시민의 양성입니다.

다섯째, 교사가 소진되지 않도록 지지하는 학교입니다. 이 학교는 교사의 마음 건강이 학생 마음 성장의 가장 중요한 토대임을 압니다. 교장과 동료 교사 그리고 교육청은 교사를 외부의 부당한 압력으로부터 보호하는 방패가 되고, 교사들이 서로의 어려움을 나누며 함께 성장하는 생태계적 돌봄을 제공합니다. 이곳에서 교사는 상처 입은 치유자가 아니라, 존중받고 지지받는 전문가입니다.

회복 탄력성을 넘어 '반취약성'으로

이 책의 마지막에서 한 걸음 더 나아간 개념을 제안하며 미래를 향한 화두를 던지고자 합니다. 바로 경제학자 나심 탈레브(Nassim Nicholas Taleb)가 제안한 '반취약성(Antifragile)'의 개념입니다.

회복 탄력성이 충격을 받은 후 '원래 상태로 돌아오는 힘'이라면, 반취약성은 충격과 스트레스, 불확실성을 통해 '오히려 더 강해지는 성질'을 의미합니다. 근육이 미세한 상처를 입고 회복하면서 더 강해지듯, 예측 불가능한 위기를 성장의 동력으로 삼는 시스템입니다.

회복 탄력적인 학교가 위기를 '극복'하는 학교라면, 반취약적인 학교는 위기를 '환영'하고, 그 안에서 새로운 배움과 혁신을 만들어냅니다. 코로나19 팬데믹이라는 거대한 위기 앞에서 어떤 학교는 무너졌지만, 어떤 학교는 온라인 교육의 새로운 가능성을 발견하고 교사 간의 협력 체계를 더욱 강화했던 것처럼 말입니다.

지금까지 논의한 통합지원팀, 사회정서학습, 교사 지원 시스템은 회복 탄력성을 넘어 학교를 반취약적인 학습 공동체로 만들기 위한 기초 공사입니다. 학생들이 실패를 두려워하지 않고 교사들이 새로운 도전을 즐기며 시스템이 끊임없이 데이터로부터 배우고 진화할 때, 우리의 학교는 그 어떤 미래의 위기가 닥쳐오더라도 흔들리지 않고 더 크게 성장할 수 있을 것입니다.

이제, 우리가 함께 행동해야 할 시간

"솔직히 처음엔 학교에서 통합지원팀이니 학부모 파트너십이니 하는 말을 들었을 때 반신반의했어요. 또 무슨 형식적인 거 하나보다 싶었죠. 그런데 아이가 학교 가기 힘들어했을 때 담임 선생님이 저를 탓하는 대신 '어머니, 저희가 팀으로 함께 돕겠습니다'라고 말씀해 주시는데 정말 눈물이 핑 돌더군요. 저를 민원인이 아니라 아이를 함께 키우는 동반자로 존중하시는 느낌이었어요. 그 뒤로는 저도 학교를 더 신뢰하게 됐고, 작은 일이라도 선생님과 솔직하게 의논하게 됐어요. 학교가 먼저 손을 내밀어 주니 저도 기꺼이 손을 잡게 된 거죠. 우리 아이가 혼자가 아니라는 믿음 그리고 부모인 저도 혼자가 아니라는 믿음. 이 믿음이 아이를 다시 일으켜 세운 힘이었습니다."

중학교 2학년인 자녀가 학생맞춤통합지원 시범 운영 학교에 다니는 학부모의 이야기입니다. 회복 탄력적인 학교는 학생과 교사에게 국한된 것은 아닙니다. 보호자와 지역사회까지 아우르며 교육공동체 전체를 포괄하는 것이어야만 합니다. 회복 탄력적인 학교라는 비전이 단지 책 속에만 존재하는 이상으로 남지 않으려면, 우리 사회의 모든 주체가 각자의 자리에서 변화를 위한 구체적인 행동에 나서야 합니다. 각 주체들에게 다음과 같은 간절한 제언과 요청을 드리고자 합니다.

하나. 정책 결정자들에게 요청합니다.

'점'이 아닌 '선'을, '선'이 아닌 '면'을 만들어 주십시오. 더 이상 반짝 유행하는 개별 사업에 예산을 흩뿌리는 일을 멈추어 주십시오. 앞선 제안을 연결해 지속 가능한 시스템을 구축하는 데 집중해 주십시오.

학생맞춤통합지원법에 생명을 불어넣으십시오. 법의 성공은 교육복지사의 전면 배치에 달려 있습니다. 지금 당장 모든 학교에 교육복지사를 배치하기 위한 구체적인 예산 계획과 인력 양성 로드맵을 제시해 주십시오.

부처 간 칸막이를 허무는 컨트롤 타워를 세우십시오. 교육부·보건복지부·성평등가족부 장관이 정기적으로 만나 학생 지원 정책을 조율하는 범정부 협의체를 만들고, 핀란드의 윌마처럼 부처 간 데이터가 안전하게 연동되는 통합 정보 시스템 구축에 착수해 주십시오.

사회정서학습과 디지털 시민교육을 국가 교육과정에 명시하십시오. 이 두 과목이 일부 학교의 시범 운영을 넘어, 모든 학생이 보편적으로 배울 수 있는 핵심 교과로서의 위상을 갖도록 법적·제도적 기반을 마련해 주십시오.

둘. 학교 관리자들에게 요청합니다.

'관리자'가 아닌 '정원사'가 되어 주십시오. 훌륭한 정원사는 꽃의 모양을 통제하려 하지 않고 꽃이 스스로 잘 자랄 수 있는 토양을 가꾸는 데 집중합니다. 교장(감) 선생님은 학교의 '마음 건강 최고 책임자'이자 교사와 학생이라는 소중한 씨앗이 잘 자랄 수 있는 토양을 만드는 정원사입니다.

교사 보호를 최우선 과제로 삼아 주십시오. 부당한 민원으로부터 교사를 보호하는 방패가 되고, 교사들이 소진되지 않도록 업무를 경감하며, 그들의 전문성을 신뢰하고 자율성을 존중해 주십시오.

통합지원팀을 학교의 심장으로 만드십시오. 통합지원팀 회의 시간을 정규 업무 시간으로 보장하고, 그 결정에 힘을 실어 주십시오. 학교의 모든 자원이 학생 지원을 위해 유기적으로 움직이도록 지휘해 주십시오.

'협력'을 가장 중요한 가치로 삼아 주십시오. 교사들이 각자의 교실 문을 열고 서로의 어려움을 나누며 함께 성장할 수 있는 전문적 학습 공동체를 적극적으로 지원하고 격려해 주십시오.

셋. 선생님들께 요청합니다.

혼자 애쓰지 마십시오. 당신은 혼자가 아닙니다. 선생님들은 이 모든 변화의 중심에 서 있는 위대한 주체이자 지쳐 있는 존재입니다. 우리는 선생님들의 헌신에 빚지고 있습니다. 이제 그 짐을 조금은 내려놓으시길 부탁드립니다.

시스템에 기대십시오. 어려운 학생을 만났을 때 더 이상 '내 탓'이라며 자책하거나, 혼자 해결하려 애쓰지 마십시오. 통합지원팀에 도움을 요청하는 것은 무능함의 증거가 아니라, 전문적이고 책임감 있는 행동입니다.

동료의 손을 잡으십시오. 옆 반 선생님도 당신과 똑같은 고민을 하고 있습니다. 문을 열고 다가가 어려움을 나누십시오. 동료와의 연대는 강력한 치유제이자 문제 해결의 실마리입니다.

자신의 마음을 먼저 돌보십시오. 비어 있는 잔으로는 아무것도 채울 수 없습니다. 힘들 때는 힘들다고 말하고, 쉬어야 할 때는 쉬십시오. 선생님의 마음 건강이 곧 우리 학생들의 마음 건강입니다.

넷. 학부모님들께 요청합니다.

'소비자'가 아닌 '동반자'가 되어 주십시오. 학교는 내 아이에게 필요한 지식을 구매하는 마트가 아닙니다. 자녀가 더불어 살아가는 법을 배우는 소중한 공동체이며, 교사는 그 성장을 돕는 가장 중요한 파트너입니다.

교사를 신뢰하고 존중해 주십시오. 교사는 내 아이를 객관적으로 바라볼 수 있는 전문가입니다. 교사의 교육적 판단을 존중하고, 문제가 발생할 때 비난과 요구보다는 대화와 협력을 먼저 선택해 주십시오.

결과보다 과정을, 등수보다 행복을 소중히 여겨 주십시오. 아이의 성적표에 일희일비하기보다 아이가 오늘 하루 학교에서 어떤 감정을 느꼈는지, 친구와는 어떤 이야기를 나누었는지를 먼저 물어봐 주십시오. '행복한 아이가 성공한다'는 진리를 믿어 주십시오.

가정이 최고의 사회정서학습 교실이 되게 해 주십시오. 자녀는 부모의 잔소리가 아닌 부모의 뒷모습을 보고 배웁니다. 부모님이 먼저 자신의 감정을 건강하게 표현하고, 갈등을 대화로 풀며, 서로를 존중하는 모습을 보여 주실 때 아이는 가장 위대한 사회정서학습을 하게 됩니다.

다섯. 우리 사회 모두에게 요청합니다.

궁극적으로, 학교의 변화는 사회의 변화 없이는 불가능합니다. 성공의 신화를 다시 써야 합니다. 명문대 진학이라는 단 하나의 성공 루트가 아닌 다양한 삶의 방식을 존중하고, 실패를 용납하며, 재도전을 격려하는 사회를 만들어야 합니다.

이 책의 독자는 아마도 대부분 성인들일 것입니다. 하지만 이 책의 모든 이야기는 바로 어린이와 청소년 여러분에 관한 이야기입니다. 이 긴 여정을 마치며, 이 책의 진짜 주인인 어린이와 청소년 들께 몇 가지 말을 전하고 싶습니다.

여러분의 잘못이 아닙니다. 지금 느끼는 불안과 우울, 무기력은 여러분이 나약해서가 아니라, 우리 사회와 학교 시스템이 오랫동안 잘못된 방향으로 달려온 결과입니다. 사회의 흐름과 시스템의 방향을 바꾸는 데 반드시 필요한 마지막 열쇠는 바로 여러분 손에 있습니다. 여러분은 단지 보호받아야 할 대상이 아니라, 이 위대한 변화를 함께 이끌어 갈 동료이자 주체입니다. 자신의 목소리를 내기 바랍니다.

그리고 힘들어하는 친구의 손을 잡아 주세요. 무엇보다, 힘들 때 "도와주세요"라고 말하는 것을 두려워하지 않기를 바랍니다. 그것은 나약함이 아니라, 자신을 사랑하는 용기의 증거입니다. 회복 탄력적인 학교는 어른들이 만들어 주는 선물이 아니라, 공동체의 일원 모두가 함께 노력하며 한 땀 한 땀 쌓아 올려 만들어 갈 공동의 집입니다.

사람의 가치는 시험 점수나 대학의 이름으로 결코 증명될 수 없습니다. 여러분 한 사람 한 사람은 그 자체로 우주이며, 무한한 가능성을 지닌 소중한 존재입니다.

한 걸음 더 – 5년 후, 희수에게서 온 편지

선생님, 잘 지내시나요? 고등학교 3학년 희수입니다. 며칠 전, 5년 전 제가 썼던 일기장을 우연히 발견했어요. 거기엔 온통 지워 버리고 싶은 말들뿐이었어요. '나는 쓸모없어. 사라지고 싶다…….' 그때의 저는 정말 세상 끝에 혼자 서 있는 기분이었습니다.

만약 그때, 선생님이 제 침묵을 그냥 지나치셨다면 어땠을까요. 만약 우리 학교에 저 같은 학생을 위한 팀이 없었다면, 그래서 제가 혼자 그 모든 무게를 감당해야 했다면, 지금의 저는 없었을지도 모릅니다.

솔직히 말씀드리면, 지금도 저는 가끔 넘어져요. 입시 스트레스에 잠 못 이룰 때도 있고, 친구와의 오해에 속상해하기도 합니다. 하지만 예전처럼 주저앉아 울고만 있지는 않아요.

중학교 때 상담 선생님과 연습했던 감정 일기 덕분에 이제는 마음이 왜 힘든지 스스로 들여다볼 줄 알게 됐어요. 관계 맺기 수업에서 배웠던 나-전달법 덕분에 친구에게 제 마음을 솔직하게 이야기할 용기도 생겼고요.

가장 중요한 건, 힘들 때 손 내미는 것이 부끄러운 일이 아니라는 걸 알게 된 거예요. 혼자서 감당하기 어려웠던 시간을 여러 선생님과 함께 통과했던 경험이 제 안에 다른 시련을 만나도 다시 일어설 수 있게 하는 작은 근육으로 남아 있습니다.

선생님, 그때 제 손을 잡아 주셔서 정말 감사해요. 별일 아니라고 지나치지 않고 제 마음의 소리를 들어 주셔서 감사해요. 덕분에 삶을 다시 사랑하는 법을 배웠어요.

학생이 살아야 우리의 미래가 산다

헬렌 켈러는 "빛을 향해 나아가라, 그러면 그림자는 네 뒤에 있을 것이다"라고 말했습니다. 지금은 교육 현장을 뒤덮은 위기라는 그림자에 주저앉을 것이 아니라, 학생들의 마음 건강이라는 빛을 향해 모두가 함께 담대하게 나아가야 할 때입니다. 한 명의 학생을 구하기 위한 노력이 결국 시스템을 바꾸고 그 시스템이 다시 수많은 학생을 구하는 선순환. 이것이 우리가 가야 할 길입니다.

물론 이 길은 결코 쉽지 않을 것입니다. 수십 년간 굳어진 관행과 문화를 바꾸는 데는 오랜 시간과 인내 그리고 수많은 갈등과 시행착오가 따를 것입니다. 하지만 어쩔 수 없다며 주저앉아 있을 시간이 우리에게는 없습니다. 자라나는 어린이와 청소년의 시간은 기다려 주지 않기 때문입니다.

학생이 살면, 교실이 삽니다. 교실이 살면, 교사가 삽니다. 교사가 살면, 학교가 삽니다. 그리고 학교가 살면 우리 사회의 미래가 삽니다.

3년 전, 서이초의 하얀 국화꽃 앞에서 느꼈던 캄캄한 절망 속에서 이 글을 쓰기 시작했습니다. 하지만 무너진 교실의 학생들과 선생님들을 만나고, 세계의 교실에서 희망의 증거를 발견하며, 동료들과 함께 대안을 설계하는 과정에서 저의 비어 있던 잔 또한 조금씩 채워졌습니다. 이제 더는 절망하지 않습니다. 우리가 이 조용한 붕괴를 멈추고 학생들을 살릴 수 있다고 믿습니다. 이 책이 그 길을 함께 걸어갈 모든 이에게 작은 등불이자 지치지 않고 나아갈 용기가 되어 주기를 진심으로 소망합니다.

회복 탄력적인 학교는 우리가 지어 가는 공동의 집입니다. 오늘, 그 집을 위한 벽돌 한 장을 함께 쌓아 올립시다.

교사라면

조례 시간에 학생들에게 이렇게 한번 선언해 보세요. "우리 반은 실패해도 괜찮은 곳, 힘들 때 언제든 손 내밀 수 있는 곳이야. 선생님이 너희들의 가장 든든한 안전망이 되어 줄게." 이 말 한마디가 학생들이 안심하고 성장하는 공동체로 향해 가는 계기가 될 것입니다.

학부모라면

아이에게 당신이 겪었던 실패와 극복에 관해 솔직한 이야기를 들려주세요. 완벽한 부모의 모습이 아닌, 넘어졌지만 다시 일어섰던 인간적인 모습을 보여 주는 것입니다. "엄마(아빠)도 어렸을 때 이런 일로 힘들었지만, 결국 이겨 냈단다"라는 이야기는 어떤 큰 재산보다 더 값진 유산을 물려줄 것입니다.

정책 결정자라면

이 책에서 제안한 정책들 중에서 단 하나라도 좋으니 공식적인 검토를 시작해 주세요. 교육복지사 전면 배치를 위한 TF 구성을 지시하거나, '학생 마음 성장 바우처 시범사업 계획안' 보고를 받는 것입니다. 책을 덮고 현실을 직시하는 것을 넘어 변화를 위한 공식적인 서류에 서명하는 것. 그것이 희망을 현실로 만드는 정책 결정자의 첫 번째 책무입니다.

그리고 이 책의 진짜 주인인 학생이라면

오늘 당신의 도움이 필요한 친구 한 명에게 '첫 번째 안전망'이 되어 주세요. 평소보다 표정이 어두워 보이는 친구에게 다가가 "무슨 일 있어? 괜찮아?"라고 먼저 말을 건네는 작은 용기를 내 보세요. 거대한 시스템이 움직이기를 마냥 기다리기보다 서로에게 기댈 어깨가 되어 줄 때, 우리 교실은 이미 회복 탄력적인 공간으로 변화하기 시작할 것입니다.

마음의 언어를 배우다

지금까지 학생 마음 건강 위기의 원인을 진단하고, 시스템의 문제를 분석하며, 거시적인 해결책을 모색했습니다. 하지만 모든 변화는 결국 한 사람과 한 사람 사이의 관계 그리고 그 관계를 만들어 가는 '대화'에서 시작됩니다.

아이들은 조언이나 지시가 아닌, 타인이 자신을 어떻게 대하는지를 통해 세상을 배웁니다. 아이의 마음을 진정으로 이해하고 지지하는 대화 한 번이 수백 번의 훈계나 수십 개의 정책보다 더 강력한 치유의 힘을 발휘합니다. 이 부록은 완벽한 대화의 정답을 담은 매뉴얼은 아닙니다. 다만 무심코 사용해 온 '마음을 닫는 대화'를 멈추고, '마음을 여는 대화'를 시작할 수 있도록 돕는 몇 가지 핵심적인 기술과 구체적인 예시를 담았습니다.

우리의 대화가 '사건'을 중심으로 맴도는 것에서 벗어나 '마음'으로 향할 때, 비로소 진정한 소통과 치유가 시작됩니다. 이제 함께 마음의 언어를 배워 봅시다.

Part 1. 공감적 경청

아이와의 관계에서 가장 중요한 기술을 단 하나만 꼽으라면, 그것은 단연 '공감적 경청'입니다. 공감적 경청이란 상대의 말을 판단하거나, 분석하거나, 해결책을 제시하기 전에 먼저 그의 감정을 있는 그대로 느끼고 이해하려는 노력을 의미합니다. 아이들은 자신의 문제를 해결해 줄 해결사를 원하는 것이 아니라, 마음을 알아줄 '단 한 사람'을 원할 때가 더 많습니다.

1. 마음을 닫게 하는 네 가지 대화의 걸림돌

우리는 아이를 돕고 싶다는 선한 의도에서 오히려 아이의 마음을 닫게 만드는 말을 하곤 합니다. 다음은 무심코 저지르는 대표적인 네 가지 실수입니다.

① 해결사 되기

아이가 감정을 쏟아 낼 때 그 감정을 충분히 들어 주기보다 성급하게 해결책부터 제시하는 유형입니다.

아이 "친구가 나랑 안 놀아 줘서 속상해."

부모 "울지 마. 다른 친구랑 놀면 되잖아. 엄마가 장난감 사 줄게."

문제점 아이의 속상한 감정을 무시하고, 문제의 본질을 보지 않고 회피하게 합니다. 아이는 '내 감정은 중요하지 않구나'라고 느끼게 됩니다.

② 심문관 되기

아이의 감정보다는 사건의 사실관계를 따져 묻는 데 집중하는 유형입니다.

아이 "오늘 과학 시간에 발표를 망쳤어요."

교사 "왜 망쳤는데? 준비 안 했어? 몇 점 받았는데?"

문제점 취조하듯 몰아붙여 아이가 느끼는 창피하고 속상한 감정을 표현할 기회를 차단합니다. 아이는 방어적이 되거나 입을 닫아 버립니다.

③ 비교 전문가 되기

아이의 고통을 다른 사람의 더 큰 고통과 비교하며 사소한 것으로 치부하는 유형입니다.

아이 "이번 시험 너무 어려워서 스트레스 받아."

부모 "그거 가지고 뭘 그래. 너보다 더 힘든 애들도 많아. 배부른 소리 하지 마."

문제점 아이의 감정을 정면으로 부정하고 무시합니다. 아이는 큰 상처를 받고 다시는 자신의 어려움을 부모에게 말하지 않게 됩니다.

④ 철학자 되기

아이의 구체적인 고통을 일반적인 인생의 교훈으로 섣불리 포장해 버리는 유형입니다.

아이 "팀 과제에서 나만 빼고 애들끼리 놀러 갔어요."

교사 "원래 세상은 다 그런 거야. 그런 경험을 통해 인간관계가 성장하는 거란다."

문제점 아이가 느끼는 당장의 소외감과 억울함에 공감해 주지 못하고, 너무 먼 거리에서 훈계하는 듯한 인상을 줍니다. 아이는 위로받지 못하고 거리감만 느끼게 됩니다.

2. 마음을 열게 하는 세 가지 공감의 기술

그렇다면 어떻게 듣고 말해야 할까요? 완벽한 표현을 찾으려고 애쓰기보다, 진심을 담아 다음 세 가지 기술을 시도해 보는 것만으로도 대화는 달라질 수 있습니다.

① 감정 읽어 주기

핵심 아이의 말 속에 숨은 감정에 이름을 붙여 주고, 거울처럼 비춰 주는 것입니다. 이는 "내가 네 마음을 이렇게 이해했는데, 맞니?"라고 확인하는 과정입니다. 상황과 감정을 나눠 다음처럼 말해 보세요. "네 말을 들어 보니, (상황) 때문에 정말 (감정) 했겠다/했구나."

상황 아이가 울면서 "단짝인 민지가 내 비밀을 다른 애들한테 다

말해 버렸어요!"라고 말할 때

하지 말아야 할 말 "민지 걔 나쁜 애네. 이제 걔랑 놀지 마."(해결사 되기)

이렇게 해 보세요 "믿었던 민지가 그래서 정말 화가 나고 배신감도 느꼈겠다."

Tip '화난다', '슬프다', '기쁘다'와 같은 단순한 단어를 넘어, '속상하다', '억울하다', '서운하다', '실망스럽다', '뿌듯하다', '홀가분하다' 등 다양한 감정 어휘를 사용하면 아이의 마음을 더 섬세하게 읽어 줄 수 있습니다.

② 개방형 질문하기

핵심 '네/아니오'로 답할 수 없는 질문을 던져 자기 생각과 감정을 더 깊이 탐색하고 표현하도록 돕는 것입니다.

상황 아이가 "학교 가기 싫어"라고 말할 때

닫힌 질문 "무슨 일 있었어?", "누가 괴롭혔어?"('네/아니오'로 답하거나, 단답형으로 이어지기 쉽습니다.)

열린 질문 "학교 가기 싫은 마음이 드는구나. 네 이야기를 좀 더 듣고 싶은데, 말해 줄 수 있니?", "학교를 생각하면 어떤 기분이 들어?", "만약 학교에 가지 않는다면, 어떻게 하고 싶어?"

Tip "왜?'라는 질문은 자칫 비난이나 추궁으로 들릴 수 있습니다. "왜 숙제를 안 했니?" 대신 "숙제하는 데 어떤 어려움이 있었니?"라고 물어보는 것이 좋습니다.

③ 침묵과 함께하기

핵심 아이가 자신의 감정을 정리하고 표현할 말을 찾을 때까지 조용히 기다리는 것입니다. 때로는 따뜻한 눈빛으로 고개를 끄덕이는 것만으로도 충분한 공감과 지지를 전달할 수 있습니다.

상황 아이가 눈물만 뚝뚝 흘리며 말을 잇지 못할 때

하지 말아야 할 말 "뚝 그쳐. 자꾸 울기만 하면 어떻게 알아? 말을 해야 알지."

이렇게 해 보세요 아이의 어깨를 가만히 감싸고 눈을 바라보며 조용히 고개를 끄덕여 주세요. 이것으로 충분합니다.

Tip 어색한 침묵을 견디지 못하고 성급하게 말을 채우려는 것은 어른의 불안 때문인 경우가 많습니다. 아이에게는 생각할 시간이 필요합니다. 그 침묵의 시간을 존중해야 합니다.

Part2. 비난 없이 마음을 전하는 나-전달법

공감적 경청이 '듣기'의 기술이라면, 나-전달법은 '말하기'의 기술입니다. 특히 문제 행동을 훈육하거나 갈등을 해결해야 하는 상황에서, 아이를 비난하지 않으면서 생각과 감정을 효과적으로 전달하는 대화법입니다.

1. 너-전달법은 왜 실패하는가?

우리는 보통 문제 행동을 지적할 때 '너'를 주어로 사용하는 너-전달법을 씁니다.

공식 "너는 왜 항상/맨날/또 [문제 행동]을 하니?"

예시 "너는 왜 맨날 동생하고 싸우니?"(비난)

"너는 또 숙제 안 했구나? 정말 게으르다."(낙인찍기)

"너 때문에 내가 못 살아!"(죄책감 유발)

이런 말을 들은 아이의 마음에는 어떤 일이 일어날까요? 아이는 자신의 행동을 성찰하기보다 공격받았다는 느낌에 방어적이 되거나("동생이 먼저 그랬단 말이에요!"), 반항하거나("내가 뭘요!"), 혹은 입을 닫아 버립니다. 결국 문제 행동은 개선되지 않고 부모-자녀 혹은 교사-학생 관계만 악화할 뿐입니다.

2. 나-전달법의 3단계 공식

나-전달법은 주어를 '너'에서 '나'로 바꾸는 것에서 시작합니다. 상대방의 행동에 대한 '평가'가 아니라, 그 행동이 나에게 미친 '영향'과 나의 '감정'을 솔직하게 전달하는 대화법입니다.

1단계 비난 없이 행동을 묘사하기

주관적인 평가나 비난을 빼고, 눈에 보이는 객관적인 행동이나 상황만을 이야기합니다.

공식 "네가 ~ 할 때," / "~ 라는 상황이 생기니,"

예시 "네가 동생을 때리는 것을 보니,"(O) / "너는 왜 맨날 동생을 때리니?"(X)

2단계 나의 감정을 표현하기

그 행동으로 인해 내가 느낀 솔직한 감정을 이야기합니다. '화난다' 외에도 '속상하다', '걱정된다', '답답하다', '힘이 빠진다' 등 구체적인 감정을 표현하는 것이 효과적입니다.

공식 "(나는) ~한 마음이 들어. / ~한 느낌이야."

예시 "(나는) 너희 둘 다 다칠까 봐 너무 걱정이 돼."

3단계 원하는 바를 구체적으로 전달하기

그 행동이 나에게 어떤 영향을 미쳤는지 설명하거나, 앞으로 어떻게 해 주기를 바라는지를 구체적이고 긍정적인 언어로 요청합니다.

공식 "왜냐하면 ~하기 때문이야." / "다음부터는 ~해 주면 좋겠어."

예시 "그러니 다음부터는 화가 날 때 동생을 때리는 대신, 먼저 '엄마/아빠' 하고 불러 주면 좋겠어. 가서 너의 이야기를 들어 줄게."

3. 나-전달법 연습하기

상황 1 학생이 계속해서 숙제를 해 오지 않을 때

너-전달법 "김민수, 너는 왜 또 숙제를 안 해 왔니? 의지가 부족한

거 아니야?"

나-전달법 "숙제를 계속해서 못 해 오니(사실), 선생님은 민수가 수업을 잘 따라오지 못할까 봐 걱정이 되고(감정), 어떻게 도와줘야 할지 몰라 답답한 마음이 들어(영향). 숙제하는 데 어떤 어려움이 있는지, 선생님하고 따로 이야기 좀 해 볼 수 있을까?(요청)"

상황 2 아이가 식사 시간에 스마트폰만 볼 때

너-전달법 "밥 먹을 대 스마트폰 좀 그만하랬지! 너 그러다 눈 나빠진다!"

나-전달법 "우리가 함께 밥을 먹는 시간에 스마트폰만 보고 있으니(사실), 아빠는 우리 가족이 서로에게 관심이 없는 것 같아서 서운한 마음이 들어(감정). 이 시간만큼은 서로 얼굴을 보면서 오늘 있었던 일을 이야기하면 정말 좋겠는데(요청), 어떻게 생각하니?"

Part 3. 디지털 세상에서 멘토 되기

디지털 세상은 부모와 교사에게 새로운 대화의 과제를 안겨 주었습니다. 많은 어른이 아이들의 스마트폰 사용을 통제하고 감시하려 하지만, 이는 관계를 악화시키고 아이를 더 깊은 비밀의 세계로 숨게 할 뿐입니다. 디지털 세상에서 대화의 목표는 통제가 아니라, 아이가 자신을 지키는 지혜를 기르도록 돕는 코칭이 되어야 합니다. 감시자가 아닌, 함께 길을 찾아가는 디지털 멘토가 되기 위한 대화법을 소개합니다.

1. 스마트폰 사용 규칙은 명령이 아닌 협상으로

하지 말아야 할 말 "이제부터 게임은 하루에 한 시간만이야. 안 지키면 폰 압수야!(일방적인 통보)

이렇게 대화해 보세요

- **1단계(함께 문제 정의)** "요즘 우리가 스마트폰 때문에 잠도 늦게 자고, 가족 간에 대화도 줄어든 것 같아. 어떻게 하면 스마트폰의 주인이 될 수 있을까? 함께 규칙을 만들어 보면 어떨까?"
- **2단계(아이디어 모으기)** "너는 어떤 규칙이 있으면 좋겠다고 생각하니? 아빠는 식사 시간에는 스마트폰을 안 쓰는 규칙이 있으면 좋겠어."
- **3단계(함께 규칙 정하기)** 아이의 의견을 존중해 최종 규칙을 함께 정하고, '가족/학급 스마트폰 사용 협약서'와 같은 형태로 눈에 잘 띄는 곳에 붙여 둡니다(예: 밤 10시 이후에는 거실에 두기, 식탁에서는 사용하지 않기 등).

Tip 함께 규칙을 정하는 과정을 거치면 아이는 '억압'이 아닌 '우리의 약속'으로 받아들이고 더 책임감 있게 지키려 노력합니다.

2. 유해 콘텐츠를 접했을 때 안전 기지가 되어 주기

하지 말아야 할 말 "그런 걸 왜 봤어! 너는 그런 것만 찾아보니?"(비난과 추궁)

이렇게 대화해 보세요

- **1단계**(감정 먼저 읽어 주기) "의도치 않게 그런 걸 보게 돼서 너도 정말 놀라고 당황스러웠겠다. 불쾌한 기분도 들었을 것 같고."
- **2단계**(이야기해 준 용기 칭찬하기) "그런 일이 생겼을 때 혼자 숨기지 않고 엄마/선생님에게 솔직하게 이야기해 줘서 정말 고마워. 그건 정말 용기 있는 행동이야."
- **3단계**(안전함 확인시켜 주기) "앞으로도 인터넷을 하다가 불편하거나 무서운 것을 보게 되면, 언제든지 이야기해도 괜찮아. 절대로 너의 잘못이 아니란다. 그럴 땐 어른의 도움이 꼭 필요해."
- **4단계**(함께 대처하기) "함께 그 사이트를 차단하고 신고하는 방법을 알아볼까?"

Tip 아이가 유해 콘텐츠를 접했을 때 어른의 반응은 앞으로 비슷한 일을 겪을 때 숨길 것인지, 아니면 도움을 요청할 것인지에 결정적인 영향을 끼칩니다. 바로 이때 안전 기지가 되어 주어야 합니다.

3. SNS에 관해 호기심으로 질문하기

하지 말아야 할 말 "쓸데없이 인스타그램 좀 그만 봐. 다 허상이야." (판단과 무시)

이렇게 대화해 보세요(아이와 함께 SNS를 보거나, 편안한 시간에 호기심을 갖고 질문을 던집니다.)

"친구들이 올린 게시물을 보면 주로 어떤 기분이 들어?", "사람들은 왜 가장 행복하고 멋진 모습만 골라서 보여 주려고 하는 걸까?", "온라인에서 '좋아요'를 많이 받는 게 왜 그렇게 중요하게 느껴질까?", "가끔은 온라인에서의 내 모습과 현실의 모습이 달라서 힘들게 느껴질 때는 없어?"

Tip 정답을 가르치려 하지 말고, 아이가 스스로 SNS의 속성을 비판적으로 성찰하고 그것이 마음에 미치는 영향을 깨닫도록 돕는 '질문의 파트너'가 되어 주는 것이 중요합니다.

마음의 언어, 연습이 필요합니다

이 부록에서 소개한 대화법들이 처음에는 어색하고 어렵게 느껴질 수 있습니다. 오랫동안 사용해 온 낡은 대화 습관을 바꾸는 데는 의식적인 노력과 꾸준한 연습이 필요합니다. 때로는 서툴러서 실패할 수도 있고, 예전의 방식으로 돌아가고 싶을 때도 있을 것입니다. 괜찮습니다.

중요한 것은 완벽한 기술을 구사하는 것이 아니라, 아이의 마음과 진심으로 연결되고 싶다는 '마음의 방향'을 잃지 않는 것입니다. 아이들은 우리의 서툰 노력 속에서도 자신을 이해하고 존중하려는 진심을 읽어 줍니다. 우리가 건네는 공감의 말 한마디, 비난 대신 건네는 '나'의 마음, 통제 대신 건네는 신뢰의 질문이 모여 아이의 내면에 어떤 시련에도 흔들리지 않는 단단한 '마음의 집'을 짓는 벽돌이 될 것입니다.

미주

서론 | 위험한 학생, 불안한 교사, 위기의 학교

1 김현수, 《코로나로 아이들이 잃은 것들》, 덴스토리, 2020, 5쪽에서 재인용.

2 한성준, 〈정서행동 위기학생 현황 파악 및 대책 마련을 위한 설문 결과 분석〉, 《'정서행동위기학생 어떻게 할 것인가' 토론회 자료집》, 2022.

1부. 보이지 않는 상처

2장. 성장통을 도둑맞은 세대 | 정체성, 안전, 놀이가 사라진 자리

1 WHO(세계보건기구) 연구팀, 〈랜싯 아동·청소년 건강(The Lancet Child & Adolescent Health)〉, 2019.

3장. 하이재킹 당한 뇌 | 디지털 팬데믹

2 박유현, 한성희 역, 《DQ 디지털 지능》, 김영사, 2022, 30쪽.

3 "Facebook Knows Instagram Is Toxic for Teen Girls, Company Documents Show", 《The Wall Street Journal》, 2001.09.14.

4 Ray Birdwhistell, 《Kinesics and Context》, University of Pennsylvania Press, 1970, pp.158.

2부. 실패한 시스템

5장. 껍데기만 남은 학교 | 교실은 어떻게 전쟁터가 되었나

1 '「교권 회복 및 보호 강화 종합 방안」 및 교권 보호 5법 개정 이후, 학교 현장의 긍

정적 변화 확인', 교육부 보도 자료, 2024.05.22.

8장. 소방 모델에서 화재 예방 모델로 | 새로운 패러다임의 제안

2 WHO(World Health Organization), World mental health report: Transforming mental health for all, 2022.

3부. 함께 만드는 새로운 길

10장. 우리 학교 마음 응급실, 이렇게 만든다 | 학생맞춤통합지원팀 구축

1 문준현, 〈클라우드 원스톱 학생관리 시스템 구축〉, 《2025 서울학생맞춤통합지원 컨퍼런스 자료집》

2 Durlak, J. A., et al. (2011). "The impact of enhancing students' social and emotional learning: A meta-analysis of school-based universal interventions." Child Development, 82(1), pp. 405~432.

12장. 경계를 허물다 | 학교와 병원이 하나의 팀이 될 때

3 최경희, 〈학교 현장의 정서행동 위기학생 현황 및 실태〉, 《'정서행동위기학생 어떻게 할 것인가' 토론회 자료집》, 2022에 삽입된 사례 재구성.

4 한성준, 앞의 글, 2022.

5 한성준, 앞의 글, 2022.

6 최경희, 앞의 글, 2022.

13장. 상처 입은 치유자 | 교사가 살아야 교실이 산다

7 Oberle, E.,&Schonert-Reichl, K. A., 〈Stress contagion in the classroom?〉, Social Science & Medicine, 2016, pp. 30~37.

참고 문헌

단행본

김경근, 《한국 사회, 교육 불평등의 심화와 그늘》, 교육과학사, 2012.

김붕년, 《10대 놀라운 뇌 불안한 뇌 아픈 뇌》, 코리아닷컴, 2021.

김현수, 《요즘 아이들 마음고생의 비밀》, 해냄, 2019.

대니얼 골먼, 한창호 역, 《EQ 감성지능》, 웅진지식하우스, 2008.

데이비드 번즈, 차익종·이미옥 역, 《필링 굿》, 아름드리미디어, 2023.

레노어 스키나지, 홍한별 역, 《세상에서 가장 안전하게 자녀 키우기》, 다른, 2009.

마셜 로젠버그, 캐서린 한 역, 《비폭력 대화》, 한국NVC센터, 2024.

마이클 샌델, 함규진 역, 《공정하다는 착각》, 와이즈베리, 2020.

마틴 셀리그먼, 우문식·윤상운 역, 《마틴 셀리그만의 플로리시》, 물푸레, 2020.

박유현, 한성희 역, 《DQ 디지털 지능》, 김영사, 2022.

브레네 브라운, 안진이 역, 《마음 가면》, 더퀘스트, 2023.

셰리 터클, 황소연 역, 《대화를 잃어버린 사람들》, 민음사, 2018.

애덤 알터, 홍지수 역, 《멈추지 못하는 사람들》, 부키, 2019.

조너선 하이트·그레그 루키아노프, 왕수민 역, 《나쁜 교육》, 프시케의숲, 2019.

진 트웬지, 신예경 역, 《#i세대》, 매일경제신문사, 2018.

크리스티나 매슬랙, 김교헌 외 역, 《소진》, 시그마프레스, 2003.

토머스 고든, 홍한별 역, 《부모 역할 훈련》, 양철북, 2021.

파시 살버그, 서근원 역, 《핀란드 교육의 성공》, 살림터, 2016.

피터 그레이, 황기우 역, 《언스쿨링(Free to Learn)》, 박영스토리, 2015.

한국학교사회복지사협회, 《학교 사회복지의 이론과 실제》, 학지사, 2023.
한병철, 김태환 역, 《피로사회》, 문학과지성사, 2012.

정부 보고서 및 통계 자료

과학기술정보통신부·한국지능정보사회진흥원, 〈2023년 스마트폰 과의존 실태 조사 보고서〉, 2024
교육부·질병관리청, 〈제20차(2024년) 청소년 건강행태조사 통계〉, 2024
교육부, 〈2024년 학생 정서·행동특성검사 결과 분석 보고서〉, 2025
교육부·통계청, 〈2024년 초중고 사교육비 조사 결과〉, 2025
국회미래연구원, 〈아동·청소년 정책 거버넌스 통합 방안 연구〉, 2024
국회입법조사처, 〈학생맞춤통합지원법의 주요 내용과 향후 과제〉, NARS 현안보고서, 2024
보건복지부, 〈2024년 국가정신건강현황 보고서〉, 2025
성평등가족부, 〈2024 청소년 백서〉, 2025
유니세프한국위원회, 〈아동·청소년 삶의 만족도 및 영향 요인 국제비교 연구 보고서〉, 2021
통계청, 〈2023 한국의 사회지표〉, 2024
한국교원단체총연합회, 〈제43회 스승의 날 기념 교원 인식 설문조사 결과〉, 2024
한국교육개발원(KEDI), 〈교권 침해의 사법화 현상 분석 및 정책 과제 연구〉, KEDI 연구보고서, 2024
한국청소년정책연구원, 〈한국 아동·청소년의 웰빙 수준 현황과 정책 과제〉, 2021

해외 문헌 및자료

Beck, Aaron T. Cognitive Therapy and the Emotional Disorders. International Universities Press(1976).

Bronfenbrenner, Urie, The Ecology of Human Development. Harvard University Press(1979).

CASEL, CASEL's SEL Framework: What It Is and Why It Matters, CASEL, 2020.

Department for Education (UK), Mental Health and Wellbeing Support in Schools and Colleges, GOV.UK, 2023.

Erikson, Erik H., Identity: Youth and Crisis. W. W. Norton & Company(1968).

ISTE (International Society for Technology in Education), ISTE Standards for Students(2016).

OECD, PISA 2022 Results, OECD Publishing, 2023.

Ribble, Mike, Digital Citizenship in Schools Choosing to Consciously Connect (4th Ed.), ISTE, 2020.

U.S. Department of Education, Supporting Child and Student Social, Emotional, Behavioral, and Mental Health(2021).

WHO(World Health Organization), World mental health report: Transforming mental health for all(2022).

조용한 붕괴

교실의 다수를 차지하는 '정상군'이 보내는 절박한 신호

1판 1쇄 발행일 2026년 2월 2일

지은이 신선호

발행인 김학원
발행처 (주)휴머니스트출판그룹
출판등록 제313-2007-000007호(2007년 1월 5일)

주소 (03991) 서울시 마포구 동교로23길 76(연남동)
전화 02-335-4422 **팩스** 02-334-3427
저자·독자 서비스 humanist@humanistbooks.com
홈페이지 www.humanistbooks.com
유튜브 youtube.com/user/humanistma
인스타그램 @humanist_insta

편집주간 황서현 **편집** 김나윤 이영란 **디자인** 유주현
조판 아틀리에 **용지** 화인페이퍼 **인쇄·제본** 정민문화사

ISBN 978-89-7087-434-8 03370